U0664740

朴泰仙◎主编

美国顶尖寄宿高中

100校

第三版

中国铁道出版社

CHINA RAILWAY PUBLISHING HOUSE

图书在版编目（CIP）数据

美国顶尖寄宿高中 100 校/朴泰仙主编. —3 版 . —北京：
中国铁道出版社,2018. 1

ISBN 978-7-113-23916-9

Ⅰ.①美… Ⅱ.①朴… Ⅲ.①高中-留学教育-概况-美国
②高中-介绍-美国 Ⅳ.①G639.712. 8

中国版本图书馆 CIP 数据核字（2017）第 258812 号

书　　名：**美国顶尖寄宿高中 100 校（第三版）**
作　　者：朴泰仙　主编

责任编辑：郭景思　　　　　　　　　　投稿信箱：guojingsi@ sina. cn
封面设计：王　岩
责任印制：赵星辰

出版发行：中国铁道出版社（100054，北京市西城区右安门西街 8 号）
网　　址：http://www. tdpress. com
印　　刷：中煤（北京）印务有限公司
版　　次：2013 年 4 月第 1 版　2018 年 1 月第 3 版第 1 次印刷
开　　本：700mm×1 000mm　1/16　印张：18.75　字数：288 千字
书　　号：ISBN 978-7-113-23916-9
定　　价：88.00 元

少年强则中国强

一、历史的渊源

1872 年的 8 月 11 日，晚清的上海港，30 位头上梳着辫子的中国少年登上了奔赴美国旧金山的航船，同时也开启了中美教育交流的历史之门。

140 多年前的晚清幼童留学美国中学、美国大学，归国后影响着渐醒的近代中国：詹天佑（第一批留美清童，中国铁路之父，主持修建京张铁路）、蔡绍基（第一批留美清童，天津北洋大学校长）、邝咏钟（第二批留美清童，福建水师振威舰二副，牺牲于中法海战）、唐国安（第二批留美清童，清华大学前身清华学校校长）、唐绍仪（第三批留美清童，中华民国首任总理）、沈寿昌（第四批留美清童，北洋海军"济远"舰帮带大副，牺牲于甲午海战）……他们修铁路、建电报、开报馆、练海军、织布纱……开中国近代诸业之山门，他们是中国近代史的第一缕新风。

美国的菲利普斯安多福、菲利普斯艾斯特、韦伯拉汉梦森等中学在 140 多年前张开双臂迎接着这些大清幼童。140 多年后的今朝，这些学校依然一如既往接纳着我们的学生。

二、历史的教训

近代的晚清被西洋舰炮轰开了自锁的关门，近代的日本也被美国佩里海军准将洞开了闭国之关锁。

1861 年，日本开始派出学生留洋。1871 年，日本随政府代表团向欧美派出 50 多名留学生。1872 年，中国开始幼童留美。派员留洋，日本比中国早了近十年；学生留美，日本也比中国早了一年。

1873 年，日本已经派出留学生上千人，而中国这时仅仅派出两批共 60 名留美幼童，就是四批留美幼童加一起也才 120 人，加上赴欧洲留学海军的十数人，也还是不过百十位。日本留学人数比中国多了几十倍。

日本留洋起自各藩首领，多为藩府子弟。值得一提的是，明治天皇还曾亲自慰勉 9 岁的幼童津田梅子留美。中国学生留洋，虽经朝廷准议，但清朝官宦不为所动。走出国门的是以商家居多的平民子弟，其中没有一个八旗子弟身影，也没有一个汉人高官儿孙。且留美幼童于 1881 年中断学业，被召回国。日本留洋起自国家中枢，自上而下，内力强劲，影响广泛。中国留美幼童来自平民阶层，没有触动上层社会，影响有限，不成气候，且十年召回，中途夭折。

日本不仅派幼童留美，还引入美国教育制度，并由天皇颁诏实行。既输出又输入，大步朝天，迎头赶上。中国则仅派出留美幼童，既要西技长进又须不忘本国规矩，小心翼翼，踟躇前行。出国前，朝廷即赐予留美幼童"生员"身份，归国则"分别奏赏顶戴官阶差事"，全然置于科举制度之下。中国幼童留美是体制内潜行，缩手缩脚，裹足不前。日本幼童留美致教育制度改革，维新终兴盛家国。

1894 年，甲午海战爆发。这何尝不是中日双方的留洋生之战。日军司令官坪井航三留美，"吉野"舰长河源要一留德，"浪速"舰长东乡平八郎留英，"秋津"舰长上村彦之丞留美。北洋海军"定远"舰长刘步蟾留英，该舰副管驾李鼎新留英，该舰参谋吴应科为二期留美幼童，该舰鱼雷大副徐振鹏为三期留美幼童；"镇远"舰长林泰曾留英，该舰枪炮大副曹嘉祥为三期留美幼童；"济远"舰长方伯谦留英，该舰帮带大副沈寿昌为四期留美幼童；"广甲"舰长吴敬荣为三期留美幼童，该舰帮带大副宋文翙为二期留美幼童；"广丙"舰长程璧光在美国长大，该舰帮带大副黄祖莲为四期留美幼童；"致远"舰帮带大副陈金揆为四期留美幼童。

日本甲午海战之胜，可以溯源于摹效西法。明治维新进行了翻天覆地的变革。上自政府，下至民间，从经济到文化，涉及社会方方面面。西学理念深入人心，西方新生事物比比皆是。就是天皇也穿上了西服，打上了领带，平民生活随处可见西洋之景。这是整个国家的新气象，这是整个社会的新动力。

清朝甲午海战之失，也可以寻根于西学未竟。甲午年间，留美幼童已经成长为中国海军的中坚力量。有人已为一舰之长，是高级军官，多人成为舰艇大副，是中级军官。但是幼童留美虽为大清西学之策，但不成风气，面对中国之大，则如纤尘式微。大清的国家政治、经济、文化乃至教育未有结构性改变，守旧封闭，腐朽窒息。甲午惨败是大清王朝的悲剧，也是中华民族的历史教训。

三、历史的机遇

20 世纪 80 年代的中国，改革春风拂绿 960 万平方公里大地，开放国策泽披五千年悠久华夏。

在开放自费留学政策的同时，国家相继出台了公派留学生、自费留学生公助、千人计划、春晖计划等十数项利好政策，营造出了新时期留学教育事业的新氛围、新气象。

留学海外再次成为学子报国的新选择。在留学大军的浩荡队伍里，逐渐增多着留美清童般的身影——这就是美国高中留学生。

四、历史的责任

昨天的历史无法改写，今天的时光可以把握。洗刷耻辱，汲取教训，中华腾飞，这是民族重托，这是历史责任。

两个甲子后的今日中国少年，是早晨八九点钟的太阳，是祖国的希望。改革开放带领我们走进崭新的时代，走出国门留学海外，报效祖国，复兴中华。

少年强则中国强。我们来了！

樱知叶教育集团总裁

凡例细说 Explanatory Notes

本书再版共收录130所美国顶尖寄宿中学，书名仍用百校冠之，取概言意，不拘其数。本书共分三大部分。首先是序言、凡例和目录。第二部分是全书主要内容所在，包括130所美国寄宿中学的概要与信息。最后是附录，有美国中学课程中英文对照、美国大学校名中英文对照和美国顶尖寄宿中学英文名称索引。

第一部分

序言是本书作者写就的感言与寄望，多是掏心窝子的话，对于学生和家长有指导意义。凡例告诉大家本书的结构与体例，告诉大家如何使用本书。目录是本书的编排方法，方便大家检索本书收录的学校。本书目录中，汉文译名在前，英文校名置后。

本书按照收录学校多少排序各州。收录学校数目相同之时，则按各州字母排序。遇有首字母相同，则以次字母为准排序，以此类推。

第二部分

以学校为单位逐一介绍了130所美国寄宿中学，每所学校均有七个模块。

☆ 中英文学校名称、学校 LOGO 和学校网址、学校地址

这是学校的重要标识，便于区别、认定学校。比如 Webb School 和 Webb Schools 一般都译成韦伯学校。这对于刚接触美国高中的学生和家长来说，容易混淆。这的确是两所不同的学校，学校的 LOGO 不同，学校的网址也不同，学校的地址更不同：一个在田纳西州，一个在加州。本书还有两所叫作圣安德鲁斯的学校，也是同样的情况。

☆ 学校简介

建校时间，可以看出学校的历史。

学校性质，相对于公立学校，本书收录的全是私立学校。只有私立学校才能接收国际留学生，公立学校是为辖区纳税人子弟服务的。相对于走读学校，本

书收录的全是寄宿学校。走读学校不提供宿舍，国际学生只能寻求 homestay（寄宿在当地人家中），只有寄宿学校提供住宿条件。但是，寄宿学校能提供的床位数是固定的、有限的，因而随着申请人数的逐年剧增，寄宿学校的竞争越来越激烈，最近一两年都可以称得上是惨烈了。

所在州，介绍学校分布美国 50 个州的所在。便于家长和学生从地理、交通、气候等因素选择学校。

招生年级，告诉我们学校招生的年级设置。9 ~ 12 年级就是纯粹的高中 4 年，本书收录的美国高中大部分都是这样的设置；其次是 6 ~ 12 年级，这是完整初中加完整高中的设置（如圣斯蒂芬主教学校）；8 ~ 12 年级就是设有初中最后一年和高中 4 年（如格罗顿学校），7 ~ 12 年级就是初中后 2 年加高中 4 年的设置（如石溪学校）。这里提醒家长，虽然美国高中 11 年级和 12 年级可以招收新生，但 12 年级基本不招收国际插班生。因为 12 年级上半年就要完成美国大学的申请，国际学生刚到学校还没适应就要挑战大学申请，没有哪个高中学校愿意冒这个风险。现在 11 年级也竞争激烈，主要是国内申请的学生数量翻着番地往上涨，不打破脑袋也难。现在的趋势是，高中申请竞争逐年加剧，越高年级竞争越激烈；同时申请年级也渐趋低年级化，出国读初中的学生逐年增多，就是出国读小学的也大有人在。

学生总数，这是学校的人数规模。美国的高中绝对没有我们学校那么多人，三四百人就算规模不错了，百八十人的也不在少数。美国学校始终保持着自己的传统，就是学生人数几乎恒定不变，绝对没有扩招一说。

师生比例，就是一个老师对应几个学生，对应的学生数越少，对学生的关照就能越充分。

班级人数，告诉我们班级的规模大小。美国高中都是十几人的小班，没有突破 20 人。班级人数少，老师才能照顾到所有学生。

国际生比例，根据这个国际学生的占比可以估算出国际学生的具体数目，然后可以测算出学校招收中国学生的数目，是家长和学生选择学校的参考项。

寄宿生比例，就是寄宿生占比学生的总数，反映着寄宿生的规模与数量，便于家长和学生了解学校的住宿条件与接待能力。

　　学校类型，就是指男女混合校还是单一性别的男校或者女校。我们国内普遍是男女混校，根本没设置单一性别学校。其实，单一性别的学校，没有异性的干扰，学生们更能专注学业，更能静心成长。美国私立中学采用单一性别学校还是男女混校的设置完全是学校说了算。美国的中学有混校，也有尊重学生的青春期特点而设的男校或女校。加州的韦伯更是特别，在九年级和十年级时分别设有男校和女校，十一年级和十二年级时又是男女混校。既尊重了学生的青春期特点，又关注到了学生的社会性需求。

　　宗教背景，就是宗教的类属和影响。美国的社会宗教无处不在，对中学的影响也是普遍存在的事实，有些中学就是教会直接建立的。了解宗教背景，便于家长甄别学校，进行取舍。

　　占地面积，是学校的占地大小。美国的私立寄宿中学一般都在城郊，占地较大。学校可持续利用的空间较多，发展不会受到占地的限制。

　　受赠款，就是学校的资金状况，数目越多财力越雄厚。美国的私立学校，尤其是顶尖的私立学校没有几个是全靠收学费过活的。这些学校的家当几乎全部来源于社会捐赠（主要是校友的捐赠）。

　　SAT 平均分，这是学校学术水准的一把标尺。SAT 是美国大学的测评体系之一，反映着学生申请大学的学术能力。一般来说，SAT 分数高的学校要强于 SAT 分数低的学校。

　　目前学费，这是国际学生的全学年学费标准。美国中学的学费每年都有递增，家长和学生要及时登录学校官网了解学费变动，适时做好自己的留学预算。

　　以上均属学校的基本情况。

　　教育宗旨，每所学校均有自己的教育宗旨，这些宗旨均为高度概括与深度凝炼的名言警句。我们目前的汉译水平还不够，硬性汉译往往失其文采与寓意。故本书只作原文摘抄，不作汉译。

☆ 学校亮点

AP（Advanced Placement）课程，是由 College Board 管理运营的课程体系。AP 就是大学先修课程，有余力的学生可以选修不同的 AP 课程。学生在申请大学时能证明自己的学习能力，升入大学后还能计算学分。一般来讲，AP 也是高中学校学术水准的衡量标尺之一，开设 AP 课程多的高中要强于开设 AP 课程少的高中。

荣誉课程和高级课程，与 AP 不同，这是学校自己开设的高层次的课程，相当于中学课程的快班、尖子班。

ESL（English as a Second Language）课程，是非母语的英语课程，针对英语作为第二语言的学生的课程。一般情况下，学术水准强的学校没有 ESL 课程。我们的学生和家长选校时要关注这项内容，外语不够好的孩子进了这样的学校也跟不上课。

ELL（English Language Learning）课程：ELL 课程的教育目的和功能仍与 ESL 相同，主要仍是在提升学生的英语能力，帮助他们融入新环境，并且达到标准课程规定的语言学习水准。

学生社团，美国中学学生参加社团活动，完全是出自兴趣爱好，是全面发展的必然选择。美国中学都有十几个或者几十个社团，学生完全可以自我选择、自我发展。我们国内的学生在做选校规划时也可以从自我兴趣出发加以选择。

体育活动，这也是美国中学的重要内容之一。丰富多彩的体育活动，不仅增强了学生的体质，也锻炼着学生的毅力，是人格塑造的有效途径。这也是我们选校规划的一个选项。

☆ 学校人物

教师学历，是美国中学教师资历水平的反映，越是顶尖的学校，硕士及以上的高学历占比越大，师资水准也越高。

优秀毕业生，这是学校的骄傲，是学校教育的直接结果。

☆ 招生要求

TOEFL，是针对国际学生英语语言的一种测试体系。申请美国顶尖高中，TOEFL 成绩已经上百，形势逼人。

SSAT，是一种美国中学的入学测评体系。顶尖的美国中学都接受 SSAT 成绩。

SSAT 百分比，这是学校上一年录取新生的数据，足可以给我们借鉴和参考。这是国内家长和学生选校时必须参考的数据。

面试，美国中学录取新生的重要一环。提交的申请材料再好，如果面试没有过关，也很难被学校录取。现在国内的学生普遍不太适应面试，这应该引起大家的重视。平时要加强面试训练，让学生熟悉面试，掌握面试技巧。

常规申请材料，这是美国中学普遍的申请要求。某些学校还有相应的专业要求。例如艺术高中，就另有作品的要求。

录取率，这是上一年学校的录取与申请的比例，足可以给大家直接的数据参考，便于家长和学生选校时进行拿捏与抉择。

申请截止日期，美国中学都有申请截止日期，在这个日期前递交申请都是有效的，过了这个日期就不被接受。近年来美国中学的申请是越来越激烈，递交申请也应该尽可能赶早些为好。

国际学生申请费，这是学校受理国际学生申请的处理费用。我们学生提交这个费用，要根据学校的要求去做。一般情况，不是网上刷卡，就是邮递银行汇票，学校很少接受现金。

申请方式，以往美国中学大多是纸申，就是接受学生邮递来的纸质材料。近年来，网申逐渐盛行，学生登录学校官网在线完成申请。目前，普遍的是网申和纸申相结合的方式，学生在网上完成相应表格，提交相应文件，但也要邮寄部分文件资料。

毕业生去向，这是学校毕业生升入大学名校的数据，反映着学校的包括学术水准在内的综合实力。去往名牌大学的毕业生越多，学校的综合实力也越强。此外，从数据中还能总结出一些特点，比如哪些名牌大学对这所高中的毕业生偏爱有加，哪些学院对这所学校的毕业生情有独钟等。

Tips，均为笔者经年历战的纪实，是对美国高中学校的把握与点评，是申请实战的总结与心得。希望给学生们一些真实的感受与体验。

第三部分

附录1：美国中学课程中英文对照，方便读者使用。

附录2：美国大学校名中英文对照，方便读者检索学校。

附录3：美国寄宿中学英文名称索引，以首字母为序对本书遴选院校进行排序，方便读者针对校名和所在州进行检索。

目 录 Contents

目录　Contents

目录 Contents

目录 Contents

目录 Contents

目 录　Contents

目录 Contents

目 录 Contents

美国寄宿高中100校分布图

1.New Hampshire 新罕布什尔州
- Brewster Academy
- Cardigan Mountain School
- Holderness School
- Kimball union Academy
- New Hampton School
- Phillips Exeter Academy
- Proctor Academy
- St. Paul's School
- Tilton School

2.Vermont 佛蒙特州
- The Putney School
- Vermont Academy

3.Massachusetts 马萨诸塞州
- Phillips Academy Andover
- Bement School
- Berkshire school
- Brooks School
- Concord Academy
- Cushing Academy
- Dana Hall School
- Eaglebrook School
- Fay School
- The Fessenden School
- Deerfield Academy
- The Governor's Academy
- Groton School
- Hillside School
- Lawrence Academy
- Middlesex School
- Milton Academy
- Miss Hall's School
- St. Mark's School
- Northfield Mount Hermon School
- Tabor Academy
- Walnut Hill School For the Arts
- The Cambridge School of Weston
- The Williston Northampton School

4.Rhode Island 罗得岛州
- Portsmouth Abbey School
- St. Andrew's School
- St. George's School

5.Connecticut 康涅狄格州
- Avon Old Farms School
- Canterbury School
- Choate Rosemary Hall
- The Ethel Walker School
- The Gunnery
- Hotchkiss School
- Indian Mountain School
- Kent School
- Loomis Chaffee School
- Miss Porter's School
- Pomfret School
- The Rectory School
- Rumsey Hall School
- Salisbury School
- Suffield Academy
- The Taft School
- Westminster School
- Westover School

6.New Jersey 新泽西州
- Blair Academy
- The Hun School of Princeton
- Lawrenceville School
- Peddie School
- The Pennington School

7.Delaware 特拉华州
- St. Andrew's School

8.Maryland 马里兰州
- Garrison Forest School
- Georgetown Preparatory School
- Saint James School
- West Nottingham Academy

9.West Virginia 西弗吉尼亚州
- The Linsly School

North Carolina北卡罗来纳州
- Asheville School
- Christ School
- Saint Mary's School
- Salem Academy

Virginia弗吉尼亚州
- Blue Ridge School
- Chatham Hall
- Christchurch School
- Episcopal High School
- Foxcroft School
- The Madeira School
- Miller School of Albemarle
- St. Anne's Belfield School
- Virginia Episcopal School
- Woodberry Forest School

Colorado科罗拉多州
- Fountain Valley School of Colorado

Georaia佐治亚州
- Darlington School

Minnesota明尼苏达州
- Shattuck-St. Mary's School

Oregon 俄勒冈州
- Oregon Episcopal School

California加利福尼亚州
- The Athenian School
- Cate School
- Dunn School
- Idyllwild Arts Academy
- Ojai Valley School
- San Domenico School
- Santa Catalina School
- Stevenson School
- The Thacher School
- The Webb Schools
- Woodside Priory School

Colorado科罗拉多州
- Fountain Valley School
  of Colorado

Michigan密歇根州
- Cranbrook Schools
- Interlochen Arts Academy

Ohio俄亥俄州
- Western Reserve Academy

Indiana印第安纳州
- Culver Academies
- La Lumiere School

Illinois伊利诺伊州
- Lake Forest Academy

Texas德克萨斯州
- The Hockaday School
- St. Stephen's Episcopal School

Georaia佐治亚州
- Darlington School

Tennessee田纳西州
- Baylor School
- McCallie School
- St. Andrew's-Sewanee School
- Webb School

Wisconsin威斯康辛州
- Wayland Academy

Alabama阿拉巴马州
- Indian Springs School

Florida佛罗里达州
- The Bolles School
- Saint Andrew's School

Missouri密苏里州
- Thomas Jefferson School

Minnesota明尼苏达州
- Shattuck-St. Mary's School

Maine缅因州
- Fryeburg Academy
- Kents Hill School

New York State纽约州
- Emma Willard School
- The Masters School
- Millbrook School
- North Country School
- The Stony Brook School
- Trinity Pawling School

Pennsylvania宾夕法尼亚州
- Church Farm School
- George School
- Hill School
- The Kiski School
- Mercersburg Academy
- Solebury School
- Westtown School
- Wyoming Seminary

*本地图仅供示意，实际信息以相关测绘机构发布的地图为准。

比门特学校
Bement School

学校简介

1. 基本情况

建校时间:1925 年　　　　学校性质:私立/低年级寄宿　　　所在州:马萨诸塞州(MA)

招生年级:6~9(寄宿)　　　学生总数:220　　　　　　　师生比例:1:6

班级人数:12　　　　　　　国际生比例:15%　　　　　　寄宿生比例:18%

学校类型:混合校　　　　　宗教背景:无　　　　　　　　占地面积(英亩):18

受赠款(美元):500 万　　　SSAT 平均分:校方无统计　　　学费(美元):51 360

2. 教育宗旨

The Bement School provides an education based on time – honored school traditions and values for children in kindergarten through ninth grade, day and boarding. From the classrooms to the dorms, we live and learn as a family, while encouraging responsibility for our own work and actions. Bement actively seeks an academically diverse, international, and multi – cultural student body. Students and adults at Bement work together to create a climate of acceptance, kindness and challenge which nurtures each child intellectually, creatively, physically, and emotionally.

学校亮点

- **AP 课程**

  无

- **ELL 课程**

  有

- **学生社团**

  国际象棋、音乐会乐队、音乐会和声、文艺杂志、弦乐团

- **体育活动**

  高山滑雪、芭蕾、棒球、篮球、越野、舞蹈、曲棍球、高尔夫、长曲棍球、北欧滑雪、滑板滑雪、足球、垒球、壁球、游泳、网球、田径、极限飞盘

网　址	www.bement.org
学校地址	94 Old Main Street, PO Box 8, Deerfield, MA 01342

学校人物

- 教师学历
  70% 硕士及以上学历
- 优秀毕业生
  学校未提供相关数据

招生要求

TOEFL（Junior）：推荐但不要求

SSAT：是

面试：是

申请截止日期：12 月 15 日

常规申请材料：是

国际学生申请费：100

申请方式：网申

毕业生去向

迪尔菲尔德学院

菲利普埃克塞特学院

菲利普斯安多福学院

圣保罗中学

圣乔治中学

劳伦斯维尔中学

塔夫特中学

乔特罗斯玛丽中学

萨菲尔德中学

布鲁斯特中学

tips

该校是所初中，毗邻著名高中迪尔菲尔德高中。学校就像一个大家庭，师生之间，同学之间彼此关爱，一起生活学习进步。比门特中学有一个非常有特色的项目，那就是在感恩节和圣诞节中间有一个三周主题周项目。这三周全校会围绕一个主题进行深入探讨和研究。这个项目受到了学生和老师的欢迎。申请该校学生需要提供 SSAT，TOEFL Junior 或者韦氏测试。

伯克夏学校
Berkshire school

学校简介

1. 基本情况

建校时间:1907 年	学校性质:私立/寄宿	所在州:马萨诸塞州(MA)
招生年级:9～12	学生总数:399	师生比例:1:4
班级人数:12	国际生比例:19%	寄宿生比例:91%
学校类型:混合校	宗教背景:无	占地面积(英亩):400
受赠款(美元):11 200 万	SAT 平均分:1 800	学费(美元):60 400

2. 教育宗旨

Rooted in an inspiring natural setting, Berkshire School instills the highest standards of character and citizenship and a commitment to academic, artistic, and athletic excellence. Our community fosters diversity, a dedication to environmental stewardship, and an enduring love for learning.

学校亮点

- **AP 课程**

  生物学、微积分 AB、微积分 BC、化学、英语语言与文化、环境科学、欧洲史、法语、物理、西班牙语、美国政府与政治、美国历史、统计学、影音艺术

- **ESL 课程**

  有

- **学生社团**

  天文社、国际象棋协会、无线电台、学生杂志社、投资俱乐部、法语俱乐部、戏剧社、摇滚俱乐部、学生活动俱乐部、技术协会、学生会、模拟联合国、数学俱乐部、读书俱乐部、基督教徒协会、诗朗诵俱乐部、等等

- **体育活动**

  滑雪、爬山、棒球、篮球、高尔夫、越野赛、舞蹈、冰球、山地自行车、足球、垒球、壁球、曲棍球、网球、田径赛、排球等

网　址	www.berkshireschool.org
学校地址	245 North Undermountain Road, Sheffield, MA 01257

学校人物

- **教师学历**
  61% 硕士及以上学历
- **优秀毕业生**
  William Knowles：1934 届毕业生，诺贝尔化学奖获得者
  Calvin Tompkins：1947 届毕业生，艺术评论家
  Ryan Lizza：1992 届毕业生，杂志社著名新闻编辑
  Lincoln Kierstein：1926 届毕业生，Co - 美国城市芭蕾舞团创始人
  E.V. Day：1986 届毕业生，艺术家
  Kacey Bellamy：1905 届毕业生，奥林匹克冰球银牌获得者
  Bill Matthews：1961 届毕业生，著名诗人
  Leon Weil：1944 届毕业生，美国驻尼泊尔大使

招生要求

TOEFL：是

SSAT：是

SSAT 成绩百分比：65%

面试：是

常规申请材料：是

录取率：30%

申请截止日期：1 月 15 日

国际学生申请费（美元）：200

申请方式：网申

毕业生去向

圣劳伦斯大学

盖茨堡学院

波士顿学院

科比学院

康奈尔大学

乔治城大学

威廉姆斯学院

tips

非常优秀的寄宿高中，提供 17 门 AP 课程。学生基本全部寄宿在学校，所以，学校在周末开设的活动很多。学校的运营基本是在老师的指导下由学生自己来完成的，因此，学生都非常热爱学校，并在运营过程中证实了自己的能力，获得了自信。托福成绩在 90 ~ 100 分左右，SSAT 2 100 分以上可以考虑申请该校。

布鲁克斯学校
Brooks School

学校简介

1. 基本情况

建校时间:1926 年　　　　学校性质:私立/寄宿　　　　所在州:马萨诸塞州(MA)

招生年级:9 ~ 12　　　　学生总数:380　　　　师生比例:1:6

班级人数:12　　　　国际生比例:11%　　　　寄宿生比例:70%

学校类型:混合校　　　　宗教背景:新教　　　　占地面积(英亩):270

受赠款(美元):7 295 万　　　　SAT 平均分:1 680 ~ 1 970　　　　学费(美元):59 800(寄宿)

2. 教育宗旨

In the spring of 2010, the board of trustees voted to change the Brooks School mission statement to read: "At Brooks School, we seek to provide the most meaningful educational experience our students will have in their lives."

While the mission statement is new, the sentiment and goals it is based on date back to the school's earliest days. At a place where innovation is encouraged, faculty are frequently engaged in conversations about curriculum, teaching styles and pedagogy, always in the pursuit of the best possible learning enviroment for students.

学校亮点

● AP 课程

艺术史、生物学、环境科学、微积分 AB、微积分 BC、化学、英语、法语、美国政府与政治、物理、西班牙语、西班牙文学、美国历史、音乐理论、世界历史、中文

● 荣誉课程

微积分先修高级课程、拉丁语

● ESL 课程

无

● 学生社团

荣誉理事会、国际文化交流、爵士乐合奏、数学 & 电脑俱乐部、模拟联合国大会、PDS 教学助理、Pep 乐队、摇滚乐队、航海俱乐部、等等

● 体育活动

划艇、美式足球、长曲棍球、壁球、曲棍球、冰球、足球、篮球、棒球、长跑、网球、田径运动、高尔夫、垒球等

学校人物

- 教师学历
  78% 硕士及以上学历
- 优秀毕业生
  Barry M.Bowen：1963 届毕业生，环境学家、企业家、政治学家
  Henry M.Buhl：1948 届毕业生，著名慈善家
  Charles H.W.Foster：1945 届毕业生，环境保护学家、作家
  Parker Stevenson：著名演员

招生要求

TOEFL：是

SSAT：是

SSAT 成绩百分比：65%

面试：是

常规申请材料：是

录取率：23%

申请截止日期：1 月 15 日（寄宿和不申请经济补助者）

国际学生申请费（美元）：100

申请方式：网申

毕业生去向

乔治·华盛顿大学

波士顿学院

科尔比学院

查尔斯顿学院

丹佛大学

波士顿大学

三一大学

圣劳伦斯大学

佛蒙特大学

达特茅斯学院

tips

　　一所新英格兰传统的男女混合寄宿高中学校。学校比较传统，比较保守。
　　学校偏好具有良好的综合能力并积极参与学校活动的学生。
　　2012 年录取学生托福成绩在 85 分以上，随着申请人数的增多，如今托福成绩最好在 100 分左右。面试仍然是很重要的环节，学生一定准备好面试：要落落大方，流畅自然；不要作秀，显得不自然或者被人教出来的。

康科德学院
Concord Academy

学校简介

1. 基本情况

建校时间:1922 年	学校性质:私立/寄宿	所在州:马萨诸塞州(MA)
招生年级:9 ~ 12	学生总数:382	师生比例:1:6
班级人数:12	国际生比例:9%	寄宿生比例:40%
学校类型:混合校	宗教背景:无	占地面积(英亩):39
受赠款(美元):55 000 万	SAT 平均分:2 085	学费(美元):56 360

2. 教育宗旨

Concord Academy engages its students in a community animated by a love of learning, enriched by a diversity of backgrounds and perspectives, and guide by a covenant of common trust.

学校亮点

- ● AP 课程

  生物、微积分 AB、微积分 BC、化学、中国语言与文化、计算机科学 A、英语文学与写作、英语语言学与写作、法语、德语、拉丁语、音乐理论、物理 B、物理 C(力学)、物理 C(电磁学)、西班牙语、西班牙文学、统计学、美国历史

- ● ESL 课程

  无

- ● 学生社团

  亚洲学生协会、国际学生组织、艺术社团、拉丁舞社团、陶艺学会、合唱团、康科德学院郊游协会、辩论团、eBay 俱乐部、环境协会、电影协会、法语俱乐部、德语俱乐部、学生自治会、纪律委员会、青年慈善协会、模拟联合国、投资俱乐部、导游协会等

- ● 体育活动

  高山滑雪、棒球、篮球、越野运动、曲棍球、高尔夫、兜网球、帆船、英式足球、垒球、软式墙网球、网球、极限飞碟、排球、摔跤等

网　　址	www.concordacademy.org
学校地址	166 Main StreetConcord, MA 01742

学校人物

- 教师学历
  80% 硕士及以上学历
- 优秀毕业生
  Tom First：1985 届毕业生，Nantucket Nectars 的创始人
  Peter Fisher：1974 届毕业生，美国前财政部副部长
  Tom Forman：1991 届毕业生，执行制作人
  Julia Glass：1974 届毕业生，著名小说家
  Sebastian Junger：1980 届毕业生，著名小说家
  David Lewis：1976 届毕业生，美国有线电视调查记者
  Hilary Price：1987 届毕业生，著名漫画家
  Caroline Kennedy Schlossberg：1975 届毕业生，律师、作家、慈善家
  Drew Gilpin Faust：哈佛大学校长

招生要求

TOEFL：是

SSAT：是

SSAT 成绩百分比：84%

面试：是

常规申请材料：是

录取率：32%

申请截止日期：1 月 15 日

国际学生申请费（美元）：75

申请方式：网申

毕业生去向

塔夫茨大学

布朗大学

哥伦比亚大学

纽约大学

麻省理工学院

贝茨学院

波士顿大学

斯基摩尔学院

瓦萨学院

华盛顿大学

tips

该校在顶尖的美国高中当中算是比较柔和的一所，包容性比较好。学生间更愿意互相帮助，而非互相竞争。学校的校园不是很大，但是课程设置齐全，学生社团也应有尽有。

根据以往的录取标准，申请该校的申请者需要托福成绩在 100 分以上。

申请该学校除了优秀的成绩，还要体现出非常愿意参与学校的活动。这就要求学生要有一些特别能够吸引学校眼球的素质和能力，比如某项小发现、小发明，再比如学生很擅长理财。这些都要有具体的事例和经历来说明自己的兴趣和潜力，并要有翔实的证据加以客观地证明才行。

库欣学院
Cushing Academy

学校简介

1. 基本情况

建校时间:1865 年　　　学校性质:私立/寄宿　　　所在州:马萨诸塞州(MA)
招生年级:9~12　　　　学生总数:400　　　　　师生比例:1:8
班级人数:12　　　　　国际生比例:30%　　　　寄宿生比例:82.5%
学校类型:混合校　　　宗教背景:无　　　　　占地面积(英亩):162
受赠款(美元):1 800 万　SAT 平均分:1 840　　　学费:59 750

2. 教育宗旨

Cushing Academy, founded as a coeducational boarding school in 1865, exists for students, their academic growth and their personal development. We are dedicated to educating the mind, shaping the character, and nurturing the creativity of young men and women. In a community that is academically and culturally diverse, we challenge each individual, support excellence in every aspect of the learning process, and promote active participation in all areas of life and learning. We offer a demanding college preparatory curriculum, teach skills that build confidence, and instill values that endure.

学校亮点

- **AP 课程/高级课程: 14**

  包括美国政府和政治、生物、微积分 AB 和 BC, 化学、经济、英语语言和写作、法语、拉丁语、音乐理论、物理、西班牙语、统计学、美国历史等。

- **荣誉课程**

  有

- **ESL 课程**

  有

- **学生社团**

  无伴奏歌唱组、有氧健身社团、大朋友/小朋友社团、黑人学生联盟(BSU)、星期四读书爱好者(BLT)、室内音乐社团、基督教团契、社区服务社团、时事论坛、库欣学院合唱团、舞蹈表演团、伦理委员会、极端棒球联赛、花样滑冰、骑马、冰球、教学网球、乐器合奏、Kush 广播站、文学生活、武术、模拟联合国、多元文化意识俱乐部、穆斯林学生联合会、放开心胸、户外项目、星球@CA(环境俱乐部)、Portfolio、莎士比亚社团、滑板滑雪、戏剧工作坊、学生/教师议会、戏剧技巧社团、The Boiler Room 校报、国际俱乐部、文学杂志、朋辈支持团队、学年鉴、导游协会、冬季音乐剧、年轻大使社团

- **体育活动**

  高山滑雪、棒球、篮球、速度滑雪、跳舞、曲棍球、花样滑冰、橄榄球、高尔夫、冰球、长曲棍球、滑板滑雪、英式足球、垒球、网球、田径、排球

网　　址	www.cushing.org
学校地址	39 School Street, P.O. Box 8000, Ashburnham, MA 01430

学校人物

- 教师学历
  68% 硕士及以上学历
- 优秀毕业生

Jigme Khesar Namgyal Wangchuck：不丹国王
Paul Thomas Anderson：电影导演、编剧和制片人
John Cena：世界摔跤娱乐公司职业摔跤手和演员
Erika Lawler，Meghan Duggan：2010 年美国冬奥会获胜者
Bobby Allen, Zach Bogosian 和 Keith Yandle：全美冰球联盟运动员
Kenny Gamble，Ollie Satenotoin：全美橄榄球联盟运动员

招生要求

考试：SSAT/TOEFL

面试：有

常规申请材料：有

录取率：48%

申请截止日期：2 月 1 日

国际学生申请费（美元）：100

毕业生去向

哈佛大学

西北大学

达特茅斯学院

纽约大学

普渡大学

东北大学

波士顿大学

科尔比学院

艾莫利大学

乔治城大学

三一大学

塔夫斯大学

本特利学院

布朗大学

tips

该校的地理位置优越，规模比较大，课程也很有特色。学校的艺术尤其是视觉艺术设计很强。根据以往的录取标准，申请该校的申请者需要托福成绩在 85 分左右，SSAT 2 000 分以上。

丹娜厅学校
Dana Hall School

学校简介

1. 基本情况

建校时间:1881 年　　　　学校性质:私立/寄宿　　　　所在州:马萨诸塞州(MA)

招生年级:9 ~ 12　　　　　学生总数:475　　　　　　师生比例:1:9

班级人数:13　　　　　　国际生比例:17%　　　　寄宿生比例:38%

学校类型:女校　　　　　宗教背景:无　　　　　　占地面积(英亩):55

受赠款(美元):3 300 万　　SAT 平均分:1 875　　　学费(美元):59 680

2. 教育宗旨

Dana Hall School is committed to fostering excellence in academics, the arts, and athletics within a vibrant, caring community. With emphasis on integrity, leadership, diversity, and service as well as on respect for self and others, Dana Hall provides its students with a unique opportunity to prepare themselves for the challenges and choices they will face as women and citizens of the world.

学校亮点

● **AP 课程**

艺术史、生物、微积分 AB、微积分 BC、化学、计算机科学、英语文学与写作、英语语言学与写作、法语、拉丁语、物理 C(力学)、物理 C(电磁学)、西班牙语、统计学、美国历史、影音艺术、欧洲历史、西班牙文学

● **荣誉课程**

几何、代数 2、基础微积分、化学、拉丁语 4/5、法语 2/3、西班牙语 2/3

● **ESL 课程**

无

● **学生社团**

攀岩、瑜伽、飞盘、舞蹈、健身、力量 & 素质、赛艇、合唱团、社区服务咨询委员、烹饪俱乐部、器乐课、街舞、音乐剧、纪律委员会、环境俱乐部、绿色团队、国际学生协会、数学俱乐部、模拟审判俱乐部、模拟联合国、郊游俱乐部、同伴教育、骑马、机器人俱乐部等

● **体育活动**

越野、曲棍球、足球、篮球、击剑、冰球、排球、壁球、游泳、长曲棍球、垒球、网球、高尔夫等

| 网　　址 | www.danahall.org |
| 学校地址 | 45 Dana Road, Wellesley, MA 02482 |

学校人物

● 教师学历

70% 硕士及以上学历

● 优秀毕业生

Princess Aisha bint Al Hussein:侯赛因公主,苏丹女权运动领袖

Denise Bacon:丹娜厅音乐学院开创者

Carol Cadwgan Lavell:奥林匹克马术运动获奖者

Dr. Susan Hamant Hou:美国第一位捐肾给患者的物理学家

招生要求

TOEFL: 是

SSAT: 是

SSAT 成绩百分比: 52%

面试: 是

常规申请材料: 是

录取率: 50%

申请截止日期: 1 月 15 日

国际学生申请费（美元）: 100

申请方式: 网申

毕业生去向

波士顿大学

波士顿学院

雪城大学

卫斯理女子学院

哈佛大学

三一大学

依隆大学

范德堡大学

tips

这是一所很典型的女子高中寄宿学校。学校学术水平很强,开设了很多女孩子喜爱和需要的课程。

学校要求国际学生提供标准化考试成绩,SSAT 达到基准分数后,学校主要关注数学方面的成绩。

2017 年录取国际学生的托福成绩在 95 分以上。学校也很重视面试,在面试的时候要求学生展示女孩子的独立性和热情以及雄心。

迪尔菲尔德学院
Deerfield Academy

学校简介

1. 基本情况

建校时间:1797 年	学校性质:私立/寄宿	所在州:马萨诸塞州(MA)
招生年级:9~12	学生总数:651	师生比例:1:5
班级人数:12	国际生比例:16%	寄宿生比例:88%
学校类型:混合校	宗教背景:无	占地面积(英亩):330
受赠款(美元):39 800 万	SAT 平均分:2 000	学费(美元):60 480

2. 教育宗旨

Deerfield Academy is an independent secondary school committed to high standards of scholarship, citizenship, and personal responsibility. Through a rigorous liberal arts curriculum, extensive co-curricular program, and supportive residential environment, Deerfield encourages each student to develop an inquisitive and creative mind, sound body, and strong moral character. Set in a historic village bounded by river, hills, and farms, Deerfield inspires reflection, study and play, abiding friendships, and a defining school spirit. A vibrant, ethical community that embraces diversity, the Academy prepares students for leadership in a rapidly changing world that requires global understanding, environmental stewardship, and dedication to service.

学校亮点

● **AP 课程**

艺术史、生物学、微积分、微积分 AB、微积分 BC、计算机科学 A、化学、环境科学、法语、拉丁语(维吉尔)、音乐理论、物理 C、西班牙语、统计学、美术

● **荣誉课程**

文学(迪尔菲尔德)、文学(牛津)、美国历史、经济学、法语 2-6、西班牙语 3、几何、代数 2、基础微积分

● **ESL 课程**

无

● **学生社团**

交际舞社、高山滑雪社、钓鱼俱乐部、国际特赦组织、动物权益保护协会、艺术俱乐部、芭蕾舞社、亚洲学生会、篮球社、中国俱乐部、计算机俱乐部、舞蹈社、辩论会、社区服务等

● **体育活动**

高山滑雪、棒球、篮球、赛艇、越野运动、自行车、舞蹈、潜水、曲棍球、美式橄榄球、高尔夫、冰球、兜网球、英式足球、垒球、软式墙网球、游泳、网球、田径运动、排球、水球、摔跤等

网　　址	www.deerfield.edu
学校地址	7 Boyden Lane, PO Box 87, Deerfield, MA 01342

学校人物

● 教师学历

73% 硕士及以上学历

● 优秀毕业生

King Abdullah：约旦国王

John McPhee：作家

Buddy Teevens：大学生足球教练

Matthew Fox：演员

招生要求

TOEFL：否

SSAT：是

SSAT 成绩百分比：87%

面试：是

常规申请材料：是

录取率：16%

申请截止日期：1 月 15 日

国际学生申请费（美元）：125

申请方式：网申

毕业生去向

哈佛大学

耶鲁大学

布朗大学

宾夕法尼亚大学

乔治城大学

米德尔伯里学院

科尔盖特大学

三一大学

塔夫茨大学

威廉姆斯学院

tips

　　该校被誉为美国东部"小常青藤"学校之一。学校要求学生具备相当于优秀大学生的学术和独立思考的能力，学校给予学生充分的自我发挥的空间。问题恰恰是，如果学生自己都没有准备好的话，那也就无可发挥了。

　　学校录取是一定要看学生是否准备好了。因此，学校更乐于从就近的初中学校招收一些优秀的国际学生。他们相信，这些初中阶段的国际学生已经适应了美国的环境。在这些适应了美国学习生活的初中学生中来录取符合他们学校条件的学生是最直接的、最简单的。

鹰溪学校

Eaglebrook School

Eaglebrook School
A junior boarding and day school for boys in grades 6-9

学校简介

1. 基本情况

建校时间:1922 年	学校性质:私立/低年级寄宿	所在州:马萨诸塞州(MA)
招生年级:6~9	学生总数:251	师生比例:1:5
班级人数:10	国际生比例:29%	寄宿生比例:75%
学校类型:男校	宗教背景:无	占地面积(英亩):800
受赠款(美元):6 000 万	SSAT 平均分:校方无统计	学费(美元):64 900

2. 教育宗旨

Eaglebrook is a school for boys in the sixth, seventh, eighth, and ninth grades. In a warm, caring, structured atmosphere boys learn more than they ever thought possible, discover inner resources, develop self – confidence, and have fun along the way. Eaglebrook welcomes boys of any race, color, nationality, or religion, and all share the same privileges and duties.

Eaglebrook's role is to help each boy come in to full and confident possession of his innate talents, to improve the skills needed for the challenges of secondary school, and to establish values that will allow him to be a person who respects individual differences and acts with thoughtfulness and humanity.

At the heart of the school is the shared life of teachers, their families, and boys working together. Teachers make learning an adventure and watch over each boy's personal growth. They set the academic tone, coach the teams, serve as dormitory parents, and are available for a boy when he needs a friend. They endeavor to motivate boys to reach beyond the easily attained and help them realize that mistakes can lead to progress.

学校亮点

● **ESL 课程**

有

● **学生社团**

无伴奏合唱、合唱队、爵士乐队、文学杂志、山地俱乐部、弦乐器演奏、高年级委员会

● **体育活动**

高山滑雪、棒球、篮球、爬山、越野赛、潜水、橄榄球、花样滑雪、高尔夫、冰球、长曲棍球、山地自行车、北欧式滑雪、定向越野比赛、攀岩、滑板滑雪、足球、壁球、游泳、网球、田径、极限飞盘、水球、摔跤等

网 址	www.eaglebrook.org
学校地址	271 Pine Nook Road, P.O. Box 7, Deerfield, MA 01342

学校人物

- 教师学历

  33% 硕士及以上学历
- 优秀毕业生

  Henry Bromell：1963 届毕业生，作家，电视制作人

  Chris Hedges：1971 届毕业生，作家，战地记者

  Cameron Douglas：1993 届毕业生，演员

  Michael Douglas：1960 届毕业生，演员，导演

  Peter Duchin, pianist, orchestra leader：钢琴家，管弦乐队指挥

  Henry Kravis：1960 届毕业生，银行投资家和慈善家

  Jason Wu：时装设计师

招生要求

测试：TOEFL Junior（强烈建议）、SSAT 或 WISC – IV

面试：是

常规申请材料：是

录取率：62%

申请截止日期：无

国际学生申请费（美元）：120

毕业生去向

埃文老农场中学

乔特罗斯玛丽中学

库什学院

迪尔菲尔德学院

霍奇科斯学校

肯特中学

圣乔治学校

圣保罗学校

米德赛克斯学校

菲力普·爱斯特学院

菲利普斯安多夫学院

泰伯学院

tips

鹰溪学校是所寄宿初中，校园相当漂亮，在寄宿初中中是十分少见的。学校的教学楼环绕着几个小湖，环境十分优雅。学校最高开设到九年级。毕业生的去向，相当大的一部分学生进入到一流的美国寄宿高中，比如毗邻学校附近的迪尔菲尔德学院。

菲尔学校
Fay School

学校简介

1. 基本情况

建校时间:1866 年	学校性质:低年级私立寄宿	所在州:马塞诸塞州(MA)
招生年级:7～9	学生总数:475	师生比例:1:6
班级人数:12	国际生比例:16%	寄宿生比例:25%
学校类型:混合校	宗教背景:无	占地面积(英亩):66
受赠款(美元):4 200 万	SSAT 平均分:校方无统计	学费(美元):67 160

2. 教育宗旨

The mission of Fay School is to educate each child to his or her full potential through a broad, balanced, and challenging program that establishes a solid foundation for a productive and fulfilling life.

学校亮点

- AP 课程

  无

- 高级课程

  无

- 荣誉课程

  无

- ESL 课程

  有

- 学生社团

  入学导游、辩论团、健康协会、高尔夫、户外探险、缝纫、滑雪、游泳、学校年鉴、瑜伽

- 体育活动

  棒球、篮球、速度滑雪、曲棍球、橄榄球、冰球、长曲棍球、英式足球、垒球、网球、田径、排球、摔跤

网 址	www.fayschool.org
学校地址	48 Main Street, Southborough, MA 01772

学校人物

● 教师学历
90% 硕士及以上学历

● 优秀毕业生
Peter Fonda：演员
Monk Foreman：拳击手
Topher Grace：演员
Prince Hashim：约旦王子

招生要求

考试：TOEFL 或者 TOEFL Jr.

面试：有

常规申请材料：有

录取率：51%

申请截止日期：12 月 15 日

国际学生申请费（美元）：100

毕业生去向

布克夏尔中学

乔特罗斯玛丽中学

康科德学院

库欣学院

迪尔菲尔德学院

艾玛威乐女中

主教中学

圣乔治学校

撒切尔学校

tips

该校是美国的寄宿初中。学校特别重视学生的全面发展。音乐、体育和其他各方面都很重视。目前中国学生的人数控制在十几个人以下。该校教师非常敬业，对学生关注度较高，学校里的学术氛围浓厚。各门功课都非常注重创新思维和动手能力的培养；课程设置丰富，艺体并重。学校管理非常严格，大到思想品德教育，小到日常行为规范，都极其重视，这一点让家长很放心。

格罗顿学校
Groton School

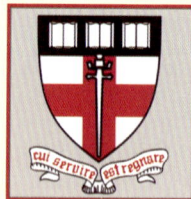

学校简介

1. 基本情况

建校时间:1884 年　　　　学校性质:私立/寄宿　　　　所在州:马萨诸塞州(MA)

招生年级:8~12　　　　　学生总数:381　　　　　　师生比例:1:5

班级人数:13　　　　　　国际生比例:8%　　　　　寄宿生比例:85%

学校类型:混合校　　　　宗教背景:新教　　　　　占地面积(英亩):480

受赠款(美元):33 000 万　　SAT 平均分:2 123　　　目前学费(美元):55 700

2. 教育宗旨

Mission statement: Groton School is a diverse and intimate community devoted to inspiring lives of character, learning, leadership, and service.

Motto: Cui Servire Est Regnare (To Serve Is To Rule).

学校亮点

- AP 课程

生物、微积分 AB、微积分 BC、计算机科学 A、法语、法国文学、拉丁语:维吉尔、音乐理论、西班牙语、西班牙文学、物理 B、统计学

- ESL 课程

无

- 学生社团

学生协调联盟、国际特救组织、艺术俱乐部、读书社、基督教助学金、辩论社、戏剧社、环境组织、格罗顿社区服务组织、格罗顿人(刊物)、模拟联合国、穆斯林社、户外俱乐部、无线电俱乐部、学生活动会员会、学生投资基金会、动物社、学生回应组织等

- 体育活动

棒球、篮球、越野运动、曲棍球、兜网球、赛艇、英式足球、软式墙网球、网球、冰球、美式橄榄球等

网址	www.groton.org
学校地址	282 Farmers Row, Box 991, Groton, MA 01450

学校人物

- 教师学历
  72% 硕士及以上学历
- 优秀毕业生
  Franklin Delano Roosevelt:第三十二任美国总统

招生要求

TOEFL：是

SSAT：是

SSAT 成绩百分比：90%

面试：是

常规申请材料：是

录取率：15%

申请截止日期：1 月 15 日

国际学生申请费（美元）：100

申请方式：网申

毕业生去向

哈佛大学

乔治城大学

三一大学

美国圣安德鲁斯大学

布朗大学

普林斯顿大学

斯坦福大学

范德堡大学

威尔士利学院

耶鲁大学

tips

学校注重学生全方位的发展，尤其看重学生的领导力和感召力。

学校的人文学科非常发达，对于热衷于社会学和人文学的学生来说，是非常好的选择。学校的其他学科虽没有人文学科那样出类拔萃，但也排在前列。

学校通常会鼓励国际学生申请 8 年级，这样会比申请 9 年级竞争要小一点。但是，同样各种成绩都要提交，而且要求不会很低。以托福成绩为例，申请 8 年级也要在 90 分以上。就国内目前的情况来看，这倒很适合那些在国际学校读书超过 4 年以上的学生。

山边学校
Hillside School

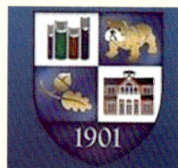

学校简介

1. 基本情况

建校时间:1901 年　　　　　学校性质:私立/低年级寄宿　　所在州:马萨诸塞州(MA)

招生年级:5~9　　　　　　学生总数:150　　　　　　　师生比例:1:7

班级人数:10　　　　　　　国际生比例:35%　　　　　　寄宿生比例:65%

学校类型:男校　　　　　　宗教背景:无　　　　　　　　占地面积(英亩):150

受赠款(美元):400 万　　　SSAT 平均分:校方无统计　　　学费(美元):54 400

2. 教育宗旨

Hillside School provides a structured, supportive, and challenging academic environment for boys in grades 5 – 9. Boarding and day students enjoy a rich curriculum that includes a vibrant visual and performing arts program and competitive athletics. The School's unique academic and leadership program, "Shades of Blue," builds character, while holding our students accountable to our core values. Our community is our hallmark.

学校亮点

● AP 课程

无

● ESL 课程

有

● 学生社团

乐队、戏剧社团、经济社团、腰旗橄榄球、监考人社团、攀岩、学生会、年刊

● 体育活动

棒球、篮球、越野、高尔夫、冰球、长曲棍球、帆船、滑板滑雪、足球、网球、田径、摔跤

网 址	www.hillsideschool.net
学校地址	404 Robin Hill Road, Marlborough, MA 01752

学校人物

- 教师学历
  38% 硕士及以上学历
- 优秀毕业生
  Peter Fonda：演员
  Ernie Barnes：NFL 退役专业足球运动员
  Shirley Caesar：格莱美获奖福音歌手
  Jeanne Hopkins Lucas：北卡罗兰纳州参议员
  Rodney Rogers：NBA 退役篮球运动员

招生要求

测试：SSAT 或者 TOEFL Junior

面试：是

常规申请材料：是

录取率：70%

申请截止日期：12 月 15 日

国际学生申请费（美元）：100

2014 –2015 学年寄宿生学费(美元)：53,300

毕业生去向

肯特学校

库什学院

胡德尼斯学校

劳伦斯学院

圣乔治学校

圣马可学校

伽文纳学院

朴茨茅斯修道院学校

tips

该校是一所寄宿初中男校，强调学术上与人格特质的培养。该校有暑期课程。学校环境优美，树林、草地、池塘遍布在150英亩的校园中。该校一直致力于在一个充满关怀的支持性环境中给学生们提供高质量的和富于挑战的教育。学校的核心价值观——同情、决心、诚实、尊重和乐趣，旨在为学生在未来各自人生中取得巨大成就奠定了坚实的基础。

劳伦斯学院

Lawrence Academy

学校简介

1. 基本情况

建校时间:1793 年	学校性质:私立/寄宿	所在州:马萨诸塞州(MA)
招生年级:9~12	学生总数:397	师生比例:1:7
班级人数:14	国际生比例:13%	寄宿生比例:50%
学校类型:混合校	宗教背景:无	占地面积(英亩):135
受赠款(美元):1 300 万	SAT 平均分:1 660	学费(美元):61 150

2. 教育宗旨

Lawrence Academy recognizes you for who you are and inspires you to take responsibility for who you want to become.

学校亮点

● **AP 课程**

音乐理论、英语、美国政府与政治、微积分、环境科学

● **荣誉课程**

音乐创作、视觉艺术、英语一二三、美国历史、物理、生物、化学、数学2-4、法语、西班牙语

● **ESL 课程**

有

● **学生社团**

ABLE、文化咖啡馆、早期音乐社团、法语俱乐部、L. A. 歌手社团、学生/教师之家、美术俱乐部等

● **体育活动**

滑雪、棒球、篮球、越野、舞蹈、曲棍球、足球、高尔夫、冰球、长曲棍球、橄榄球、网球、田径、排球、摔跤、垒球、滑板等

网 址	www.lacademy.edu
学校地址	26 Powderhouse Road, Groton, MA 01450

学校人物

- 教师学历
  65% 硕士及以上学历
- 优秀毕业生
  Tim Armstrong：AOL 董事长及执行总裁
  Dana Messina：斯坦威钢琴的执行总裁
  Audrey McNiff：高盛集团常务董事
  Page McConnell：费西合唱团键盘手
  Steve Heinze：1988 年奥林匹克男子曲棍球选手；前美国曲棍球联盟（NIIL）波士顿棕熊队和国王队
  明星队员
  Laurie Baker：奥林匹克女子曲棍球选手
  Antoine Wright：NBA 球员，达拉斯队队员

招生要求

TOEFL：是

SSAT：是

SSAT 成绩百分比：65%

面试：是

常规申请材料：是

录取率：50%

申请截止日期：1 月 15 日

国际学生申请费（美元）：100

申请方式：网申

毕业生去向

波士顿大学

卡内基梅隆大学

康涅狄格大学

哈佛大学

史密斯学院

本特利学院

俄亥俄大学

塔夫茨大学

贝茨学院

旧金山大学

德拉华大学

tips

一所传统的寄宿高中。艺术学科比较强，人文科学也很强。拥有 33 个学生社团，开设 41 项体育活动。

学校要求标准化考试成绩，SSAT 1 900 分是申请该校的基本标准化成绩。在面试环节和填写申请材料时，尤其要突出学生参加社会活动或者对某些事物的积极性，比如，有的学生很关注环保，并参与了一些有关环保的活动等。

2017 年录取新生托福成绩在 80 分以上。

米德尔塞克斯学校
Middlesex School

学校简介

1. 基本情况

建校时间:1901 年	学校性质:私立/寄宿	所在州:马萨诸塞州(MA)
招生年级:9~12	学生总数:400	师生比例:1:4
班级人数:12	国际生比例:11%	寄宿生比例:70%
学校类型:混合校	宗教背景:无	占地面积(英亩):350
受赠款(美元):17 000 万	SAT 平均分:2 080	学费(美元):59 760

2. 教育宗旨

Located in one of this country's most historic towns, Concord, Massachusetts, Middlesex aspires to help its students "find their promise" through immersion in a rigorous academic program, extraordinary extracurricular programs in arts and athletics, and a commitment to service.

学校亮点

● **AP 课程**

艺术史、生物学、微积分 AB、微积分 BC、计算机科学、化学、汉语语言与文化、环境科学、英语文学与写作、法语语言与文化、政府与政治(美国)、拉丁语:维吉尔、音乐理论、物理 B、物理 C、西班牙语、西班牙文学、统计学、美术、美国历史

● **荣誉课程**

生物学、化学、物理

● **ESL 课程**

无

● **学生社团**

国际特赦组织、读书俱乐部、国际象棋俱乐部、应用科学俱乐部、天文学会、合唱团、社区服务、填字游戏俱乐部、辩论会社、金融俱乐部等

● **体育活动**

高山滑雪、棒球、篮球、越野运动、曲棍球、高尔夫、兜网球、赛艇、英式足球、垒球、软式墙网球、网球、冰球、田径、摔跤、美式橄榄球等

网　址	www.mxschool.edu
学校地址	1400 Lowell Road, Concord, MA 01742

学校人物

- 教师学历
  70% 硕士及以上学历
- 优秀毕业生
  Steve Carell：演员
  William Weld：前马萨诸塞州州长
  Bill Richardson：新墨西哥州州长
  William Hurt：奥斯卡获奖演员
  Anthony Lake：联合国儿童基金会执行理事
  Li Chung Pei：建筑师
  Cass Sunstein：信息和法规事务办公室主任
  Kevin Systrom：照片共享应用联合创始人
  Martin Hoffman：美国陆军部长
  Conrad Aiken：作家

招生要求

TOEFL：是（100 分以上）

SSAT：是

SSAT 成绩百分比：88%

面试：是

常规申请材料：是

录取率：19%

申请截止日期：1 月 31 日

国际学生申请费（美元）：120

申请方式：网申

毕业生去向

哈佛大学

巴克内尔大学

乔治城大学

纽约大学

哥伦比亚大学

达特茅斯学院

波士顿学院

宾夕法尼亚大学

范德堡大学

乔治华盛顿大学

tips

这是一所典型的新英格兰古老的传统的著名寄宿高中。提供 23 门 AP 课程，开设 27 项体育活动。

学校录取通常不会给学生很多灵活性。学校非常看重每一个申请流程，要求学生必须按照学校的要求来完成。否则，就算学生什么都准备好了，如果没能赶上时间点，学校也不会考虑学生的申请。

比如，申请截止日期规定为 1 月 31 日，那就要在这个日期前必须完成所有的申请，即在这个截止日前所有的申请材料必须到达学校的招生部门。这里的所有申请材料，既包括所有的申请表格，也包括所有的标准化考试成绩（尤其是 ETS——美国教育考试服务中心的送分），还包括自荐信、推荐信等。

米尔顿学院
Milton Academy

学校简介

1. 基本情况

建校时间:1798 年　　　学校性质:私立/寄宿　　　所在州:马萨诸塞州(MA)

招生年级:9 ~ 12　　　学生总数:700　　　师生比例:1:5

班级人数:14　　　国际生比例:14%　　　寄宿生比例:50%

学校类型:混合校　　　宗教背景:无　　　占地面积(英亩):125

受赠款(美元):24 400 万　　　SAT 平均分:2 065　　　学费(美元):51 330

2. 教育宗旨

Milton Academy cultivates in its students a passion for learning and a respect for others. Embracing diversity and the pursuit of excellence, we create a community in which individuals develop competence, confidence and character. Our active learning environment, in and out of the classroom, develops creative and critical thinkers, unafraid to express their ideas, prepared to seek meaningful lifetime success and to live by our motto, "Dare to be true."

学校亮点

● **AP 课程**

艺术史、生物学、微积分 AB、微积分 BC、法语、法国文学、政府与政治:比较、政府与政治:美国、拉丁语:维吉尔、西班牙语、西班牙文学、统计学、艺术史、心理学

● **荣誉课程**

代数 2、基础微积分、法语 3/5、生物学、化学、西班牙语 3

● **ESL 课程**

无

● **学生社团**

A/V(影音)、艺术委员会、动漫(日本动画俱乐部)、亚洲社团、体育协会、环境保护协会、电影俱乐部、法语俱乐部、犹太学生联盟、米尔顿学院年鉴、户外俱乐部、公共问题委员会、足球俱乐部、西班牙语俱乐部、极限飞盘、瑜伽俱乐部等

● **体育活动**

高山滑雪、棒球、篮球、登山、越野运动、舞蹈、潜水、曲棍球、美式橄榄球、高尔夫、冰球、划艇、兜网球、北欧两项滑雪、攀岩、帆船、英式足球、垒球、软式墙网球、游泳、网球、田径运动、极限飞碟、排球、摔跤等

网 址	www.milton.edu
学校地址	170 Centre Street, Milton, MA 02186

学校人物

● 教师学历
75% 硕士及以上学历
● 优秀毕业生
T.S. Eliot：诗人、剧作家、文学评论家
Buckminster Fuller：美国建筑师、作家、设计师、未来学家、发明家和空想家
Robert F. Kennedy：前美国司法部长、来自纽约美国前参议员、前美国总统约翰肯尼迪的弟弟
Ted Kennedy：前马萨诸塞州参议员、前美国总统约翰肯尼迪的弟弟
Deval Patrick：现任马萨诸塞州联邦政府主管，第一位获此职位的非洲裔美国人
James Taylor：美国歌手和曲作家
Toure：美国小说家、音乐记者、文化评论员和电视明星
Charles Codman Cabot：前马萨诸斯州高等法院法官、二战时期前美国战略轰炸调查秘书处秘书长
David Lindsay Abaire：普利策奖获奖美国剧作家
Hanford MacNider：前美国外交家、美国陆军上将，参与第一、第二次世界大战

招生要求

TOEFL：是	
SSAT：是	
SSAT 成绩百分比：90%	
面试：是	
常规申请材料：是	
录取率：24%	
申请截止日期：1月15日	
国际学生申请费（美元）：100	
申请方式：网申	

毕业生去向

哈佛大学

布朗大学

乔治城大学

塔夫茨大学

波士顿学院

哥伦比亚大学

康奈尔大学

乔治·华盛顿大学

卫斯理大学

耶鲁大学

tips

该校是一所非常传统和保守的高中，比较中规中矩。

学校希望学生做好一切准备再来他们学校。所以，学生除了很强的学习能力，还要有一些能让学校觉得跟学校的在校学生能够融为一体的兴趣和爱好。然而中国学生在这方面普遍准备得不足。比如体育爱好，如果有能够跟美国学生媲美的诸如冰球、皮划艇等专长，就会让学校觉得眼前一亮；比如音乐方面，不是人人都在弹钢琴，如果学生参加乐团并喜欢弹电吉它，也会让学校觉得很特别。总之，我们的学生应该早一点开始准备，打一个有准备的仗。

米斯豪斯女子学校
Miss Hall's School

学校简介

1. 基本情况

建校时间:1898 年	学校性质:私立/寄宿	所在州:马萨诸塞州(MA)
招生年级:9~12	学生总数:210	师生比例:1:6
班级人数:10	国际生比例:40%	寄宿生比例:68%
学校类型:女校	宗教背景:无	占地面积(英亩):90
受赠款(美元):1 700 万	SAT 平均分:1 850	学费(美元):55 105

2. 教育宗旨

Miss Hall's School inspires and encourages each girl to pursue the highest standards of learning and character; to contribute boldly and creatively to the common good; and to seek a purposeful life based on honor, respect, and personal authenticity.

学校亮点

- **AP 课程**

  艺术史、生物、微积分 AB、微积分 BC、化学、英语文学与写作、欧洲历史、法语、心理学、统计学、影音艺术、美国历史

- **荣誉课程**

  英语2/3、代数2、基础微积分、生物、化学

- **ESL 课程**

  有

- **学生社团**

  有氧运动社、艺术社、运动社、环境社、健身俱乐部、电影社、法语俱乐部、拉丁俱乐部、瑜珈社、SWAT 舞蹈团、乐器社、数学社、舞蹈队、辩论社、乐团等

- **体育活动**

  高山滑雪、棒球、篮球、越野运动、曲棍球、兜网球、英式足球、垒球、网球、排球等

学校人物

- 教师学历

  75% 硕士及以上学历

- 优秀毕业生

  Lucy Adams Billings：1966 届毕业生，纽约州法官

  Barbara Cooperman：1973 届毕业生，爱思唯尔执行副总裁

  Jean Erdman：1934 届毕业生，一个现代舞蹈世界有影响力的人物，玛莎葛兰姆舞团成员、哥伦比亚大学和纽约大学职员、神话学家约瑟夫·坎贝尔的妻子

  Paula Leuchs Moats：1972 届毕业生，拉科尼亚首都集团高级副总裁

  Susan O'Day：1977 届毕业生，百时美施贵宝公司全球共享服务首席信息官和副总裁

  Stacey Sotirhos：1989 届毕业生，纽约市教育委员会指导支持专家

  Catherine Foster：1995 届毕业生，建筑师

招生要求

TOEFL：是	
SSAT：是	
SSAT 成绩百分比：66%	
面试：是	
常规申请材料：是	
录取率：49%	
申请截止日期：2 月 1 日	
国际学生申请费（美元）：100	
申请方式：网申	

毕业生去向

- 波士顿大学
- 哈佛大学
- 宾夕法尼亚大学
- 宾州州立大学
- 塔夫茨大学
- 美国大学
- 埃默里大学
- 佛蒙特大学
- 华盛顿大学

tips

一所位于新英格兰的规模很小的女子学校。学校以"小"为特点和优势，给学生充分的关注和发挥的空间。

学校非常注重学习，学校的教学水平不亚于任何一所很优秀的混合高中。学校也开设很多专为女孩子适应未来并赢得社会成功的课程和活动。

自 2011 年开始，学校要求国际学生必须提供标准化成绩。2017 年录取学生的托福平均成绩在 80 分以上。不过，学生如果在综合素质方面特别符合学校的要求，学校会有一定的灵活性，不会太拘泥成绩要求。

北野山学校
Northfield Mount Hermon School

学校简介

1. 基本情况

建校时间:1879 年　　　　学校性质:私立/寄宿　　　　所在州:马萨诸塞州(MA)

招生年级:9~12　　　　　学生总数:650　　　　　　师生比例:1:6

班级人数:12　　　　　　国际生比例:23%　　　　　寄宿生比例:81%

学校类型:混合校　　　　　宗教背景:无　　　　　　　占地面积(英亩):1 353

受赠款(美元):12 100 万　SAT 平均分:1 788　　　　学费(美元):59 500

2. 教育宗旨

Education for the Head, Heart, and Hand

Northfield Mount Hermon engages the intellect, compassion, and talents of our students, empowering them to act with humanity and purpose.

学校亮点

- **AP 课程**

  生物、微积分 AB、微积分 BC、计算机科学、化学、汉语语言与文化、环境科学、欧洲历史、英语文学与写作、经济学、法语、拉丁语:维吉尔、音乐理论、物理 B、物理 C、心理学、西班牙语、美术(2-D 设计)、世界历史

- **荣誉课程**

  英语 3/4、代数 1-2、几何、基础微积分、生物、化学、物理、法语 2/3/4、西班牙语 2/3

- **ESL 课程**

  有

- **学生社团**

  国际学生联盟、亚裔美国学生协会、犹太学生联盟、西班牙及拉美学生联盟、国际学生杂志社、罗马天主教协会、穆斯林学生协会、活动策划会、动物权益联盟、环境协会、艺术活动联盟、天文与物理俱乐部、合唱队舞蹈俱乐部、音乐俱乐部、辩论学会等

- **体育活动**

  高山滑雪、棒球、篮球、赛艇、越野潜水、曲棍球、美式橄榄球、高尔夫、冰球、兜网球、北欧两项滑雪、英式足球、垒球、游泳、排球、水球、摔跤等

网　　址	www.nmhschool.org
学校地址	One Lamplighter Way, Mount Hermon, MA 01354

学校人物

- 教师学历
  70% 硕士及以上学历
- 优秀毕业生
  Lawrence Ferlinghetti：1937 届毕业生，城市之光书店和出版社联合拥有人
  Laura Linney：1982 届毕业生，奥斯卡提名演员，影片包括"野蛮人"、"保姆日记"、"诚信无价"
  Uma Thurman：1988 届毕业生，奥斯卡提名演员，影片包括"制片人"、"低俗小说"、"危险联络"
  S. Prestley Blake：1934 届毕业生，友情联合创始人
  Amy Domini：1968 届毕业生，多米尼社会投资创始人和首席执行官、多米尼 400 社会索引创造者
  William Rhodes：1953 届毕业生，花旗银行北美总裁、董事长和首席执行官、花旗集团高级副总裁
  Kimmie Weeks：2001 届毕业生，利比亚儿童权利活动家、联合国顾问、儿童国际和平青年运动理事
  Dallas Baker：2002 届毕业生，佛罗里达大学鳄鱼队外接手（2006 – 07 大学橄榄球国家冠军赛冠军）
  Frank Shorter：1965 届毕业生，美国反兴奋剂机构创世主席、电视体育频道评论员、1972 年奥运会马拉松冠军、1976 年奥运会马拉松亚军

招生要求

TOEFL：是	
SSAT：是	
SSAT 成绩百分比：67%	
面试：是	
常规申请材料：是	
录取率：31%	
申请截止日期：2 月 1 日	
国际学生申请费（美元）：100	
申请方式：网申	

毕业生去向

波士顿大学

波士顿学院

布朗大学

哥伦比亚大学

康奈尔大学

杜克大学

达特茅斯学院

乔治城大学

纽约大学

乔治·华盛顿大学

塔夫茨大学

tips

非常漂亮的校园，一流的校园设施。提供 28 门 AP 课程，非常丰富多彩的校园活动，让学生永远都有做不完的事情并乐在其中。

学校非常注重国际化，国际学生比例高达 25%。目前有中国学生 60 多名。

2017 年被录取的学生，9 年级托福成绩均在 95 分以上，10 年级都在 100 分左右。录取的学生要具有足够的热情，让学校觉得不是读死书的学生。面试非常重要，面试在申请中的因素占了很大的比率。

菲利普斯安多福学院
Phillips Academy Andover

Phillips Academy
ANDOVER

学校简介

1. 基本情况

建校时间:1778 年	学校性质:私立/寄宿	所在州:马萨诸塞州(MA)
招生年级:9～12	学生总数:1 150	师生比例:1:5
班级人数:13	国际生比例:9%	寄宿生比例:74.4%
学校类型:混合校	宗教背景:无	占地面积(英亩):500
受赠款(美元):9 700 万	SAT 平均分:2 118	学费(美元):5 260

2. 教育宗旨

Phillips Academy, a residential secondary school, seeks students of intelligence and integrity from diverse cultural, racial, socioeconomic and geographic backgrounds.

The school's residential structure enables faculty to support students in their personal, social, and intellectual development. The academic program fosters excellence in all disciplines within the liberal arts tradition. Faculty members guide students in mastering skills, acquiring knowledge, and thinking critically, creatively and independently. The school strives to help young people achieve their potential not only intellectually, but also artistically, athletically, and morally, so that they may lead responsible and fulfilling lives.

学校亮点

● **AP 课程**

艺术史、生物学、微积分、微积分 AB、微积分 BC、计算机科学 AB、化学、环境科学、欧洲历史、法语、法国文学、德语、拉丁语:维吉尔、拉丁文学、音乐理论、物理、心理学、西班牙语、西班牙文学、统计学、美术、美国历史、世界历史

● **ESL 课程**

无

● **学生社团**

中国学生会、脚踏车俱乐部、艺术俱乐部、亚洲社区、商业俱乐部、象棋俱乐部、中国俱乐部、舞蹈俱乐部、环保组织、国际俱乐部、教堂理事会、烤肉俱乐部、天文俱乐部等

● **体育活动**

棒球、篮球、赛艇、越野运动、自行车、潜水、曲棍球、美式橄榄球、高尔夫、冰球、兜网球、北欧两项滑雪、英式足球、垒球、软式墙网球、游泳、网球、田径运动、极限飞碟、排球、水球、冬季田径、摔跤等

学校人物

- 教师学历
  83% 硕士及以上学历
- 优秀毕业生
  President George Bush：1942 届毕业生，第四十一届美国总统
  Oliver Wendell Holmes：1825 届毕业生，诗人，文学领袖和医生
  Benjamin Spock：1921 届毕业生，作家，儿童养育专家，反战积极分子
  Jack Lemmon：1943 届毕业生，奥斯卡获奖演员
  President George W. Bush：1964 届毕业生，第四十三届美国总统
  Julia Alvarez：1967 届毕业生，诗人，小说家，作家
  Frederick Law Olmstead：1838 届毕业生，纽约中央公园设计者
  Christopher Hughes：2002 届毕业生，脸谱网共同创造者，奥巴马参加竞选时担任其网络战略家
  Rebecca Dowling Adams：1994 届毕业生，美国第一位女性精英飞行员

招生要求

TOEFL：是

SSAT：是

SSAT 成绩百分比：94%

面试：是

常规申请材料：是

录取率：14%

申请截止日期：2 月 1 日

国际学生申请费（美元）：60

申请方式：纸申、网申

毕业生去向

哈佛大学

耶鲁大学

宾夕法尼亚大学

哥伦比亚大学

斯坦福大学

布朗大学

康奈尔大学

普林斯顿大学

达特茅斯学院

tips

　　该校在历史上曾是最早接受中国留学生的学校。大清留美幼童中的杨兆楠（在中法海战中牺牲）、何廷梁（曾任北洋海军军医）、周长龄（天津轮船招商局商务总督，后成为香港太平绅士）、苏锐钊（曾任驻马尼拉总领事）、吴应科（甲午战争中"定远"作战参谋）、刘玉麟（曾任驻英国公使）、梁丕旭（曾任驻美国公使）、林联盛（曾任职京奉铁路）等中国近代史上的人物都曾就读该学校。

　　而且，就在美国政府对华 F1 签证还没有真正放开的时候，学校也从来没有停止招收中国学生。学校肩负造就全世界精英的历史使命，在全球范围内招收优秀的学生，营造多元化氛围，培养领袖人才。

　　申请这所学校，即使拥有最好的 GPA、SSAT、TOFEL 成绩也不能保证被录取，学生一定具要有跟学校的理念相匹配的优秀素质才有可能被录取。而优秀的素质和能力不需要用华丽的语言来显现出来，学校更愿意看到客观的、朴素的、能够真实反映学生思想境界及能力的申请材料。

　　2017 年录取国际生的托福成绩在 100 分以上。

圣马克斯学校

St. Mark's School

学校简介

1. 基本情况

建校时间:1865 年 　学校性质:私立/寄宿 　所在州:马萨诸塞州(MA)

招生年级:9 ~ 12 　学生总数:360 　师生比例:1 : 5

班级人数:10 　国际生比例:20% 　寄宿生比例:80%

学校类型:混合校 　宗教背景:新教 　占地面积(英亩):250

受赠款(美元):12 000 万 　SAT 平均分:1 940 　学费(美元):59 685

2. 教育宗旨

St. Mark's School educates young people for lives of leadership and service. The School challenges its students to develop their particular analytic and creative capabilities by both inspiring their academic and spiritual curiosity and kindling their passion for discovery. We value cooperation over self – interest, and we encourage each person to explore his or her place in the larger world beyond our campus.

学校亮点

- **AP 课程**

  生物、化学、欧洲历史、法语语言、政府与政治:美国、人文地理、拉丁语、物理 B、物理 C、心理学、西班牙语、世界历史

- **荣誉课程**

  拉丁语、代数、基础微积分、化学

- **ESL 课程**

  无

- **学生社团**

  荣誉理事会、投资俱乐部、爵士乐俱乐部、社会公益、舞蹈社团、辩论社、报社、法语社、环境社团、国际社团、数学协会、模拟联合国、穆斯林俱乐部、钓鱼俱乐部、合唱团、中国学生协会等

- **体育活动**

  美式足球、长曲棍球、壁球、曲棍球、冰球、足球、篮球、棒球、长跑、网球、田径运动、高尔夫、垒球等

| 网　　址 | www.stmarksschool.org |
| 学校地址 | 25 Marlboro Road, Southborough, MA 01772 |

学校人物

● 教师学历

75% 硕士及以上学历

● 优秀毕业生

Edward Burnett：马萨诸塞州众议员

Michael N. Hall：分子生物学家

Mason Hammond：哈佛大学古典学家和历史学家

Nicholas F. Brady：美国财政部长（1988～1993年），新泽西州参议员（1982年）

Robert H. Thayer：律师，外交官和情报官员

Story Musgrave：宇航员

Stuart W. Rockwell：前美国驻摩洛哥大使

招生要求

TOEFL：是

SSAT：是

SSAT 成绩百分比：84%

面试：是

常规申请材料：是

录取率：29%

申请截止日期：1月31日

国际学生申请费（美元）：100

申请方式：网申

毕业生去向

波士顿大学

波士顿学院

乔治·华盛顿大学

科尔比学院

塔夫斯大学

三一大学

乔治城大学

巴克内尔大学

明德学院

麻省理工学院

tips

　　一所竞争比较激烈的美国高中寄宿学校。提供20门AP课程。
　　国际学生要求标准化考试成绩，但是标准化考试成绩并不是唯一的考量。学校更看重学生的实际能力。所以，无论在面试中，还是在准备材料的过程中，都要体现学生实际的能力，体现学生的真实品格，这要比标准化成绩重要得多。
　　2014年国际学生录取托福平均分为100。
　　2017～2018年申请季的托福最低分为109。

泰博学院
Tabor Academy

学校简介

1. 基本情况

建校时间:1876 年　　　　学校性质:私立/寄宿　　　　所在州:马萨诸塞州(MA)

招生年级:9～12　　　　　学生总数:516　　　　　　师生比例:1:6

班级人数:13　　　　　　国际生比例:19%　　　　　寄宿生比例:66%

学校类型:混合校　　　　宗教背景:无　　　　　　占地面积(英亩):88

受赠款(美元):4 500 万　　SAT 平均分:1 850　　　　学费(美元):59 900

2. 教育宗旨

　　Tabor offers a thoughtful and rigorous academic program that provides a solid foundation for study at competitive colleges. For a school of our size, the curriculum contains an especially broad spectrum of courses, from introductory levels to honors and AP courses to highly sophisticated opportunities for independent work, in the traditional liberal arts fields such as the humanities, math, and the sciences, as well as more unusual offerings for a secondary school in areas such as Greek, marine science, and stage and lighting design.

学校亮点

● **AP 课程**

　　生物、微积分 AB、微积分 BC、化学、英语文学、英语语言学、经济学、环境科学、欧洲历史、法语、法国文学、德语、拉丁文学、物理 B、物理 C、统计学、西班牙语、西班牙文学、美国历史、世界历史

● **荣誉课程**

　　英语 1/2、代数 2、基础微积分、生物、化学、物理、现代史、法语 2-5、西班牙语 2-5

● **ESL 课程**

　　无

● **学生社团**

　　导游协会、艺术协会、天文学会、陶瓷学会、社区服务协会、舞蹈俱乐部、歌剧俱乐部、国际学生社团、数学俱乐部、摄影俱乐部、演讲及辩论社团、模拟联合国、国际荣誉协会、青少年毒品及犯罪防治组织、学生自治会、校刊学会等

● **体育活动**

　　棒球、篮球、越野、曲棍球、美式橄榄球、高尔夫、冰球、兜网球、帆船、英式足球、垒球、软式墙网球、网球、田径、摔跤等

网　　址	www.taboracademy.org
学校地址	66 Spring Street, Marion, MA 02738

学校人物

- 教师学历
  64% 硕士及以上学历
- 优秀毕业生
  Paul Fireman：锐步品牌创始人及董事长
  John Fish：萨福克建筑公司董事长
  George Graboys：美国子银行首席执行官
  Robert I. Dodge III：美国住房与城市发展部高级官员
  Lewis Lipsitt：布朗大学儿童发展与心理学教授
  Thomas Graboys：哈佛大学教授、作家
  Bruce Sundlun：1991 ~ 1995 年罗德岛州州长
  Kevin White：1968 ~ 1984 年波斯顿市市长
  Travis Roy：作家

招生要求

TOEFL：是

SSAT：是

SSAT 成绩百分比：80%

面试：是

常规申请材料：是

录取率：43%

申请截止日期：1 月 31 日

国际学生申请费（美元）：100

申请方式：网申

毕业生去向

麻省理工学院
西北大学
纽约大学
普渡大学
加州大学伯克利分校
科罗拉多大学丹佛分校
英国爱丁堡大学
罗切斯特大学
华盛顿大学路易斯分校
巴布森学院
波士顿学院
波士顿大学
卡尔顿学院
卡耐基梅隆大学
海岸警卫学院
康奈尔大学
乔治城大学
格里昂学院

tips

这是一所非常优秀的新英格兰高中。

学校注重学生全方位的培养。学校的艺术氛围很浓，而且对国际学生的关注和帮助也都表现得很好。

2017 年录取的国际生托福平均分为 101 分。但是学校又不仅仅拘泥于分数的要求，相比较下则更愿意通过面试和其他渠道去真正了解学生。所以，面试相当重要。同时，如果有之前的学友介绍或者学校很信任的顾问的推荐也都会增加录取概率。

威斯顿剑桥学校
The Cambridge School of Weston

学校简介

1. 基本情况

建校时间:1886 年   学校性质:私立/寄宿   所在州:马萨诸塞州(MA)

招生年级:9 ~ 12   学生总数:335   师生比例:1:6

班级人数:12 ~ 14   国际生比例:11%   寄宿生比例:28%

学校类型:混合校   宗教背景:无   占地面积(英亩):65

受赠款(美元):700 万   SAT 平均分:1 720 ~ 2 040   目前学费(美元):59 400

2. 教育宗旨

The Cambridge School of Weston's mission is to provide a progressive education that emphasizes deep learning, meaningful relationships and a dynamic program that inspires students to discover who they are and what their contribution is to their school, their community and the world.

学校亮点

- **AP 课程**

  微积分 AB/BC、化学、法语、物理 B、物理 C、西班牙语、美术、美国历史

- **ESL 课程**

  有

- **学生社团**

  模拟联合国、航空社团、校董事会、合唱团、自行车小组、舞蹈、环境俱乐部、器乐团、室内攀岩、国际俱乐部、犹太文化俱乐部、瑜伽、哲学俱乐部、艺术俱乐部、摄影兴趣组、有色学生联合会、机器人兴趣小组、野外探险小组、缝纫针织小组、木工小组等

- **体育活动**

  垒球、篮球、长跑、曲棍球、足球、网球、飞盘等

网　　址	www.csw.org
学校地址	45 Georgian Road, Weston MA 02493

学校人物

● 教师学历
  80% 硕士及以上学历
● 优秀毕业生
  Andras Jones：著名演员
  Miguel Arteta：著名电影导演
  Helen Keller：著名作家
  Andrew Strominger：美国理论物理学家

招生要求

TOEFL：是

SSAT：是

面试：是

常规申请材料：是

申请截止日期：1 月 15 日

国际学生申请费（美元）：100

申请方式：纸申、网申

毕业生去向

欧柏林大学

斯基德莫尔大学

克拉克大学

罕布什尔学院

史密斯学院

乔治华盛顿大学

罗德岛设计学院

波士顿大学

三一大学

佛蒙特大学

tips

　　一流的美国高中学校。包括视觉艺术、表演艺术、绘画艺术在内的艺术类都非常强，人文科学也不错。学校相信开放的思维才能培养出创新的思想。无论上课，还是活动，都不太注重形式，比较随意，但却在细节处实现着教学目的。

　　从近几年的录取来看，托福成绩要在 90 分以上。学生还要展示出相应的艺术爱好和兴趣，这对录取有很大的帮助。

菲斯登学校

The Fessenden School

学校简介

1. 基本情况

建校时间：1903 年　　　　学校性质：私立/低年级寄宿　　　所在州：马萨诸塞州（MA）

招生年级：5 ~ 9　　　　　学生总数：524　　　　　　　　师生比例：1:6

班级人数：12　　　　　　国际生比例：19%　　　　　　寄宿生比例：20%

学校类型：男校　　　　　宗教背景：无　　　　　　　　占地面积（英亩）：41

受赠款（美元）4 800 万　　　　　　　　　　　　　　　目前学费（美元）：5 ~ 7　69 800

　　　　　　　　　　　　　　　　　　　　　　　　　　　　　　　　　8 ~ 9　71 000

2. 教育宗旨

The mission of The Fessenden School is to teach, nurture and celebrate growing boys; cultivating each student's individual potential and developing in balance his mind, character, heart and body in an inclusive and joyful community that, through rigor, friendship and service, reflects Fessenden's traditional values of honesty, compassion and respect.

学校亮点

● **学校课程**

代数 1、代数 2A、美国历史、生物、英语、几何、制图与多媒体、语言概述、语言：转变的英语、拉丁语、普通话、初级代数、编程与机器人技术、科学、西班牙语、世界历史

● **高级课程**

代数 1 及几何概述、代数 2、乐队、摄影、美术、木工

● **ELL 课程**

有

● **学生社团**

网球俱乐部、长跑男孩协会、MS 俱乐部、音乐全明星学生俱乐部、冰激凌协会

● **体育活动**

棒球、篮球、足球、美式足球、越野、曲棍球、长曲棍球、登山、赛艇、网球、摔跤、举重

网 址	www.fessenden.org
学校地址	250 Waltham Street West Newton, MA02465

学校人物

- 教师学历
  70% 硕士及以上学历
- 优秀毕业生
  Lex Baker：以出演《人猿泰山》闻名的美国著名男演员
  Hugh DeHaven：美国康奈尔大学教授
  Patrick J. Kennedy：美国罗德岛议员
  John Kerry：美国马赛诸萨州参议员
  Ben Kurland：知名美国作家
  Matt Nathanson：著名歌唱家
  Sheanon Williams：美国 U20 国家足球队队员

招生要求

测试：TOEFL（Junior），如果有 WISC – IV，SSAT 或 ISEE 也可提供

面试：是

常规申请材料：是

申请截止日期：12 月 15 日

国际学生申请费（美元）：100

申请方式：网申

毕业生去向

布鲁克斯中学

菲利普斯埃斯特学院

迪尔菲尔德学院

圣乔治中学

伽文纳学院

圣马可中学

卢米斯查菲学校

圣保罗学校

米德赛克斯学校

米尔顿学院

tips
该校是所寄宿初中。学校主要提供卓越的学术课程和生活教育，除了协助并确保学生能够转至优质高中就读，更以培育学生具备诚实、富有同情心、及尊重他人的特质为其教育宗旨。学校除了开设正规的课程外，艺术和体育课程也不容忽视。每个学期学生都有选修的艺术、音乐和体育课。高年级有艺术必修课。同时，学校和好多高中及大学的社团保持了很好的关系。这些都为孩子的业余发展及今后进入著名的高中和大学打下了坚实的基础。

伽文纳学院
The Governor's Academy

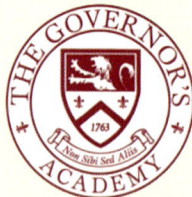

学校简介

1. 基本情况

建校时间:1763 年	学校性质:私立/寄宿	所在州:马萨诸塞州(MA)
招生年级:9~12	学生总数:400	师生比例:1:5
班级人数:12	国际生比例:11%	寄宿生比例:66%
学校类型:混合校	宗教背景:无	占地面积(英亩):465
受赠款(美元):7 000 万	SAT 平均分:1 870	学费(美元):59 500

2. 教育宗旨

Our school motto, non sibi sed aliis, is Latin for "not for self but for others". At Governor's, we live that motto every day. Service to the community has long been a tradition at the Academy and today, every student completes a minimum of 100 hours of community service before graduation.

学校亮点

● **AP 课程**

生物、微积分 AB、微积分 BC、化学、计算机科学、欧洲历史、经济学、法语、拉丁语(维吉尔)、物理 B、心理学、统计学、西班牙语、西班牙文学、美国历史

● **荣誉课程**

代数 2、基础微积分、生物、化学、物理

● **ESL 课程**

有

● **学生社团**

艺术社、历史俱乐部、社区服务项目、舞蹈俱乐部、环保意识组织、国际学生组织、数学社、演讲与辩论社、戏剧社等

● **体育活动**

棒球、篮球、舞蹈、曲棍球、橄榄球、高尔夫、长曲棍球、冰球、兜网球、帆船、橄榄球、英式足球、垒球、软式墙网球、网球、田径、摔跤、排球等

| 网　　址 | www.thegovernorsacademy.org |
| 学校地址 | 1 Elm Street, Byfield, MA 01922 |

学校人物

- 教师学历

  88% 硕士及以上学历
- 优秀毕业生

  Booker T. Washington Jr.：著名废奴主义者的儿子、政治家和作家

  Yu Kil Chun：第一个在西方学习的韩国人、随笔作家、社会改革家

  Theophilus Parsons：帮助起草人权法案并发展美国司法系统

  Dan Gadzuric：NBA 篮球运动员

  Jeb Bradley：新罕布舍尔众议院议员

  Samuel Phillips：菲利普斯学院创始人

招生要求

TOEFL：是

SSAT：是

SSAT 成绩百分比：75%

面试：是

常规申请材料：是

录取率：23%

申请截止日期：1 月 31 日

国际学生申请费（美元）：100

申请方式：网申

毕业生去向

贝茨学院

波士顿大学

芝加哥大学

哥伦比亚大学

康奈尔大学

康涅狄格大学

达特茅斯学院

杜克大学

哈佛大学

约翰霍普金斯大学

纽约大学

西北大学

史密斯学院

tips

　　学校位于新英格兰，是一所传统的寄宿高中。虽然称不上顶尖的学校，但也绝对是一所非常优秀的高中。

　　学校非常注重培养学生的优秀品质，认为优秀的品质比能力更重要。

　　2017 年被录取的学生托福成绩在 100 分左右，SSAT 成绩在 2 150 分左右。面试同样占有很重要的比重。当然，面试以后的有效跟进，也是学生成功被录取的重要因素。

威利斯顿·诺塞普顿学校
The Williston Northampton School

学校简介

1. 基本情况

建校时间:1841 年	学校性质:私立/寄宿	所在州:马萨诸塞州(MA)
招生年级:9~12	学生总数:500	师生比例:1:7
班级人数:12	国际生比例:21%	寄宿生比例:70%
学校类型:混合校	宗教背景:无	占地面积(英亩):125
受赠款(美元):4 200 万	SAT 平均分:1 790	目前学费(美元):59 900

2. 教育宗旨

The Williston Northampton School inspires students to live with purpose, passion, and integrity. That mission is the essence of the Williston community, of an extraordinarily diverse group of students and faculty who live, work, and learn on the campus.

学校亮点

- **AP 课程**

  生物、微积分 AB、化学、比较政府和政治、计算机科学、英语语言学、英语文学、环境科学、欧洲历史、法语、拉丁语、微观经济学、音乐理论、物理、物理 C:电磁学、物理 C:力学、心理学、西班牙语、统计学、美国历史、美国政府与政治、BC 和变量微积分

- **荣誉课程**

  法语、代数1/2、几何、基础微积分、西班牙语阅读、西班牙文化学习、西班牙语写作与语法

- **ESL 课程**

  有

- **学生社团**

  学术团队社团、亚洲俱乐部、捐血活动社团、校园活动委员会、社区生活社团、社区服务俱乐部、管弦乐团、舞蹈社团、电影俱乐部、绿色环保社团、马术社团、杰纳斯(文学杂志)社团、爵士乐合奏乐团、柔道、数学俱乐部、模拟联合国、登山运动社团、科学奥林匹克、机器人俱乐部、西班牙俱乐部、心灵体验社团、学生校友会、学生多样性委员会、T.R.I.B.E.(信任,尊重,个性,信仰,平等)、说唱合唱团、极限飞盘、管乐合奏团等

- **体育活动**

  高山滑雪、棒球、篮球、划船、越野、跳水、曲棍球、足球、高尔夫、冰球、曲棍球、足球、垒球、壁球、游泳、网球、田径、排球、水球、摔跤等

网 址	www.williston.com
学校地址	19 Payson Avenue, Easthampton, MA 01027

学校人物

- **教师学历**
  67% 硕士及以上学历
- **优秀毕业生**
  G.P. Gromacki：年度最佳教练，LED 妇女阿默斯特学院篮球队冠军
  William S. Clark：麻省大学校长
  Winthrop Crane：第四十界马萨诸塞州长，美国参议员
  Brad Hall：演员，制片人，作家
  Patrick Rissmiller：专业曲棍球运动员
  George Crockett Strong：美国南北战争的将军
  Robert Samuelson：经济专栏作家和记者，《新闻周刊》和《华盛顿邮报》作者
  George Stanley Hall：心理学家，美国心理学之父
  Tony Lavell'45：第一个哈林篮球队 NBA 状元

招生要求

TOEFL：是

SSAT：是

SSAT 成绩百分比：57%

面试：是

常规申请材料：是

录取率：33%

申请截止日期：1 月 15 日

目前学生申请费（美元）：100

申请方式：纸申、网申

毕业生去向

纽约大学
马萨诸塞州大学
康涅狄格大学
美国佛蒙特大学
东北大学
波士顿大学
科尔比学院
圣三一学院
伊萨卡学院
圣劳伦斯大学
卫斯理学院
康奈尔大学
威廉姆斯学院
贝茨学院
波士顿学院
乔治·华盛顿大学
西北大学
曼荷莲学院
南加州大学

tips

这所高中位于著名的大学城，周围被 5 所美国著名的高等学府包围着。学术氛围非常好，学生可以提前熟悉大学环境甚至选修大学的学分课程。

从 2013～2017 年被录取的中国学生的情况看，托福成绩都在 90 分以上。学生还要有一些特长，比如网球或者艺术等方面的特长。同时，学生还要愿意参与学校的活动。面试环节很重要，学校非常注重学生在面试时的沟通与交流。

胡桃山艺术学校

Walnut Hill School For The Arts

学校简介

1. 基本情况

建校时间:1893 年	学校性质:私立/寄宿	所在州:马萨诸塞州(MA)
招生年级:9~12	学生总数:295	师生比例:1:5
班级人数:14	国际生比例:30%	寄宿生比例:75%
学校类型:混合校	宗教背景:无	占地面积(英亩):45
受赠款(美元):1 600 万	SAT 平均分:1 730	学费(美元):59 600

2. 教育宗旨

Mission:The mission of Walnut Hill is to educate talented, accomplished, and intellectually engaged young artists from all over the world. The School does so in a diverse, humane, and ethical community.

Motto:Non Nobis Solum – Not for Ourselves Alone.

学校亮点

● **AP 课程**

生物、微积分 AB、微积分 BC、化学、英国文学、法国文学、意大利语言文化、西班牙语、西班牙文学、美国历史

● **ESL 课程**

有

● **学生社团**

国际特赦组织、社会服务、同侪辅导、性别研究、国际社、学生政府、年鉴、瑜伽、合唱团、唱诗班、舞蹈、剧场、芭蕾舞团、戏剧社等

● **艺术专业课程**

舞蹈
高级(芭蕾舞技巧)、高级(先进足尖站立 & 变奏曲)、基本搭档原则、爵士、现代、芭蕾双人舞、普拉提、TRX 悬挂训练
音乐
乐器集合、钢琴集合、作曲集合、声乐集合
戏剧
戏剧1(表演基本原理)、戏剧2(表演技巧)、戏剧3(场景研究)、音乐剧、乐章、导演、设计与制作
视觉艺术
绘画入门、制陶入门、油画入门、壁画 & 公共艺术、雕塑、摄影、平面混合媒体、新媒体
创造性写作
动作与十分钟表现、抒情诗和诗歌联系、对象的研究

网　　址	www.walnuthillarts.org
学校地址	12 Highland Street, Natick, MA 01760

学校人物

- 教师学历
  84% 硕士及以上学历
- 优秀毕业生

  Elizabeth Bishop：美国优秀诗人
  Van Hansis：电视连续剧演员
  Jovanna Huguet：演员和舞者
  Jack McCollough：ProenzaSchouler 的创造者
  Sasha Sokol：歌手，作曲家，演员和主持人
  Chris Riggi：在绯闻女孩剧组的演员
  Rachelle Lefèvre：电视节目主持人和电影演员
  Charlie Neshyba：在《一起飞翔》中扮演 Hodges，Marty

  Christian Finnegan：美国脱口秀演员
  Judith Hoag：演员和表演系老师
  Benny Ibarra：歌手，音乐家，剧作家，演员
  Gillian Murphy：美国芭蕾舞剧院的校长
  Joan Tower：赢得格莱美奖的作曲家
  Mei－Ann Chen：亚特兰大交响乐团的指挥助理

招生要求

TOEFL：是

SSAT：是

SSAT 成绩百分比：85%

面试：是

常规申请材料：是

录取率：46%

申请截止日期：2月1日／滚动招生

国际学生申请费（美元）：100

申请方式：网申

毕业生去向

茱莉亚音乐学院

新英格兰音乐学院

波士顿大学

哥伦比亚大学

乔治·华盛顿大学

纽约大学

西北大学

范德堡大学

曼哈顿音乐学院

南加州大学

tips

　　该校是一所艺术高中。学校开设有普通高中的课程,但为满足那些对艺术充满热情的学生,学校的艺术课程都是由最专业的老师来上。

　　学校要求,每个学生既要展示自己的艺术才能,也要去举行各种艺术展或者组织表演。这样,既展示了学生个人的艺术才华,又锻炼了学生的组织协调能力和管理领导能力。

　　美国将高中作为基础教育的一部分,其政策取向,是不希望学生在高中阶段就确定自己是否走专业的艺术之路。所以,即使艺术高中提供这样的艺术氛围,但是学生还要学习其他所有高中毕业所要求的课程,这和我们国内的艺术大学的附中迥然不同。事实上,美国艺术高中的很多毕业生,都去了综合性大学,而非艺术院校。但是,艺术的特长,却给学生申请著名大学加了分,帮助学生申请到了顶尖的大学。

　　该校录取国际学生要求标准化成绩,但是,相比之下艺术特长更为重要。学生事先要准备好作品,申请时必须递交作品。如果有机会现场表演给面试的老师,也是非常不错的选择。

埃文老农场学校

Avon Old Farms School

学校简介

1. 基本情况

建校时间:1927 年　　　　学校性质:私立/寄宿　　　　所在州:康涅狄格州(CT)

招生年级:9～12　　　　　学生总数:405　　　　　　师生比例:1:6

班级人数:12　　　　　　国际生比例:19%　　　　　寄宿生比例:76%

学校类型:男校　　　　　宗教背景:无　　　　　　占地面积(英亩):1 000

受赠款(美元):3 200 万　　SAT 平均分:1 705　　　　目前学费(美元):58 890

2. 教育宗旨

As a boys' boarding school, our programs are designed specifically to help young men focus on their development at a time in life when distractions abound.

学校亮点

- ● AP 课程

  生物学、微积分 AB、微积分 BC、化学、英语文学与写作、环境科学、欧洲历史、法语、法国文学、美国政府与政治、拉丁文学、微观经济学、物理 C:力学、统计学、西班牙语、西班牙文学、美术:2 - D 设计、美国历史、世界历史

- ● 荣誉课程

  生物、英语、早期美国历史、化学、物理、几何、微积分、法语、西班牙语、拉丁语

- ● ESL 课程

  无

- ● 学生社团

  学术团队社团、亚洲俱乐部、捐血活动社团、校园活动委员会、社区生活社团、社区服务俱乐部、管弦乐团、舞蹈社团、电影俱乐部、绿色环保社团、马术社团、杰纳斯(文学杂志)社团、爵士乐合奏乐团、柔道、数学俱乐部、模拟联合国、登山运动社团、科学奥林匹克、机器人俱乐部、西班牙俱乐部、心灵体验社团、学生校友协会、学生多样性委员会、T. R. I. B. E.(信任,尊重,个性,信仰,平等)、说唱合唱团、极限飞盘、管乐合奏团等

- ● 体育活动

  高山滑雪、棒球、篮球、划船、越野运动、跳水、曲棍球、英式足球、高尔夫、冰球、曲棍球、美式橄榄球、垒球、壁球、游泳、网球、田径运动、排球、水球、摔跤等

学校人物

- 教师学历
  65% 硕士及以上学历
- 优秀毕业生

Pete Seeger：1936 届毕业生，获奖音乐人，词曲作者
David Bigelow：1944 届毕业生，RC 比奇洛茶叶公司联席董事长兼联席首席执行官
Richard Yates：1944 届毕业生，小说家（革命之路），短篇小说作家
Michael Nouri：1964 届毕业生，百老汇电影、电视演员
John Garvey：1978 届毕业生，加维航天器，前美国航空航天局的火箭科学家
Brian Conroy：1982 届毕业生，全球股票交易主管

招生要求

TOEFL：是

SSAT：是

SSAT 成绩百分比：60%

面试：是

常规申请材料：是

录取率：48%

申请截止日期：1 月 15 日

国际学生申请费（美元）：100

申请方式：网申

毕业生去向

波士顿学院

波士顿大学

三一学院

贝茨学院

纽约大学

本特利大学

约翰霍普金斯大学

密歇根大学

东北大学

卡内基梅隆大学

加利福尼亚大学

tips

　　一所新英格兰传统的优秀男子寄宿高中。无论是课程水准，还是校园环境，该校在男子学校当中都是出类拔萃的。

　　作为单一性别的学校，这所学校算得上非常大的学校了。学校的课程设置、社团及俱乐部的开设是比较多的，能满足不同学生的不同需求。

　　男子学校的特点就是通各种体育的、竞技的活动来培养男生的男子汉气概和责任感。这些男校的学生要比在混校的学生的友谊建立得更加深厚，男校学生在毕业后也能长久保持友谊，甚至成为终生的朋友。

　　当然，男子学校也注重提供男生跟女生社交的机会和技巧。通常，男子学校都与附近的一个或者几个女子学校结为姐妹校，共同开展一些活动，比如喜剧排练和表演，周末舞会，等等，以此增进男性和女性的交往，历练男性和女性沟通的本领。

　　2013~2017 年被录取中国学生托福分数均在 90 分以上。

坎特伯雷学校
Canterbury School

学校简介

1. 基本情况

建校时间:1915 年　　　　学校性质:私立/寄宿　　　　所在州:康涅狄格州(CT)
招生年级:9～12　　　　　学生总数:330　　　　　　师生比例:1:6
班级人数:11　　　　　　国际生比例:17%　　　　　寄宿生比例:65%
学校类型:混合校　　　　宗教背景:天主教　　　　占地面积(英亩):150
受赠款(美元):2 000 万　　SAT 平均分:1 820　　　　目前学费(美元):51 900

2. 教育宗旨

　　You will discover that our purpose is rooted in our Catholic identity and that we offer a challenging academic program in a nurturing environment. These pages provide an overview of the many exciting opportunities that Canterbury offers in the arts, athletics, and other co－curricular and extracurricular activities. Perhaps most important, you will feel the warm family atmosphere that springs from our committed faculty and the many talented students who have embraced our community.

学校亮点

● AP 课程

艺术史、生物学、微积分、化学、英国文学、法语、音乐理论、统计学、西班牙语、美术:2D 设计、美国历史

● 荣誉课程

多变量微积分、生物工艺学、生物、英语、代数、化学、几何、美国文学、西班牙语、现代欧洲史、物理

● ESL 课程

有

● 学生社团

舞蹈俱乐部、环保俱乐部、妇女协会、入学导游、国际特赦组织、田径咨询委员会、年刊、文艺杂志社、戏剧俱乐部等

● 体育活动

棒球、篮球、赛艇、越野运动、潜水、马术、曲棍球、美式橄榄球、高尔夫、冰球、兜网球、英式足球、垒球、软式墙网球、游泳、网球、田径运动、排球、水球、摔跤等

网　址	www.cbury.org
学校地址	101 Aspetuck Avenue, New Milford, CT 06776

学校人物

- 教师学历
  70% 硕士及以上学历
- 优秀毕业生
  Jack Arute：1968 届毕业生，ESPN 体育播音员
  William Randolph Hearst III：1967 届毕业生，风险投资家
  Sargent Shriver：1934 届毕业生，外交官、副总统候选人
  John Hemingway：1979 届毕业生，著名作家
  Cofer Black：1968 届毕业生，国家反恐局前助理秘书
  James B. Lee：1971 届毕业生，摩根大通副主席
  Peter Kiernan：1971 届毕业生，著名作家
  Tom Gerety：1964 届毕业生，著名教育家、纽约大学教授
  Mike Dunham：1991 届毕业生，全国曲棍球联合会守门员
  Dominick Dunne：1944 届毕业生，作家、制片人

招生要求

TOEFL：是

SSAT：是

SSAT 成绩百分比：55%

面试：是

常规申请材料：是

录取率：39%

申请截止日期：1 月 31 日

国际学生申请费（美元）：100

申请方式：网申

毕业生去向

乔治·华盛顿大学

依隆大学

马里兰大学帕克分校

纽约大学

卡耐基梅隆大学

福尔门大学

南方大学塞沃尼分校

海波特大学

迪金森学院

三一学院

普林斯顿大学

tips

天主教背景的寄宿学校，治校很严格。学校校园非常美丽，设施很全也非常好。

很多中国家长单从 SAT 平均分来判断，认为这是一个很一般的学校。其实，这完全是错误的。学校的学术非常严谨，学术水平很高。从近几年被录取的学生情况来看，托福 90 分以上、SSAT 2 000 分以上的学生居多。

学生面试表现很重要。中国学生平时缺少这方面的训练，恰恰是最薄弱的环节，一定要提前做好准备，才能顺利通过面试大关。

053

乔特罗斯玛丽霍尔中学
Choate Rosemary Hall

学校简介

1. 基本情况

建校时间:1890 年	学校性质:私立/寄宿	所在州:康涅狄格州(CT)
招生年级:9 ~ 12	学生总数:850	师生比例:1:6
班级人数:12	国际生比例:15%	寄宿生比例:74%
学校类型:混合校	宗教背景:无	占地面积(英亩):458
受赠款(美元):28 300 万	SAT 平均分:2 040	学费(美元):56 600

2. 教育宗旨

Two interwoven priorities define the Choate experience: a rigorous academic curriculum and an emphasis on the formation of character in a residential setting that allows for teachers and students to live with, and learn from, each other in important ways.

学校亮点

● **AP 课程**

艺术史、生物、微积分 AB 和 BC、汉语语言与文化、化学、计算机科学 A 和 AB、宏观经济学、微观经济学、英语语言、英语文学、环境科学、欧洲历史、法语、法语文学、美国政府与政治学、拉丁语文学、拉丁文、音乐理论、物理 B 和 C、心理学、西班牙语、西班牙文学、统计学、实验艺术、美国历史、世界历史

● **荣誉课程**

高级和声、表演、导演、人体素描、英国文学、比较文学、阿拉伯学、汉语

● **ESL 课程**

无

● **学生社团**

阿拉伯学生俱乐部、艺术俱乐部、中国学生协会、模拟实验俱乐部、辩论队、合唱团、法语俱乐部、环境保护俱乐部、街舞俱乐部、韩国学生联谊会、日语俱乐部、数学俱乐部、西班牙语俱乐部等

● **体育活动**

棒球、篮球、赛艇、越野运动、曲棍球、美式橄榄球、冰球、高尔夫、英式足球、游泳、网球、田径运动、举重、排球、舞蹈、攀岩、徒步、垒球、极限飞盘、壁球、武术、健美操等

网　址	www.choate.edu
学校地址	333 Christian Street Wallingford, CT 06492

学校人物

- 教师学历

  67% 硕士及以上学历
- 优秀毕业生

  Adlai Stevenson：1918 届毕业生，前美国的联合国代表

  John F. Kennedy：1935 届毕业生，美国第三十五任总统

  Edward Albee：1946 届毕业生，剧作家，赢得普利策奖的剧作家

  Robert D. McCallum Jr.：1964 届毕业生，前美国驻澳大利亚大使

  Glenn Close：1965 届毕业生，电影演员，赢得美国金球奖，艾美奖

  Victoria J. Nuland：1979 届毕业生，现美国国务院代表人，前美国北大西洋公约组织议员

  Paul Giamatti：1985 届毕业生，百老汇演员，赢得艾美奖

  Angela Ruggiero：1998 届毕业生，四届女子冰上曲棍球冠军

招生要求

TOEFL：是

SSAT：是

SSAT 成绩百分比：85%

面试：是

常规申请材料：是

录取率：19%

申请截止日期：1 月 10 日

国际学生申请费（美元）：125

申请方式：网申

毕业生去向

乔治城大学

纽约大学

耶鲁大学

波士顿大学

哥伦比亚大学

卫斯理大学

乔治·华盛顿大学

波士顿学院

康奈尔大学

普林斯顿大学

塔夫茨大学

哈佛大学

tips

　　美国顶尖的寄宿高中之一。

　　在美国的顶尖高中里，比较积极录取中国学生的一所学校。之前成功申请该校的同学，来自于人大附中、北京二中等重点中学，还有其他一些国际学校，尤其是提供美国课程的国际学校，像北京顺义国际学校或者上海美国学校等。

　　学校要求学生的标准化考试成绩，SSAT 85% 以上只不过是一个进入招生委员会接受评审的底线。

　　学生的学习成绩、在校的表现、学生在校外的活动、老师的推荐信、学生自己和家长的推荐信都会影响到学生的申请。尤其是家长的理念，也成为该校选择学生的一个重要考量。

　　2017 年录取国际学生托福成绩 100 分以上。

霍奇基斯学校
Hotchkiss School

学校简介

1. 基本情况

建校时间:1891 年　　　　学校性质:私立/寄宿　　　　所在州:康涅狄格州(CT)

招生年级:9~12　　　　　学生总数:635　　　　　　师生比例:1:6

班级人数:12　　　　　　国际生比例:15%　　　　　寄宿生比例:93%

学校类型:混合校　　　　　宗教背景:无　　　　　　　占地面积(英亩):810

受赠款(美元):36 200 万　　SAT 平均分:2 013　　　　学费(美元):57 930

2. 教育宗旨

The Hotchkiss School strives to develop in students a lifelong love of learning, responsible citizenship, and personal integrity. We are a community based on trust, mutual respect, and compassion, and we hold all members of the community accountable for upholding these values.

学校亮点

● AP 课程

艺术史、生物、微积分 AB、微积分 BC、化学、中国语言、英语文学与写作、环境科学、欧洲历史、法语、法国文学、比较政治、德语、人类地理学、拉丁文学、宏观经济学、微观经济学、音乐理论、物理 B、物理 C:力学、物理 C:电磁学、统计学、西班牙语、西班牙文学、美国历史

● ESL 课程

无

● 学生社团

新闻社团、投资社团、体育杂志、报社、艺术杂志社、戏剧社、学生政治社、辩论会、数学社、国际人权组织、社会公众演讲、击剑俱乐部、烹饪俱乐部、郊游俱乐部等

● 体育活动

高尔夫、美式足球、长曲棍球、壁球、曲棍球、冰球、足球、篮球、棒球、长跑、网球、田径运动、高山滑雪、摔跤、排球、游泳、水球、极限飞盘、潜水、航海、垒球、攀岩等

网 址	www.hotchkiss.org
学校地址	11 Interlaken Road, Lakeville, CT 06039

学校人物

- 教师学历
  63% 硕士及以上学历
- 优秀毕业生
  George Fisher Baker Jr.：1895 届毕业生，花旗银行第一任董事长
  Charles W. Yost：1924 届毕业生，美国驻外大使
  Strobe Talbott：1964 届毕业生，布鲁金斯学会主席
  William W. Scranton：1935 届毕业生，联合国长驻大使
  Andrew W. Roraback：1978 届毕业生，康州参议员
  William W. Scranton：美国常驻联合国大使

招生要求

TOEFL：是	
SSAT：是	
SSAT 成绩百分比：87%	
面试：是	
常规申请材料：是	
录取率：18%	
申请截止日期：1 月 15 日	
国际学生申请费（美元）：100	
申请方式：网申	

毕业生去向

- 乔治城大学
- 三一大学
- 哥伦比亚大学
- 约翰霍普金斯大学
- 巴克内尔大学
- 布朗大学
- 耶鲁大学
- 纽约大学
- 普林斯顿大学

tips

位于新英格兰的顶尖寄宿高中之一。

进入该学校除了成绩要非常优秀以外，还要具备学校所要求的能力与素质。学生的视野很重要，学生要通过包括体育的、文艺的、社区活动等不同经历来体现自己不同寻常的优秀品质。

相对来说，该校目前对中国学生的招生录取还比较保守。学校必须确信学生符合自己学校的标准并确保学生符合自己学校的环境才会考虑接收。在申请过程中，如何能够让学校了解自己，并逐渐留下好的印象直到产生共鸣是非常重要的。学生如果有可能还是去学校面试，直接展示自己，结果会更理想。

印第安纳山学校
Indian Mountain School

学校简介

1. 基本情况

建校时间:1922 年	学校性质:私立/低年级寄宿	所在州:康涅狄格州(CT)
招生年级:6~9	学生总数:250	师生比例:1:4
班级人数:12	国际生比例:16%	寄宿生比例:35%
学校类型:混合校	宗教背景:英国国教(新教派)	占地面积(英亩):600
受赠款(美元):900 万	SSAT 平均分:校方无统计	学费(美元):56 970

2. 教育宗旨

Indian Mountain School provides a traditional education for boys and girls from pre – kindergarten through grade nine in a boarding and day environment. We promote moral growth and personal academic excellence in a setting that fosters a respect for learning, the environment, and each other. We celebrate our international and culturally diverse community. We guide and challenge students through balanced elementary and middle school scholastic, athletic, and arts curricula, combining instruction and coaching with a system of personal support. We involve students in our Adventure Education and community service programs, which tie into the spirit of IMS. We help our students gain confidence in their own innate abilities and develop the necessary academic and personal skills to be successful in secondary education.

A well – defined and articulated set of values—honesty, compassion, respect, and service—is at the heart of Indian Mountain School.

学校亮点

● **学校课程**

初级、高级音乐合奏,几何学,艺术、ESL: Bridge Class、ESL: 历史、ESL:阅读和词汇、ESL:写作和语法、吉他 I、吉他 II、荣誉初级代数、拉丁语 IA、拉丁语 IB、拉丁语 II、汉语普通话 1A、汉语普通话 II、初级代数、西班牙语 1B、西班牙语 I、西班牙语 IA、西班牙语 II

● **ESL 课程**

有

● **学生社团**

艺术,戏剧和电影,人文和社会科学,社区服务等

● **体育活动**

棒球、篮球、越野赛、舞蹈、橄榄球、高尔夫、冰球、长曲棍球、滑板滑雪、足球、垒球、壁球、游泳、网球、排球

网 址	www.indianmountain.org
学校地址	211 Indian Mountain Road, Lakeville, CT 06039

学校人物

- 教师学历

  57% 硕士及以上学历

- 优秀毕业生

  John G. Avildsen：电影导演

  Douglas Tompkins：环保主义者，服装公司合作创办者

招生要求

TOEFL（Junior）：是

面试：是

常规申请材料：是

申请截止日期：原则上滚动录取，国际生可能会有变动

国际学生申请费（美元）：100

毕业生去向

米德赛克斯学校

米尔布鲁克学校

埃文老农场学校

加州韦伯

佩迪中学

菲利普斯安多夫学院

菲力普·爱斯特学院

北野山中学

乔特罗斯玛丽霍尔学校

tips

　　该校是一所寄宿初中，共有两个校园和一座后山。位于顶尖住宿高中 Hotchkiss School 旁，故可使用此高中的运动场。该校对于学生的管理比想像的还要严格和细致。学校的活动很多，特别是 8 年级的冒险之旅很有意义。毕业生当中有许多进入 Hotchkiss School 等著名高中。

肯特学校
Kent School

KENT SCHOOL

学校简介

1. 基本情况

建校时间:1906 年　　　　学校性质:私立/寄宿　　　　所在州:康涅狄格州(CT)
招生年级:9 ~ 12　　　　　学生总数:570　　　　　　师生比例:1:7
班级人数:12　　　　　　　国际生比例:30%　　　　　寄宿生比例:91%
学校类型:混合校　　　　　宗教背景:新教　　　　　　占地面积(英亩):1 200
受赠款(美元):6 200 万　　SAT 平均分:1 991　　　　目前学费(美元):58 450

2. 教育宗旨

　　Kent's school mission is: Simplicity of Life, Directness of Purpose, and Self – Reliance. It is simply and solidly preparing you for life. We strive for this clarity and forthrightness in everything we do; we want your entire learning experience at Kent to be clear and strong and direct.

学校亮点

● AP 课程

　　艺术史、生物、微积分 AB、微积分 BC、化学、计算机科学 A、计算机科学 AB、英语文学与写作、环境科学、欧洲历史、经济学、法语、美国政府与政治、德语、拉丁语、宏观经济学、物理 B、物理 C(力学)、心理学、统计学、西班牙语、西班牙文学、美术:绘画、美术(2D 设计)、美术(3D 设计)、西班牙文学、美国历史

● 荣誉课程

　　拉丁语 Livy、拉丁语(Cicero)、拉丁语(Virgil)、英语 3、几何学、代数学、代数 2 & 三角学、函数、初级微积分、生物 1、化学 1、物理 1

● ESL 课程

　　有

● 学生社团

　　动物权利保护组织、艺术俱乐部、象棋俱乐部、舞蹈俱乐部、戏剧俱乐部、辩论俱乐部、法语俱乐部、德语俱乐部、西班牙语俱乐部、意大利俱乐部、摄影协会、数学学会、模拟联合国、社区服务等

● 体育活动

　　高山滑雪、花样溜冰、芭蕾、棒球、篮球、美式橄榄球、足球、高尔夫、壁球、网球、垒球、潜水、赛艇、游泳、越野赛、越野自行车、马术、陆上曲棍球、冰上曲棍球、长曲棍球、山地自行车等

网　　址	www.kent-school.edu
学校地址	1 Macedonia Road, Kent, CT 06757

学校人物

- 教师学历
  77% 硕士及以上学历
- 优秀毕业生
  Mamie gummer：2001 届毕业生，著名演员梅丽尔·斯特里普的女儿
  Sean Durkin：2000 届毕业生，电影导演
  Thomas Elliot Bowman III：1938 届毕业生，甲壳动物学家
  Jacob D. Beam：美国驻俄大使
  L. Pail Bremer：美国总统特使
  Rowland Evans：1939 届毕业生，CNN 专栏作家

招生要求

TOEFL：是

SSAT：是

SSAT 成绩百分比：68%

面试：是

常规申请材料：是

录取率：39%

申请截止日期：1 月 15 日

国际学生申请费（美元）：170

申请方式：网申

毕业生去向

波士顿大学

约翰霍普金斯大学

纽约大学

康奈尔大学

乔治·华盛顿大学

波士顿学院

圣安德鲁斯大学

东北大学

布朗大学

tips

　　跟其他寄宿高中一样，这也是一所大学预备学校。但是，无论学校的氛围，还是学生的感觉，都很像一所大学或者学院。

　　这所学校的课程非常全面，设施非常好，无愧顶尖寄宿高中之誉。在这所学校，学生必须具有自我管理和自我学习的能力，不然很难过学业关。

　　这所高中也是国际化比较早的学校，对国际学生的关注和关心是非常有经验的。

　　托福 100 分左右，SSAT 2 000 分以上是 2017 年被录取的国际学生的标准化成绩。但是，标准化成绩绝不是学校衡量学生的唯一标准。之前，个别的学生托福成绩不到 90 分也会被录取，原因是学生的面试非常成功，学生面试时所反映出来的特质，打动了学校。

卢米斯查菲学校
Loomis Chaffee School

学校简介

1. 基本情况

建校时间:1874 年 　　　　学校性质:私立/寄宿 　　　　所在州:康涅狄格州(CT)

招生年级:9 ~ 12 　　　　学生总数:690 　　　　师生比例:1:5

班级人数:11 　　　　国际生比例:17% 　　　　寄宿生比例:70%

学校类型:混合校 　　　　宗教背景:无 　　　　占地面积(英亩):300

受赠款(美元):18 000 万 　　　　SAT 平均分:1 800 ~ 2 090 　　　　学费(美元):59 640

2. 教育宗旨

The mission of The Loomis Chaffee School is to advance the development in spirit, mind and body of boys and girls drawn from diverse cultural and social backgrounds and to inspire in them a commitment to the best self and the common good.

学校亮点

● AP 课程

英语文学、西班牙语、汉语、历史、美国历史、经济学、美国政府、统计学、微积分 AB、微积分 BC、计算机科学、化学 2、物理 2、环境科学

● ESL 课程

无

● 学生社团

动漫社、国际象棋俱乐部、中国俱乐部、基督徒团、社区服务联盟、达尔文俱乐部、电影俱乐部、机器人小组项目、法国俱乐部、德国俱乐部、犹太学生联盟、卢米斯查菲弓箭手、卢米斯查菲广播电台、卢米斯查菲联合国儿童基金会、魔术俱乐部、数学小组、彩弹俱乐部、乒乓俱乐部、诗会、绿色项目、攀岩俱乐部、烧烤俱乐部、书友会和文学社社团、辩论赛团现代诗人社团、卢米斯查菲民主社团、中东舞蹈俱乐部、股票/金融、戏剧社团、视频游戏俱乐部等

● 体育活动

高山滑雪、棒球、篮球、长跑、跳水、曲棍球、美式橄榄球、高尔夫、冰球、长曲棍球、英式足球、垒球、壁球、网球、田径、排球、水球、摔跤等

网 址	www.loomischaffee.org
学校地址	4 Batchelder Road, Windsor, CT 06095

学校人物

- **教师学历**
  66% 硕士及以上学历
- **优秀毕业生**
  George Schultz：1938 届毕业生，前国务卿
  Ella T. Grasso：1936 届毕业生，康涅狄格州前州长
  Arthur Ochs Sulzberger：1945 届毕业生，纽约时报董事长
  Henry R. Kravis：1963 届毕业生，金融家、科尔伯格公司创始人
  James Widdoes：1972 届毕业生，演员、作家和制片人
  Gretchen Ulion：1990 届毕业生，1998 年冬季奥运会美国女子冰上曲棍球奥运金牌得主
  John D. Rockefeller III：1925 届毕业生，成功的商人和慈善家
  Winthrop Rockefeller：1931 届毕业生，前阿肯色州州长
  Jason Wu：1901 届毕业生，时装设计师（设计有第一夫人米歇尔·奥巴马的就职舞会礼服）

招生要求

TOEFL：是	
SSAT：是	
SSAT 成绩百分比：79%	
面试：是	
常规申请材料：是	
录取率：28%	
申请截止日期：1 月 16 日	
国际学生申请费（美元）：160	
申请方式：网申	

毕业生去向

波士顿大学

贝茨学院

哈佛大学

哥伦比亚大学

达特茅斯学院

纽约大学

康奈尔大学

普林斯顿大学

宾夕法尼亚大学

弗吉尼亚大学

tips

最具新英格兰传统的顶尖寄宿高中之一。

之前，学校对招收中国学生比较保守，所以中国学生比较少。目前，学校逐渐开始对中国学生感兴趣，但是要求很高，甚至比其他顶尖的美国高中的要求还高，原因是学校强调必须保证学生能够顺利完成学业，并将在学校读书的阶段作为一生中最有价值的经历。

中国学生普遍缺少动手能力和课外活动，这是学校极为担心和疑惑的。所以，我们的学生在申请过程中一定要表现出自己已经准备好了的架势。

这就要求我们的学生在国内时，除了好的学习成绩以外，积极参加自己比较擅长的学校活动，积累足够的历练，夯实申请的基础。比如，你从小参加机器人俱乐部，很喜欢研究机器人，并且参加过一些大赛而获奖……或者，你每到假期就会参加 Dance Troop，游历过很多地方，并做过一些慈善活动，等等。诸如这些都会给你的申请加分。

2017 年录取国际学生的托福成绩在 100 分左右。

波特女子学校
Miss Porter's School

学校简介

1. 基本情况

建校时间：1843 年　　　　学校性质：私立/寄宿　　　　所在州：康涅狄格州(CT)

招生年级：9～12　　　　　学生总数：325　　　　　　师生比例：1:6

班级人数：10　　　　　　国际生比例：17%　　　　　寄宿生比例：64%

学校类型：女校　　　　　宗教背景：无　　　　　　占地面积(英亩)：50

受赠款(美元)：10 600 万　SAT 平均分：1 920　　　　目前学费(美元)：56 700

2. 教育宗旨

Miss Porter's School advocates intellectual curiosity, champions personal excellence, and prioritizes the relationships between students, faculty and Ancients. Our community of scholars, artists, athletes and friends flourishes within an environment of mutual respect, understanding and encouragement.

学校亮点

- **AP 课程**

艺术史、生物学、微积分 AB、微积分 BC 化学、计算机科学 A、中国语言与文化、英语文学与写作、英语语言学与写作、环境科学、欧洲历史、法语、拉丁语：维吾尔、音乐理论、物理 B、物理 C、统计学、西班牙语、西班牙文学、美术：绘画、美国历史

- **荣誉课程**

几何学、英语、代数 Ⅱ

- **ESL 课程**

无

- **学生社团**

艾滋病防御宣传俱乐部、动物权利俱乐部、民主俱乐部、地球俱乐部、模拟联合国、国际学生俱乐部、犹太学生联盟、拉美文化俱乐部、股票投资俱乐部、动漫俱乐部、寿司俱乐部、艺术欣赏俱乐部、体育协会、文化协会、茶艺学会、辩论协会、法语俱乐部、多元文化组织等

- **体育活动**

高山滑雪、羽毛球、篮球、赛艇、越野运动、马术、曲棍球、高尔夫、兜网球、英式足球、垒球、软式墙网球、游泳、网球、田径运动、极限飞碟、排球等

学校人物

- 教师学历
  59% 硕士及以上学历
- 优秀毕业生
  Holly Davis：2005 届毕业生，Silver Oven Studios 市场营销经理
  Kimberly Gagnon：2005 届毕业生，土木工程师
  Jacqueline Sofia：2005 届毕业生，富布赖特学者奖获得者
  Katie Golden：2003 届毕业生，马赛诸塞州综合医院临床研究中心主任
  Emily Costello：2002 届毕业生，Deloitte Tax LLP 高级顾问
  Caroline Gottlieb：2002 届毕业生，著名作家
  Nell Tivnan：2002 届毕业生，Lady Gaga 演唱会布景设计师
  Jennifer Watts Labinski：2001 届毕业生，雅诗兰黛全球创意经理
  Sana Hussain：2000 届毕业生，美国国际开发署特别助理
  Leslie Paisley：2000 届毕业生，美国海军中尉

招生要求

TOEFL：是

SSAT：是

SSAT 成绩百分比：70%

面试：是

常规申请材料：是

录取率：45%

申请截止日期：1 月 15 日

国际学生申请费（美元）：65

申请方式：网申、纸申

毕业生去向

耶鲁大学

康奈尔大学

宾夕法尼亚大学

乔治城大学

斯坦福大学

纽约大学

康涅狄格大学

东北大学

狄金森学院

tips

全美最好的女子寄宿高中之一。

相对而言，录取上比较感性化。学校当然会考虑学生的学习成绩及标准化考试的成绩，但是如果学生表现出非常适合学校的特点，比如很注重女权意识，比较积极活跃地参与社会和学校的活动，有很强的成功欲望，有自己很清楚的观点和目标，学校也会非常喜欢这样的学生。这时，硬邦邦的成绩就不那么重要了。

9 年级托福 90 分、10 年级和 11 年级托福 100 分是 2017 年被录取的国际学生的标准化成绩。

符合条件的学生，应提前做好针对性准备，在申请中充分展示自己，尤其要把握住面试机会。条件许可的话，尽量到学校去直接面试，会给自己增加录取的机会。

庞弗雷特学校
Pomfret School

学校简介

1. 基本情况

建校时间:1894 年　　　　学校性质:私立/寄宿　　　　所在州:康涅狄格州(CT)
招生年级:9~12　　　　　学生总数:350　　　　　　师生比例:1:5
班级人数:10　　　　　　国际生比例:16%　　　　　寄宿生比例:77%
学校类型:混合校　　　　　宗教背景:无　　　　　　　占地面积(英亩):500
受赠款(美元):3 900 万　　SAT 平均分:1 786　　　　　学费(美元):59 400

2. 教育宗旨

Pomfret School cultivates a healthy interdependence of mind, body, and spirit in its students as it prepares them for college and for lives of productivity, service and fulfillment.

学校亮点

- **AP 课程**

  生物、微积分 AB、微积分 BC、化学、计算机科学 A、中国语言与文化、英语文学与写作、英语语言学与写作、环境科学、欧洲历史、法语、法国文学、美国政府与政治、拉丁文学、拉丁语、宏观经济学、微观经济学、音乐理论、物理 C(力学)、统计学、西班牙语、西班牙文学、美术(绘画)、美术(2D 设计)、美术(3D 设计)、美国历史、世界历史

- **荣誉课程**

  代数 II、西班牙 IV、西班牙 III、生物、化学、物理

- **ESL 课程**

  无

- **学生社团**

  国际人权、读书俱乐部、书法、经典电影、厨艺、文化、外交、环境、同性恋联盟、合唱团、国际学生、创作、投资、犹太人、志愿者、创作与出版、数学、游泳、滑雪、抗癌、校报、不同声音、电台广播、女权研究、时事政治等

- **体育活动**

  足球、篮球、田径、曲棍球、棒球、排球、划船、高尔夫、长曲棍球、橄榄球、网球、垒球、冰球、壁球、摔跤等

网 址	www.pomfretschool.org
学校地址	Pomfret School, 398 Pomfret Street, Pomfret, CT 06258

学校人物

- 教师学历

  83% 硕士及以上学历

- 优秀毕业生

  Edward Stettinius Jr.：美国第一任驻联合国大使

  Frederic W. Lincoln Jr.：纽约医学院董事会主席

  Roger Angell：1838 届毕业生纽约人杂志的科幻小说编辑

  Frederic W. Lincoln Jr：纽约医学院董事会前的主席

  Eric D. Coleman：州参议员科尔曼在康涅狄格州参议院副议长

  William P. Carey：商人，慈善家

招生要求

TOEFL：是

SSAT：是

SSAT 成绩百分比：62%

面试：是

常规申请材料：是

录取率：39%

申请截止日期：1 月 15 日

国际学生申请费（美元）：125

申请方式：网申

毕业生去向

达特茅斯学院

耶鲁大学

杜克大学

普林斯顿大学

米德伯理学院

利哈伊大学

盖茨堡学院

富兰克林与马歇尔学院

哈佛大学

纽约大学

tips

　　典型的新英格兰传统的寄宿高中。

　　学校课程设置很全，人文学科和社会学科尤其强，非常适合那些人文学科很好的学生。

　　学生的其他科目也不能太差，美国中学不分文理科，更不允许学生偏科。规定的必修课程，比如数学、英语、科学、社会科学、体育、艺术，哪一科都不能落下。不然，没有一个好的平均成绩，也就是我们大家经常谈的GPA，是无法去一所好的大学的。美国各学校课程设置的最大不同，除了规定的必修课以外，学校从学生的不同兴趣和爱好出发，开设了很多不同的课程。有的学校人文课程居多，有的学校科学选修课居多。百花竞艳，异彩纷呈。

　　美国学校开设的课程，都是各具特色的。国内学生做选校规划时就应将美国学校的课程设置的因素考量进去，看看设置的课程是否适合自己，进而选定适合自己的学校。

岚基昊学校

Rumsey Hall School

学校简介

1. 基本情况

建校时间:1900 年   学校性质:低年级私立寄宿   所在州:康涅狄格州(CT)

招生年级:6~9   学生总数:337   师生比例:1:5

班级人数:12   国际生比例:22%   寄宿生比例:57%

学校类型:混合校   宗教背景:无   占地面积(英亩):147

受赠款(美元):1 430 万   目前学费:57 890

2. 教育宗旨

Rumsey Hall has continued its tradition of providing a challenging program in a supportive, family – like atmosphere.

学校亮点

● ESL 课程

有

● 体育活动

越野赛、陆上曲棍球、橄榄球、足球、排球、篮球、冰球、滑雪队、排球、摔跤、棒球、赛艇、长曲棍球、垒球、网球

网 址	www.rumseyhall.org
学校地址	201 Romford Road , Washington Depot, CT 06794

学校人物

- 教师学历
  52% 硕士及以上学历
- 优秀毕业生
  学校未提供相关数据

招生要求

TOEFL Jr：是

SSAT/IELTS：否（推荐）

面试：是

常规申请材料：是

申请截止日期：12 月 15 日

申请方式；网申

毕业生去向

艾玛威乐女中

康科德学院

撒切尔学校

圣乔治学校

肯特学校

佩迪学校

tips

该校是寄宿制初中。学校致力于培养学生的独立学习和生活能力，养成良好的学习习惯，帮助每位学生发展个人的最大潜能，并且对社会做出贡献。该校是一所众所周知的在富有挑战的环境中支持和培养学生的学校。校园环境优美且校内设施完善。学校的教学方案包括了一整套的儿童教学方案。

赛里斯博瑞学校
Salisbury School

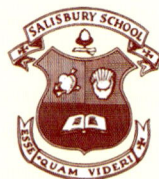

学校简介

1. 基本情况

建校时间:1901 年	学校性质:私立/寄宿	所在州:康涅狄格州(CT)
招生年级:9 ~ 12	学生总数:305	师生比例:1:5
班级人数:11	国际生比例:23%	寄宿生比例:94%
学校类型:男校	宗教背景:无	占地面积(英亩):725
受赠款(美元):4 500 万	SAT 平均分:1 810	目前学费(美元):59 600

2. 教育宗旨

The mission of Salisbury School is to educate young men by inspiring in each student an enthusiasm for learning and the self – confidence needed for intellectual, physical and moral development.

学校亮点

● AP 课程

生物学、微积分 AB、微积分 BC、化学、计算机科学、英语文学与写作、英语语言学与写作、经济学、法语、法语、拉丁文学、物理 B、统计学、西班牙语、美国历史、世界历史

● ESL 课程

无

● 学生社团

Acapella 乐队、戏剧性、电影制作、食品委员会、福音合唱团、吉他荣誉委员会、Improv 集团、发明者俱乐部、爵士乐队、数学俱乐部、无线电站、科学俱乐部、春季垒球联赛、学生活动委员会、学生理事会、学生报纸、大学预科等

● 体育活动

高山滑雪、棒球、篮球、越野、骑自行车、自由式滑雪、高尔夫、冰上曲棍球、皮划艇、曲棍球、山地自行车、网球、岩石、攀登、帆船、滑雪、足球、壁球、网球、橄榄球、摔跤等

网　　址	www.salisburyschool.org
学校地址	251 Canaan Road, Salisbury, CT 06068

学校人物

- 教师学历
  65% 硕士及以上学历
- 优秀毕业生
  学校未提供相关数据

招生要求

TOEFL：是

SSAT：是

SSAT 成绩百分比：54%

面试：是

常规申请材料：是

录取率：37%

申请截止日期：2 月 1 日

国际学生申请费（美元）：150

申请方式：网申

毕业生去向

塔夫茨大学

布朗大学

哥伦比亚大学

纽约大学

麻省理工学院

贝茨学院

波士顿大学

斯基摩尔学院

瓦萨学院

华盛顿大学

tips

最好的男子寄宿高中学校之一，学校具有山水画一般的美丽风景，学生以寄宿生为主。

学校致力于在轻松的氛围中发挥出男孩子最大的学术和其他方面的潜能。学校的课程完全依据男生的个性特点和容易接受的方式开设，充分调动了男性的竞争意识和好斗的特性来组织实施包括课堂教学在内的各项活动。学校是以团队合作为前提来培养男生的团队合作意识及坚韧不拔的毅力。

2010 年前可以免国际学生的标准化成绩，或者只要 SSAT 成绩。现在，标准化考试成绩是必须选项。

从近几年成功申请的同学来看，标准化成绩已经非常高了。托福 90 分左右、SSAT 2 000 分以上的同学占比过半。

不过，因为学校开设 ESL 中级以上的课程，所以不怎么担心国际生的语言，相对就放宽了托福成绩的要求。只要学生的 SSAT 数学成绩很好，学生的 GPA 成绩能够表明学生很强的学习能力，学生其他方面的素质很让学校认可，学校还是可以不拘泥于托福分数的。总之，学校还是非常关注学生的实际能力的。如何去证明自己的能力，这应该成为国内学生申请该校的不二法门。

萨菲尔德学院
Suffield Academy

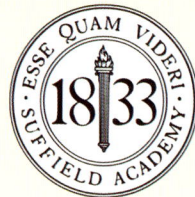

学校简介

1. 基本情况

建校时间:1833 年　　　　学校性质:私立/寄宿　　　　所在州:康涅狄格州(CT)

招生年级:9 ~ 12　　　　学生总数:413　　　　师生比例:1:5

班级人数:10　　　　国际生比例:18%　　　　寄宿生比例:67%

学校类型:混合校　　　　宗教背景:无　　　　占地面积(英亩):340

受赠款(美元):3 700 万　　　　SAT 平均分:1 910　　　　学费(美元):59 500

2. 教育宗旨

Suffield Academy is a coeducational independent secondary school serving a diverse community of boarding and day students. Our school has a tradition of academic excellence combined with a strong work ethic. A commitment to scholarship and a respect for individual differences guide our teaching and curriculum. We engender among our students a sense of responsibility, and they are challenged to grow in a structured and nurturing environment. The entire academic, athletic, and extracurricular experience prepares our students for a lifetime of learning, leadership, and active citizenship.

学校亮点

● **AP 课程**

生物学、微积分 AB、微积分 BC、化学、宏观经济学、微观经济学、物理 C:力学、物理 C:电磁学、统计学、美国历史、美国政府与政治

● **荣誉课程**

英语 3、法语 5、多变量微积分、西班牙语 5

● **ESL 课程**

有

● **学生社团**

合唱、绘画、国际象棋、油画、舞台表演、艺术、音乐、戏剧、唱诗班、音乐鉴赏、陶艺、摄影、校报、学生会、文学杂志社、国际特赦组织、模拟联合国、国际学生聪明等

● **体育活动**

越野跑、野外曲棍球、美式橄榄球、英式足球、划船、射击、网球、排球、篮球、滑冰、滑雪、攀岩、高尔夫、保龄球、游泳、水球、击剑、潜水、壁球、棒球等

网 址	www.suffieldacademy.org
学校地址	185 North Main Street, Suffield, Connecticut 06078

学校人物

● 教师学历

77% 硕士及以上学历

● 优秀毕业生

Leigh Perkins：Orvis 公司总裁兼 CEO

James Tisch：洛兹公司公司 CEO

Roger Faxon：百代音乐首席运营官

Barry Scherr：达特茅斯学院院长

Archer Mayor：最畅销的推理小说作家

Vinnie Del Negro：NBA 篮球运动员及教练

招生要求

TOEFL：是

SSAT：是

SSAT 成绩百分比：55%

面试：是

常规申请材料：是

录取率：14%

申请截止日期：1 月 15 日

国际学生申请费（美元）：100

申请方式：纸申、网申

毕业生去向

三一大学

乔治华盛顿大学

本特利学院

佛蒙特大学

葛底斯堡大学

纽约大学

东北大学

联盟高校

贝茨大学

圣塔克拉拉大学

tips

典型的传统美国寄宿高中，校园很大。

学校喜欢综合发展的学生。学校课程比较完善，艺术、体育俱乐部都很全，学校的社团活动很多。

学校在暑期开设专门的夏令营，来提供国际学生的英语水平。学校设有 ESL 课程，所以对托福成绩可以放宽一些。有记录显示，托福最低分 65。这种情形，就要求学生其他方面的能力必须特别强。

埃尔沃克学校
The Ethel Walker School

学校简介

1. 基本情况

建校时间:1911 年　　　　学校性质:私立/寄宿　　　　所在州:康涅狄格州(CT)
招生年级:6 ~ 12　　　　　学生总数:251　　　　　　师生比例:1:7
班级人数:12　　　　　　　国际生比例:18%　　　　　寄宿生比例:57%
学校类型:女校　　　　　　宗教背景:无　　　　　　　占地面积(英亩):600
受赠款(美元):1 500 万　　SAT 平均分:1 675　　　　　学费(美元):63 600

2. 教育宗旨

　　The Ethel Walker School is an independent, college preparatory, boarding and day school for girls in grades six through twelve. Since 1911, The Ethel Walker School has excelled at preparing students to make a difference in the world. Members of this diverse community are dedicated to scholarship, the arts, athletics, wellness, and service. The satisfaction of achievement and joy of friendship are fundamental principles as the School empowers girls to lead with integrity, confidence, courage, and conviction.

学校亮点

- **AP 课程**

  生物学、微积分 AB、化学、欧洲历史、法语、人类地理学、宏观经济学、微观经济学、物理 B、心理学、统计学、西班牙语、西班牙文学、美术:绘画、美术:2 – D 设计、美术:3 – D 设计、美国历史

- **荣誉课程**

  生物、英语、中文、化学、物理、几何、微积分、法语、西班牙语、拉丁语

- **ESL 课程**

  有

- **学生社团**

  合唱团、社区服务、亚洲俱乐部、课程委员会、环境问题研究社团、女权俱乐部、国际社、司法委员会、若斯菲尔德联赛、骑马俱乐部、素食俱乐部、法语社书社、黑人拉丁俱乐部、辩论社、意大利协会、拉丁舞俱乐部、数学社、青年社、青年抗癌社等

- **体育活动**

  高山滑雪、骑马、高尔夫、英式足球、网球、曲棍球、长曲棍球、垒球、舞蹈、户外冒险、健身、排球、瑜伽等

网　址	www.ethelwalker.org
学校地址	230 Bushy Hill Road, Simsbury, CT 06070

学校人物

● 教师学历
73% 硕士及以上学历
● 优秀毕业生
Frances Beinecke：国家资源保护委员会 National Resources Defense Council（NRDC）总裁
Juanin Clay：著名演员
Mimi Gardner Gates：艺术历史学家
Abra Prentice Wilkin：慈善家
Sigourney Weaver：著名演员
Frances Beinecke：任职国家资源保护委员会

招生要求

TOEFL：是

SSAT：是

SSAT 成绩百分比：65%

面试：是

常规申请材料：是

录取率：66%

申请截止日期：1 月 15 日

国际学生申请费（美元）：125

申请方式：网申

毕业生去向

哈佛大学

波士顿大学

卡拉克大学

汉普顿大学

史密斯女子学院

本特利大学

华盛顿大学

贝茨学院

贝勒大学

tips

　　一所传统的女子寄宿高中，学校分初中部和高中部。
　　作为女子学校，学校的艺术课程比较强。另开设有女孩子喜欢的很多活动，比如马术、舞蹈、健身、素食、瑜伽等。
　　学校高中部的申请要求标准化考试成绩，因为学校设有 ESL 课程，所以标准化成绩要求不高。学校初中部的申请不需要提供标准化考试成绩，但是需要学生提供 WISC 智商测试结果。樱知叶的学生为申请该校就在北京进行了这项测试。在我们国内，这项 WISC 测试不是很普遍，知道的人更是不多。

戈纳瑞高中

The Gunnery

学校简介

1. 基本情况

建校时间:1850 年　　　　学校性质:私立/寄宿　　　　所在州:康涅狄格州(CT)

招生年级:9~12　　　　　学生总数:298　　　　　　师生比例:1:6

班级人数:12　　　　　　国际生比例:24%　　　　　寄宿生比例:68%

学校类型:混合校　　　　宗教背景:无　　　　　　占地面积(英亩):220

受赠款(美元):2 100 万　　SAT 平均分:1 680　　　　目前学费(美元):59 850

2. 教育宗旨

The Gunnery rests on the four cornerstones of character: scholarship, integrity, respect and responsibility. Character is forged in a cohesive, diverse community informed by a challenging college preparatory curriculum, a broad range of athletic, artistic and social activities and a faculty of scholars and committed educators dedicated to the intellectual and ethical development of every student. A Gunnery graduate is a broadly educated, socially responsible citizen with tested beliefs, strength of character and the courage to act on convictions.

学校亮点

● **AP 课程**

艺术史、生物学、微积分 AB、微积分 BC、化学、计算机科学、英语文学、英语语言学、法语、宏观经济学、微观经济学、物理 B、物理 C、西班牙语、美国历史、世界历史

● **ESL 课程**

有

● **学生社团**

国际特赦组织、社区俱乐部、绿色环保俱乐部、大学社、国际社、舞蹈社、辩论社、唱诗班、戏剧艺术、户外俱乐部、数学俱乐部、音乐俱乐部、文学杂志社、滑雪俱乐部、极限飞盘俱乐部、年鉴、学生报社等

● **体育活动**

篮球、越野、高尔夫、曲棍球、英式足球、垒球、游泳、网球、排球、田径、摔跤、冰球、滑雪、划艇等

学校人物

- 教师学历
  62% 硕士及以上学历
- 优秀毕业生
  Gerald Warner Brace：著名船舶创造者
  Edsel Ford II：1868 届毕业生，福特董事会成员之一
  Benjamin Foulois：1893 届毕业生，美国空军陆军先驱
  Jesse Soffer：1903 届毕业生，著名演员

招生要求

TOEFL：是

SSAT：是

SSAT 成绩百分比：50%

面试：是

常规申请材料：是

录取率：66%

申请截止日期：1 月 15 日

国际学生申请费（美元）：150

申请方式：纸申

毕业生去向

东北大学

乔治城大学

弗吉尼亚大学

纽约大学

加州大学伯克利分校

伊利诺伊大学

布朗大学

康奈尔大学

威廉姆斯学院

三一学院

tips

非常传统的美国寄宿高中。

在中国学生和家长中认知度没那么高，其实，这是非常好的一所学校。学校开设的课程很全，完全满足国际学生的需要。学校非常安全，适合国际学生安心学习。学校的氛围足够友好，国际学生很受善待。

学校虽然开设 ESL 课程，但是仍然要求托福在 84 分以上。不过，如果学生实际能力很强仅仅是成绩没有考好的话，学校还是可以考虑给予申请录取的机会。

学校目前共有 14 名中国学生，基本饱和。学校不会扩招中国学生，否则会比例失调。

瑞克特瑞学校
The Rectory School

学校简介

1. 基本情况

建校时间:1920 年　　　　学校性质:低年级私立寄宿　　　所在州:康涅狄格州(CT)

招生年级:5~9　　　　　学生总数:250　　　　　　　师生比例:1:4

班级人数:10　　　　　　国际生比例:35%　　　　　　寄宿生比例:56%

学校类型:混校　　　　　宗教背景:无　　　　　　　占地面积(英亩):138

受赠款(美元):800 万　　学费(美元):62 000

2. 教育宗旨

The Rectory School's mission is to provide students, from early childhood through middle school, with an enriched and supportive academic, social and ethical community that addresses individual learning styles, aptitudes and needs while promoting personal self – worth and accountability. The school community lives The Rectory School Creed: Responsibility, Respect, Honesty, and Compassion.

学校亮点

● ESL 课程

有

● 学生社团

远足,健身,滑雪,游泳,多媒体,音乐演出,社区服务等

● 体育活动

棒球,篮球,越野赛,舞蹈,马术,击剑,橄榄球,高尔夫,冰球,长曲棍球,足球,垒球,壁球,网球,田径,摔跤

网　址	www.rectoryschool.org
学校地址	P.O. Box 68 528 Pomfret Street, Pomfret, CT 06258

学校人物

- 教师学历
  29% 硕士及以上学历
- 优秀毕业生
  Robert Ludlum：演员
  RJ Tolson：演员
  William Reese "Will" Owsley III：音乐家
  Peter L. Pond：牧师，慈善家
  Gabriel Traversari：演员
  Julian Roosevelt：奥运会金牌得主

招生要求

TOEFL（Junior）：否

SSAT：否

WISC：否

面试：是

常规申请材料：是

申请截止日期：12 月 15 日（第一轮）

国际学生申请费（美元）：100

申请方式：网申

毕业生去向

布莱尔学院
布鲁斯特学院
坎特伯雷中学
凯特中学
库欣学院
丹娜厅女子中学
迪尔菲尔德学院
主教中学
胡德尼斯学校
肯特中学
米尔布鲁克学校
北野山中学
佩迪中学
菲利普斯安多弗学院
圣乔治学校
圣保罗学校

tips

该校是所寄宿初中。学校课程设置灵活，师资力量雄厚，采用小班教学模式（每班不超过 12 人），以及各种各样的艺术课程，体育活动等。这一些都迎合了有活力的年轻一代的需求。Linchpin 教学指导项目别具特色，学校有专人每天指导学生完成作业。除了新建成的表演艺术大厦外，学校还拥有新建立的食堂及美术楼！

塔夫特学校
The Taft School

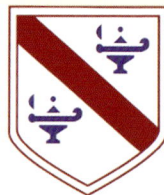

学校简介

1. 基本情况

建校时间:1890 年	学校性质:私立/寄宿/走读	所在州:康涅狄格州(CT)
招生年级:9~12	学生总数:586	师生比例:1:5
班级人数:12	国际生比例:16%	寄宿生比例:82%
学校类型:混合校	宗教背景:无	占地面积(英亩):226
受赠款(美元):19 200 万	SAT 平均分:1 923	目前学费(美元):59 000

2. 教育宗旨

When Mr. Taft established his school, he envisioned it as a place that would educate the "whole person". That vision remains the guiding principle of the school today. It steers everything we do. Education at Taft is personal, moral and ethical, as well as academic. Our culture is inseparable from our mission, and our community is fundamentally shaped by this belief in helping young people become lifelong learners, thoughtful world citizens and caring people. We take seriously our school motto: "Not to be served but to serve."

学校亮点

● **AP 课程**

艺术史、生物学、微积分 AB、微积分 BC、化学、计算机科学 A、计算机科学 AB、中国语言与文化、经济学、英语文学与写作、英语语言学与写作、环境科学、欧洲历史、法语、美国政府与政治、比较政治、拉丁语、物理 B、物理 C(力学)、心理学、统计学、西班牙语、美术(绘画)、美国历史

● **ESL 课程**

无

● **学生社团**

招生理事会、艾滋病认识社团、国际特赦组织、艺术社、亚洲社团、国际象棋、班委会、日常学生理事会、辩论会、经济社、国际社、足球解说、壁球解说、网球解说亚洲俱乐部、国际象棋俱乐部、舞蹈俱乐部、学生理事会、辩论俱乐部、经济俱乐部、哈利 · 波特俱乐部、荣誉法院、国际俱乐部等

● **体育活动**

划艇、高尔夫、美式橄榄球、长曲棍球、壁球、曲棍球、冰球、英式足球、篮球、棒球、长跑、网球、田径运动、高山滑雪、摔跤、排球、跳舞、马术、极限飞盘等

网　　址	www.taftschool.org
学校地址	110 Woodbury Road, Watertown, CT 06795

学校人物

- 教师学历
  74% 硕士及以上学历
- 优秀毕业生
  Steven J. Erlanger：1970 届毕业生，著名作家
  Darren Bragg：1987 届毕业生，专业棒球选手
  Nathaniel Neiman Craley, Jr.：1946 届毕业生，宾夕法尼亚州议员
  Michael P. W. Stone：1942 届毕业生，陆军部部长
  Bob Taft：1959 届毕业生，俄亥俄州州长

招生要求

TOEFL：是

SSAT：是

SSAT 成绩百分比：83%

面试：是

常规申请材料：是

录取率：23%

申请截止日期：1 月 15 日

国际学生申请费（美元）：100

申请方式：网申

毕业生去向

波士顿学院

波士顿大学

哥伦比亚大学

康涅狄格大学

康奈尔大学

达特茅斯学院

埃默里大学

乔治·华盛顿大学

乔治城大学

约翰霍普金斯大学

普林斯顿大学

耶鲁大学

tips

位于新英格兰的顶尖寄宿高中之一，是一所非常传统和保守的寄宿学校，学校学生以寄宿生为主。这所学校在中国学生中的知名度好像不如其他顶尖学校那么高。但是，在美国的学生和家长当中这所学校非常受欢迎。原因是学校的课程和设施是顶尖的，而学校却没有给学生激烈竞争的平台，反倒是给了学生们充分的空间和灵活性。学生间的氛围很温和，合作多于竞争。

目前，该校的中国学生大多都是从美国的初中毕业后成功申请的。

这所学校录取学生非常保守，必须非常确信学生属于他们学校的群体才会考虑给予机会。中国学生要想申请这所学校，比较保险的办法就是先去美国读初中，并在初中阶段显现出优秀的能力和超群的素质。这会让学校直接看到学生在美国初中的成功留学中所展现出来的能力和潜质，这会比在国内直接申请更有机会，更有把握。

2017 年录取国际学生的托福成绩在 105 分以上。

威斯敏斯特学校
Westminster School

学校简介

1. 基本情况

建校时间:1888 年　　　　学校性质:私立/寄宿/走读　　　所在州:康涅狄格州(CT)

招生年级:9 ~ 12　　　　　学生总数:390　　　　　　　师生比例:1 : 5

班级人数:12　　　　　　　国际生比例:16%　　　　　　寄宿生比例:70%

学校类型:混合校　　　　　宗教背景:无　　　　　　　　占地面积(英亩):200

受赠款(美元):9 500 万　　SAT 平均分:1 926　　　　　学费(美元):59 900

2. 教育宗旨

The Westminster community inspires young men and women of promise to cultivate a passion for learning, explore and develop diverse talents in a balanced program, to reach well beyond the ordinary, to live with intelligence and character, and to commit to a life of service beyond self.

学校亮点

● AP 课程

艺术史、生物、微积分 AB、微积分 BC、化学、计算机科学 A、中国语言与文化、英语文学与写作、英语语言学与写作、环境科学、欧洲历史、法语、拉丁语、宏观经济学、微观经济学、音乐理论、物理 B、物理 C(力学)、统计学、西班牙语、西班牙文学、美术(绘画)、美术(2D 设计)、美国历史

● ESL 课程

无

● 学生社团

艺术俱乐部、亚洲协会、健康协会、厨艺社团、CT 论坛、民主党与共和党俱乐部、生态小组、哈利波特俱乐部、户外运动俱乐部、犹太学生机构、参议院俱乐部、学生活动委员会、学生音乐组织、游行、威斯敏斯特新闻、爵士乐队、学生自治会、滑雪俱乐部、戏剧协会等

● 体育活动

越野、曲棍球、美式橄榄球、英式足球、篮球、冰球、壁球、游泳、棒球、高尔夫、长曲棍球、网球、垒球、田径、潜水等

网　址	www.westminster-school.org
学校地址	995 Hopmeadow Street, Simsbury, CT 06070

学校人物

- 教师学历
  70% 硕士及以上学历
- 优秀毕业生

Adam Buxton：喜剧演员　　　　　　　**Louis Theroux**：广播员

Jonathan：艺术家　　　　　　　　　　**Dido Armstrong**：英国音乐家

James Reynolds：英国广播公司北京记者　**Pinny Grylls**：艺术家

Benjamin Yeoh：剧作家　　　　　　　　**Alexander Shelley**：导演

招生要求

TOEFL：是

SSAT：是

SSAT 成绩百分比：70%

面试：是

常规申请材料：是

录取率：28%

申请截止日期：1 月 15 日

国际学生申请费（美元）：150

申请方式：网申

毕业生去向

阿默斯特学院

达特茅斯学院

杜克大学

埃默里大学

富兰克林和马歇尔学院

乔治城大学

哈佛大学

麦吉尔大学

纽约大学

东北大学

普林斯顿大学

耶鲁大学

tips

这所学校也属于美国顶尖的寄宿高中当中的一所。

学生申请这所学校，除了要具有很好的成绩（包括学校的 GPA 成绩和标准化成绩）外，在申请过程中还要展示自己的优秀品质。

学校并不需要学生都具有奥数冠军的水准，更愿意看到学生从小处出发能够一直坚持下来的执着和耐力。因为学校本身就非常注重对学生品格的培养，希望学生在学校获得的能力能够受益终身。

西部学校
Westover School

学校简介

1. 基本情况

建校时间:1909 年	学校性质:私立/寄宿	所在州:康涅狄格州(CT)
招生年级:9~12	学生总数:205	师生比例:1:8
班级人数:12	国际生比例:19%	寄宿生比例:62%
学校类型:女校	宗教背景:无	占地面积(英亩):145
受赠款(美元):6 100 万	SAT 平均分:1 827	学费(美元):57 100

2. 教育宗旨

The mission of Westover School is to provide an environment that inspires the intellectual, artist, athlete, and philosopher in each its student. Westover challenges its young women to think independently, to embrace diversity, and to grow intellectually and spiritually. Westover encourages in each student integrity, responsibility, and commitment to their community.

学校亮点

- **AP 课程**

  艺术史、生物学、微积分 AB、微积分 BC、化学、汉语语言与文化、计算机科学、英语语言文学、英语文学与写作、环境科学、欧洲历史、法语、拉丁语、音乐理论、物理学、心理学、统计学、西班牙语、美术(2D 设计)、美术(绘画)、美国政府与政治 B、美国历史

- **荣誉课程**

  代数 2、初级微积分、高级微积分、西班牙语 3、西班牙语 4、物理学

- **ESL 课程**

  有

- **学生社团**

  大赦艺术俱乐部、年鉴、戏剧俱乐部、环境行动、法语俱乐部、俱乐部、全球的声音(国际学生报纸)、犹太人协会、学校艺术 & 诗歌杂志、拉丁文俱乐部、膳食和营养协会、模拟联合国、合唱团演唱组、摄影俱乐部、西班牙俱乐部、学生学术研究委员会、学生理事会等

- **体育活动**

  篮球、越野赛、舞蹈、长曲棍球、高尔夫、英式足球、垒球、壁球、网球、排球、游泳、攀岩等

网　址	www.westoverschool.org
学校地址	1237 Whittemore Rd,Middlebury, CT 06762

学校人物

● 教师学历

67% 硕士及以上学历

● 优秀毕业生

Princess Zein bint Al Hussein:乔丹国公主

Eleanor D. Acheson:前克林顿总统法律顾问助理

E.C. Spykman:记者及儿童书籍作者

Sylvia Shaw Judson:著名雕塑家,*Bird Girl* 剧目创作者

招生要求

TOEFL:是

SSAT:是

SSAT 成绩百分比:61%

面试:是

常规申请材料:是

录取率:50%

申请截止日期:1 月 15 日

国际学生申请费（美元）:100

申请方式:纸申、网申

毕业生去向

美国大学

波士顿大学

波士顿学院

加州大学洛杉矶分校

哥伦比亚大学

康奈尔大学

康涅狄格学院

达特茅斯学院

史密斯学院

纽约大学

弗吉尼亚大学

tips

　　优秀的女子寄宿学校。学校设有多种适合女生的课程,着重培养女性的特质和独立能力。学校的氛围很单纯,学生干扰很少,因此能更专心学习和专注于学校的生活。

　　2010 年前,国际学生还不需要托福、SSAT 成绩,电话或视频面试过关就可以被录取。现在,学校需要标准化考试成绩,托福 80 分以上才有被录取的机会。不过,相对于男女混合学校来说,近几年申请的竞争强度还不是那么激烈。

凯特学校
Cate School

学校简介

1. 基本情况

建校时间:1910 年	学校性质:私立/寄宿	所在州:加利福尼亚州(CA)
招生年级:9~12	学生总数:270	师生比例:1:5
班级人数:10~12	国际生比例:16%	寄宿生比例:83%
学校类型:混合校	宗教背景:无	占地面积(英亩):150
受赠款(美元):7 200 万	SAT 平均分:2 098	目前学费(美元):60 400

2. 教育宗旨

Through commitment, scholarship, companionship, and service, each member of the Cate community contributes to what our founder called: the spirit of this place... all compounded of beauty and virtue, quiet study, vigorous play, and hard work.

学校亮点

● AP 课程

艺术史、生物、微积分 AB、微积分 BC、化学、计算机科学 A、计算机科学 AB、英语语言学与写作、环境科学、法语、法国文学、美国政府与政治、比较政治、心理学、统计学、西班牙语、西班牙文学、美术(绘画)、美术(2D 设计)、美术(3D 设计)、美国历史

● 荣誉课程

代数 2、初级微积分、生物、化学、心理学、西班牙语 I、西班牙语 II、西班牙语 III

● ESL 课程

无

● 学生社团

黑人学生会、加州数学联盟、室内管弦乐团、室内合唱队、汉语俱乐部、舞蹈俱乐部、环保俱乐部、爵士乐队、模拟审判、国际俱乐部、皮划艇俱乐部、读书俱乐部、旅游俱乐部等

● 体育活动

棒球、篮球、越野赛、高尔夫、英式足球、长曲棍球、垒球、水球、排球、壁球、网球、游泳、田径、极限飞盘等

网　址	www.cate.org
学校地址	1960 Cate Mesa Road, P.O. Box 5005, Carpinteria, CA 93013

学校人物

- 教师学历
  81% 硕士及以上学历
- 优秀毕业生
  David Crosby：著名歌手和作曲家
  Garrett Lisi：物理学家
  Billy Steinberg：著名歌手和作曲家

  Warren Briedenbach III：著名外科医生
  Sir John R.H. Bond：金融投资家
  Dr. William New：发明家和医生

招生要求

TOEFL：是

SSAT：是

SSAT 成绩百分比：83%

面试：是

常规申请材料：是

录取率：22%

申请截止日期：1 月 15 日

国际学生申请费（美元）：125

申请方式：网申

毕业生去向

纽约大学

布朗大学

哥伦比亚大学

宾夕法尼亚大学

康奈尔大学

芝加哥大学

哈佛大学

斯坦福大学

波士顿大学

加州大学伯克利分校

华盛顿大学

戴维斯学院

巴纳德学院

tips

这是位于北加州的一所顶尖的寄宿高中，也是美国西海岸最古老的学校之一，在西海岸及全美都享有很高的声誉。

学术上，与东海岸最著名的高中学校相差无几。由于地处加州多元文化的环境中，学校的包容性更好，也更加多元化。加上加州一年四季的好天气，使得学校开设很多的户外活动。

该校在美国国内的申请竞争就非常激烈，对于国际学校来说，惨烈一词并不为过。除了美国本土的英欧裔学生，但就加州来讲，就已经有足够多的亚裔学生，他们的学习成绩都很好，又都在美国生活成长，在美国的大环境下锻炼着自己，乐于展示自己。所以，中国学生应做好更多准备去申请这个学校。大胆想象，勇于挑战、改革和创新的思路，能够在中学时期就显现出对某一领域特别的兴趣，并付诸行动，大胆实践的经历，对学生展现自己有一定的帮助。这个学校同样不是只看重学习成绩。

2017 年录取国际学生的托福成绩在 100 分以上。

邓恩学校
Dunn School

学校简介

1. 基本情况

建校时间:1957 年   学校性质:私立/寄宿   所在州:加利福尼亚州(CA)

招生年级:9 ~ 12   学生总数:215   师生比例:1:6

班级人数:15   国际生比例:25%   寄宿生比例:63%

学校类型:混合校   宗教背景:无   占地面积(英亩):58

受赠款(美元):200 万   SAT 平均分:1 625   目前学费(美元):58 000

2. 教育宗旨

to educate the whole student to his or her fullest potential in preparation for a life of learning and responsible leadership in society.

学校亮点

● **AP 课程**

艺术、生物、微积分、化学、英语、英国文学、环境科学、西班牙语、统计学、美国政府与政策、美国历史、世界历史

● **荣誉课程**

荣誉英语 10、数学 I(几何和代数)、数学 II(数据),模型和预测、数学 III(数学分析)、西班牙语 II、西班牙语 III、美国历史

● **ESL 课程**

无

● **学生社团**

国际特赦组织俱乐部、西洋双陆棋俱乐部、芭蕾舞、爬山与皮划艇、社区服务、烹饪俱乐部、多元化交流俱乐部、经济俱乐部、马术、有机种植俱乐部、乒乓球俱乐部、校报、学生自治会、冲浪、寿司俱乐部、游泳俱乐部、读书俱乐部、学院会(读书会)、瑜伽

● **体育活动**

棒球、篮球、越野、足球、高尔夫、长曲棍球、足球、网球、排球

网　址	www.dunnschool.org
学校地址	P.O. Box 98, 2555 W. Highway 154, Los Olivos, CA 93441

学校人物

- 教师学历

  60% 硕士以上学历
- 优秀毕业生

  Roderick Lewis：国家足球队运动员

  Craig Miller：著名运动解说员

  Steve Macko：前芝加哥火箭队运动员

招生要求

TOEFL：是

SSAT/ISEE：是

面试：是

常规申请材料：是

录取率：45%

申请截止日期：2月1日

国际学生申请费用（美元）：75

毕业生去向

波士顿学院

加州理工大学（圣路易斯奥比斯波市）

查普曼大学

加州大学伯克利分校

华盛顿大学

加州大学圣地亚哥分校

加州大学圣克鲁兹分校

伊利诺伊大学

鲍登学院

tips

　　该校的规模虽然不大，但学校设施非常齐备先进。因为规模小的原因，所以学生老师之间彼此都非常熟识，人与人之间关系友好，对于需要被关注的学生是一个不错的选择。2014 年以来被该校录取的国际学生托福平均分都在 88 分左右。

爱德华艺术学院
Idyllwild Arts Academy

IdyllwildARTS

学校简介

1. 基本情况

建校时间:1986 年	学校性质:私立/寄宿	所在州:加利福尼亚州(CA)
招生年级:9~12	学生总数:300	师生比例:1:5
班级人数:15	国际生比例:48%	寄宿生比例:95%
学校类型:混合校	宗教背景:无	占地面积(英亩):205
受赠款(美元):300 万	SAT 平均分:1 690	学费(美元):61 600

2. 教育宗旨

Idyllwild is a vibrant and vital place, and its ideals work, visibly and daily, supported by the extraordinary devotion of the faculty to students' needs and aspirations. I look forward to joining the community, to further conversations on what we are all doing at the school, and to guide decisions that emerge from them.

学校亮点

● AP 课程

生物 、配置理论

● 荣誉课程

美国文学、物理学、法语

● ESL 课程

有

● 学生社团

操行协会、朋辈心理辅导、学生自主协会、各种学生领导俱乐部等

● 艺术专业

创意写作、舞蹈、电影、音乐、戏剧、视觉艺术等

网　　址	www.idyllwildarts.org
学校地址	52500 Temecula Road, Idyllwild, CA 92549

学校人物

- 教师学历
  60% 硕士及以上学历
- 优秀毕业生
  Shepard Fairy：平面艺术家、设计师
  Neal Beasley：现代舞大师、Princess Grace Award 获得者
  Liang Wang：纽约爱乐交响乐团双簧管乐手
  Trevor Hall：著名艺术家
  Marin Ireland：著名女演员
  Elora Hardy：印刷设计师
  Cristy Candler：百老汇音乐剧演员
  Vesselin Gelev：伦敦爱乐乐团小提琴手
  Bei Zhu：中国香港爱乐乐团乐队首席

招生要求

TOEFL：是

SSAT：否

面试：是

常规申请材料：是

录取率：65%

申请截止日期：无

国际学生申请费（美元）：100

申请方式：纸申、网申

毕业生去向

哥伦比亚大学

卡耐基梅隆大学

纽约大学

南加州大学

密歇根大学

旧金山艺术学院

斯坦福大学

波士顿大学

西北大学

宾州州立大学

tips

西海岸的一所寄宿制的艺术高中。

学校的表演和音乐课程都是非常顶尖的，有很专业的指导老师，对于具有艺术特长的学生是非常好的选择。无论是未来想从事艺术生涯，还是只想保持艺术的特长，该校都是很好的选择。因为学校除了艺术课程以外，其他的课程也都很完善。还为国际学生设有 ESL 课程，真的是关爱备至。

尽管学校要求提供标准化考试成绩，但是申请这类学校，最重要的还是展示学生在艺术方面的才艺和潜质。

欧佳谷学校
Ojai Valley School

学校简介

1. 基本情况

建校时间:1911 年

学校性质:私立/寄宿

所在州:加利福尼亚州(CA)

接纳年级:K – 12

学生总数:287

师生比例:1∶6

班级人数:12

国际学生所占比例:20%

寄宿生比例:40%

学校类型:男女合校

宗教背景:无

占地面积(英亩):195

受赠款(美元):校方未予公布

SAT 平均成绩:1 751

目前学费(美元):56 500

2. 教育宗旨

At the core of Yeomans' beliefs was the concept that children learn best through experience. Yeomans considered his own education to have been dull and stifling, and wanted to establish a school that would emphasize experiential learning and a love for the outdoors. He envisioned a place where music, art, and woodshop would be taught alongside math, history, and languages. Yeomans declared that "Integer Vitae" – meaning the wholeness of life, symmetry of life, soundness of life, and, therefore poise and strength of life-would become the school's motto and philosophy.

学校亮点

● **AP 课程**

生物、微积分、化学、英语、环境科学、几何学、心理学、西班牙语、统计学、美术

● **荣誉课程**

荣誉英语、荣誉美国历史

● **ESL 课程**

有

● **学生社团**

表演、箭术、合唱队、社区服务、计算机、创意写作、脚踏车、远足、骑马、国际研究、新闻工作、皮划艇、跆拳道、领导能力、表演艺术、摄影和视频、攀岩运动、绳索课程、冲浪、游泳、网球、排球、举重、木工、年刊、瑜伽

● **体育活动**

棒球、篮球、越野赛、马术、橄榄球、高尔夫、长曲棍球、足球、网球、田径、排球

学校人物

- 教师学历
  43% 硕士及以上学历
- 优秀毕业生
  Barbara B. Smith (L35)：民族音乐学家，夏威夷大学音乐系名誉教授
  Robert Erburu (L46)：Times Mirror 公司前董事会主席和 CEO
  Michael Mondavi (L58)：Folio Wine Partners 的建立者
  Jeffrey Hyland (L63)：希尔顿与海兰公司的主席，建筑历史学家和作家
  John Slavik (L66, U69)：Pinnacle 控股有限公司股份持有者
  Keith Carradine (U67)：演员，作曲家和音乐家
  David Lazarus (L74, U78)：《洛杉矶时报》美国商业和消费者的专栏作家
  Bruce Sommers (L79)：Sincbox Media 公司主席

招生要求

测试 TOEFL/SSAT：1 900～2 100
面试：是
常规申请材料（是/否）：是
录取率：64%
申请截止日期：1 月 15 日（第一轮）
国际学生申请费用（美元）：100

毕业生去向

查普曼大学
加州大学洛杉矶分校
加州大学河滨分校
加州大学圣巴巴拉分校
波士顿学院
波士顿大学
加州大学伯克利分校
加州大学圣地亚哥分校
华盛顿大学
卫斯理学院

tips

该校的艺术设计课程比较强，提供 3 门艺术 AP 课程。学校其他学术课程也很强，各个学科领域都有 AP 课程。不过对于想过多涉猎外语课程的学生可能不大适合该校，这所学校提供的外语课程比较有限，只有西班牙语和中文。

圣多米尼克学校
San Domenico School

学校简介

1. 基本情况

建校时间:1850 年	学校性质:私立/寄宿	所在州:加利福尼亚州(CA)
招生年级:K~12	学生总数:163	师生比例:1:5
班级人数:12	国际生比例:43%	寄宿生比例:59%
学校类型:女校	宗教背景:多明我会(天主教派)	占地面积(英亩):515
受赠款(美元):800 万	SAT 平均分:1 787	学费(美元):58 350

2. 教育宗旨

In the Dominican tradition of Veritas (truth) ,

We inspire inquiry and provide a strong academic foundation for lifelong intellectual growth.

We explore and develop the unique gifts of each individual in mind, heart, body, and spirit.

We celebrate diversity, recognizing God's presence in ourselves and in all of creation.

We recognize what it means to be human in a global community and respond with integrity to the needs and challenges of our time.

学校亮点

- **AP 课程**

  微积分 AB、微积分 BC、化学、英语文学与写作、环境科学、法语、西班牙文学、美国历史、美国政府与政治、视觉艺术

- **ESL 课程**

  有

- **学生社团**

  微生物俱乐部、学生自治会、社会正义俱乐部、国际学生社团、学生自治会、校刊学会等

- **体育活动**

  棒球、垒球、羽毛球、排球、足球、网球、骑马、高尔夫等

网　址	www.sandomenico.org
学校地址	1500 Butterfield Road, San Anselmo, CA 94960

学校人物

- 教师学历
  80% 硕士及以上学历
- 优秀毕业生
  Aaron Rossi：格莱美提名鼓手
  Amanda Aday：演员
  Shepard Fairey：艺术家
  Trevor Hall：音乐家
  Marin Ireland：演员
  Neal Beasley：曾获 2004 现代舞蹈格蕾丝王妃奖的舞蹈家
  Michael Tilson Thomas：国际公认的乐队指挥和钢琴家
  Yao Zhao：大提琴演奏家
  Graham Dechter：爵士吉他手

招生要求

TOEFL：是

SSAT：是

面试：是

常规申请材料：是

申请截止日期：1 月 11 日

国际学生申请费（美元）：100

申请方式：网申

毕业生去向

波士顿大学

乔治华盛顿大学

波士顿学院

布朗大学

塔夫茨大学

纽约大学

圣地亚哥大学

南加州大学

tips

位于北加州的郊区、距离湾区不到 20 英里的一所女子学校。

学校开设从幼儿园（K 年级）到 12 年级的课程，寄宿的学生是从 9 年级开始招生。

学校学生数量少，师生比率低，学生能够得到更多的关注和关爱。

学校很注重对学生良好习惯的培养，认为好的习惯是女孩子未来在大学及职业生涯中成功的基本条件。

申请时，学校希望看到学生的标准化考试成绩，但不是必须的强制要求。学生可以通过提供的材料及进行的面试来证明自己的语言能力和学习能力，以展示自己的良好素养与综合潜质。

圣卡塔丽娜学校
Santa Catalina School

学校简介

1. 基本情况

建校时间:1950 年	学校性质:私立/寄宿	所在州:加利福尼亚州(CA)
招生年级:Pre-K ~ 12	学生总数:258	师生比例:1:8
班级人数:13	国际生比例:13%	寄宿生比例:46%
学校类型:女校	宗教背景:天主教	占地面积(英亩):36
受赠款(美元):2 400 万	SAT 平均分:1732	学费(美元):53 500

2. 教育宗旨

Santa Catalina exists to develop in each student a striving for excellence, a maturing awareness of moral and spiritual values, a sense of responsible purpose, and a determination to serve the world with courage, graciousness, and compassion.

学校亮点

- **AP 课程**

  艺术史、生物、微积分 AB、微积分 BC、化学、英语文学与写作、英语语言学与写作、经济学、环境科学、欧洲历史、法语、法国文学、拉丁语、音乐理论、物理 C、西班牙语、西班牙文学、美术、美国历史

- **荣誉课程**

  英语 1、化学、代数 2

- **ESL 课程**

  无

- **学生社团**

  舞蹈俱乐部、芭蕾舞俱乐部、击剑俱乐部、爵士舞协会、社区服务组织、环境保护组织、学生会、模拟联合国、辩论社、国家历史协会、亚洲学会、西班牙语俱乐部、法语俱乐部等

- **体育活动**

  篮球、越野、潜水、马术、曲棍球、高尔夫、兜网球、英式足球、垒球、游泳、网球、田径、排球、水球等

网　　址	www.santacatalina.org
学校地址	1500 Mark Thomas Drive, Monterey, CA 93940

学校人物

- 教师学历
  82% 硕士及以上学历
- 优秀毕业生
  Dr. Cynara Coomer：外科医生
  Kate Mitchell：美国风险投资协会 CEO 及联合创始人
  Maria Imelda Marcos：菲律宾国会女议员
  Wendy Clark Duffy：助理法官
  Pamela Butler：蒙特利县高等法院法官
  Teresa Barger：Cartica Capital 创始人及 CEO
  Terry Durkin Wilkinson：德克萨斯健康和人类服务委员会成员
  Abigail Folger：民权活动家

招生要求

TOEFL：是

SSAT：是

面试：是

常规申请材料：是

录取率：70%

申请截止日期：2 月 1 日

国际学生申请费（美元）：100

申请方式：网申、纸申

毕业生去向

加州大学伯克利分校

加州大学洛杉矶分校

加州大学圣芭芭拉

加州大学圣地亚哥分校

雷德兰兹大学

科罗拉多州立大学

圣塔克拉拉大学

tips

　　位于西海岸的一所女子寄宿高中，学校的环境很安全。

　　学校的课程和活动都依据女孩子特点而设立。女生可以很放开地学习，也可以很放开地玩儿。女孩子在这里非常能体会到主人翁之感。

　　性格开放、热情奔放、多才多艺的女生很适合选择这所女子学校。

　　学校需要国际学生提交标准化成绩，但是学生的个性也是学校比较看重的。

　　近几年，中国学生的数量有所增加但仍然不是很多，竞争还不太激烈，适合的学生可将该校列入选校规划之中。

史蒂文森学校
Stevenson School

Stevenson
STEVENSON
SCHOOL

学校简介

1. 基本情况

建校时间:1952 年	学校性质:私立/寄宿	所在州:加利福尼亚州(CA)
招生年级:9 ~ 12	学生总数:730	师生比例:1:10
班级人数:14	国际生比例:23%	寄宿生比例:50%
学校类型:混合校	宗教背景:无	占地面积(英亩):60
受赠款(美元):2 400 万	SAT 平均分:1 923	学费(美元):64 900

2. 教育宗旨

Stevenson, a selective school for college – bound boarding and day students, commits to three aims:

● to prepare students for success in college and beyond.

● to foster their passion for learning and achievement.

● to help them shape a joyful life.

学校亮点

● **AP 课程**

生物、微积分 AB、微积分 BC、化学、计算机科学 A、英语文学与写作、环境科学、欧洲历史、法语、日语与日本文化、拉丁语、宏观经济学、微观经济学、音乐理论、物理 B、物理 C(力学)、物理 C(电磁学)、西班牙语、美术(绘画)、美术(2D 设计)、美术(3D 设计)、美国历史、世界历史

● **荣誉课程**

中文 2、法语 2 – 3、日语、西班牙语

● **学生社团**

羽毛球俱乐部、乒乓球俱乐部、击剑俱乐部、象棋俱乐部、摄影俱乐部、舞蹈俱乐部、电脑俱乐部、欧洲汽车俱乐部、法语俱乐部、数学俱乐部、科学俱乐部、国际俱乐部、投资俱乐部、读书俱乐部、环境协会、啦啦队、国际事务组、模拟联合国、红十字协会等

● **体育活动**

棒球、篮球、英式足球、高尔夫、垒球、网球、排球、路上曲棍球、水球、啦啦队、越野运动、帆船、游泳、潜水、航海、田径运动、冬季田径、摔跤等

网 址	www.stevensonschool.org
学校地址	3152 Forest Lake Road, Pebble Beach, CA 93953

学校人物

- 教师学历
  55% 硕士及以上学历
- 优秀毕业生
  Paul Saffo：1972 届毕业生，预言家和散文家
  Carie Crandall：1979 届毕业生，纽约证券交易所董事长
  David Drummond：1981 届毕业生，谷歌公司首席法律顾问
  Ms. Shea Pepper：1990 届毕业生，BBC 美国创意总监
  Emily Chan：1992 届毕业生，无国界医生组织董事
  Sylvain White：1993 届毕业生，著名电影导演
  Jonathan Ferrantelli：1997 届毕业生，电影制片人
  Robert Grube：2004 届毕业生，2007 NCAA 高尔夫冠军团队成员

招生要求

TOEFL：是

SSAT：是

SSAT 成绩百分比：67%

面试：是

常规申请材料：是

录取率：42%

申请截止日期：2 月 1 日

国际学生申请费（美元）：75

申请方式：纸申、网申

毕业生去向

纽约大学

南加州大学

波士顿大学

加州大学圣芭芭拉

加州大学伯克利分校

加州大学圣克鲁斯分校

科罗拉多博尔德大学

亚利桑那大学

加州大学戴维斯分校

加州大学洛杉矶分校

tips

西海岸的顶尖的寄宿高中之一，位于阳光明媚的加州。

学校开设课程很全面，各种俱乐部和活动都很丰富。学校非常注重学生的学习能力和综合能力的培养。

对于国际学生来讲，标准化成绩是必须的。但是，面试的表现、申请材料的专业、申请过程中与学校的积极沟通都是学校是否录取学生的必要条件。

2017 年录取学生托福 95 以上。

雅典娜学校

The Athenian School

学校简介

1. 基本情况

建校时间:1965 年　　　　学校性质:私立/寄宿　　　　所在州:加利福尼亚州(CA)

招生年级:6 ~ 12　　　　学生总数:306　　　　师生比例:1:10

班级人数:15 ~ 17　　　　国际生比例:10%　　　　寄宿生比例:14%

学校类型:混合校　　　　宗教背景:无　　　　占地面积(英亩):75

受赠款(美元):300 万　　　　SAT 平均分:1 930　　　　目前学费(美元):64 250

2. 教育宗旨

The Athenian School prepares students for the rigorous expectations of college and for a life of purpose and personal fulfillment. We offer a challenging academic program with a difference: intellectual inquiry is active, learning is interactive, the disciplines are interrelated, and analysis and creativity thrive simultaneously. The acquisition of knowledge becomes authentic and joyous.

学校亮点

● AP 课程

微积分 AB、微积分 BC、英语文学、欧洲历史、法语 IV、统计学、西班牙语 IV、世界历史

● ESL 课程

有

● 学生社团

亚洲俱乐部、乐队、卡波卫勒舞、合唱团、社区服务、舞蹈社团、剑术协会、徒步旅行协会、文艺杂志社、艺术社团、拉丁舞社团、演讲社、户外探险协会、机器人社团、数学俱乐部、诗歌协会、航海协会、电影制作协会、瑜伽俱乐部等

● 体育活动

羽毛球、棒球、篮球、高尔夫、足球、垒球、网球、游泳、田径、排球、摔跤等

网　　址	www.athenian.org
学校地址	2100 Mt. Diablo, CA 94506

学校人物

- 教师学历

  68% 硕士及以上学历
- 优秀毕业生

  Phillip Bennett：德克萨斯大学地质学教授

  Greg Sherwood Cohalen：荣获"艾美奖"公共电台新闻主播

  Craig Debro：奥克兰第二广播电台新闻记者

  Joan Haratani：旧金山律师协会董事长

  Carol Moldaw：著名诗人

  Douglas Perednia：医学家、企业家

  Korshied Samad：新闻记者、总编、阿富汗非盈利组织创始人

  Andrew Wistrich：美国地方法庭法官

招生要求

TOEFL：是

SSAT：否

面试：是

常规申请材料：是

录取率：43%

申请截止日期：1 月 12 日

国际学生申请费（美元）：75

申请方式：网申

毕业生去向

加州的大学圣克鲁兹

加州大学戴维斯分校

加州大学洛杉矶分校

南加州大学

宾夕法尼亚大学

布朗大学

波士顿大学

埃默里大学

匹斯堡大学

tips

北加州的一所很优秀的学校。

跟那些很古老的传统的寄宿高中不同，学校以走读学生为主。学校的宿舍非常有限，只给国际学生提供寄宿。学校的设施一流，环境优美。课程开设很全，也很强。学校设有暑期的夏令营，国际学生也可以通过短期游学的方式提前去体验学校的氛围。

撒切尔学校

The Thacher School

学校简介

1. 基本情况

建校时间:1889 年　　　　学校性质:私立/寄宿　　　　所在州:加利福尼亚州(CA)

招生年级:9 ~ 12　　　　学生总数:240　　　　师生比例:1:6

班级人数:11　　　　国际生比例:12%　　　　寄宿生比例:93%

学校类型:混合校　　　　宗教背景:无　　　　占地面积(英亩):425

受赠款(美元):13 730 万　　　　SAT 平均分:2 005　　　　学费(美元):58 920

2. 教育宗旨

　　Thacher trains young men and women in the art of living for their own greatest good and for the greatest good of their fellow citizens in a diverse and changing world. To that end, the School augments its highly challenging academic program with profound lessons learned from the care of a horse, regular chores around the School, teamwork on playing fields, outstanding instruction in the arts, the give and take of everyday life with schoolmates and teachers, and adventures shared in the wilderness. The aim is to inspire and encourage hard work, integrity, self-reliance, a lifelong love of learning and truth, self – knowledge, and a deep concern for the world in which we live.

学校亮点

● **AP 课程**

　　艺术史、生物、化学、计算机科学、微积分 AB、环境科学、美国历史、人文地理、音乐理论、物理学 B、心理学、统计学、西班牙语 V、工作室艺术、美国政府

● **荣誉课程**

数学 3、数学 4、化学

● **ESL 课程**

无

● **学生社团**

　　国际特赦、加州数学联盟、奶酪俱乐部、基督教团俱乐部、计算机网络顾问、团体舞蹈、电影协会、游戏俱乐部、枪械俱乐部、合奏俱乐部、文学讨论俱乐部、长官俱乐部、温斯顿丘吉尔辩论协会、学生自治会等

● **体育活动**

　　芭蕾、篮球、舞蹈、足球、美式足球、田径、排球等

网　　址	www.thacher.org
学校地址	5025 Thacher Road, Ojai, CA 93023

学校人物

- 教师学历
  83% 硕士及以上学历
- 优秀毕业生
  James Thacher：医生
  Jeff Thacher：声乐打击乐手，阿卡贝拉团成员
  George Thacher：市长
  John Boyd Thacher：市长
  John Boyd Thacher II：市长
  Thomas Anthony Thacher：耶鲁大学拉丁文教授
  Sherman Day Thacher：撒切尔学校创始人
  Sherman Hill Thacher：Thacher Winery 的创始人
  Thomas Thacher：律师
  Thomas D. Thacher：美国副检察长
  Thomas Chandler Thacher：美国国会代表

招生要求

TOEFL：是

SSAT：是

SSAT 成绩百分比：86%

面试：是

常规申请材料：是

录取率：11%

申请截止日期：1 月 15 日

国际学生申请费（美元）：100

申请方式：纸申、网申

毕业生去向

南加州大学

斯坦福大学

塔夫斯大学

达特茅斯学院

明德学院

纽约大学

卫斯理大学

乔治华盛顿大学

科尔比学院

科尔盖特大学

tips

　　位于北加州和南加州之间的山谷里，被称为加州的贵族学校。
　　学校经常喜欢给学生创造一些挑战，要求学生来逾越和克服，来培养学生的勇气、毅力和自信。
　　学校要求每名学生都要饲养和照顾一匹马，当然，学生也可以骑马在山谷里悠哉漫步。学校利用驯养马来教育学生学会爱护，懂得照顾、奉献爱心，回报社会。
　　学生和老师都分散住在山谷里的不同房子里。学生数量不是很多，而且老师和同学都住在一起，所以学校的氛围很温暖。就算新生也不会感受到孤独和无助，这与在东岸的同类学校中的中国学生的感受截然不同。学校的艺术氛围很浓，目前就读的中国学生也多以艺术见长。
　　学校以录取率最低而录取后选择入读该校的比率最高而感到骄傲。申请时，一定要充分了解学校，仔细分析自身的特点，做到最佳的匹配。

韦伯高中

The Webb Schools

学校简介

1. 基本情况

建校时间:1922 年	学校性质:私立/寄宿	所在州:加利福尼亚州(CA)
招生年级:9～12	学生总数:413	师生比例:1:8
班级人数:16	国际生比例:20%	寄宿生比例:65%
学校类型:混合校	宗教背景:无	占地面积(英亩):70
受赠款(美元):3 200 万	SAT 平均分:1 990	目前学费(美元):53 575

2. 教育宗旨

The mission of The Webb Schools is to develop leaders, men and women of character who demonstrate through their actions virtues of enduring worth. The Webb education inspires and nurtures high school boys and girls to become men and women who think creatively and boldly, act with honor and distinction, lead with the courage to do what is right and serve with a generous spirit.

学校亮点

● **AP 课程**

生物、微积分 AB、微积分 BC、化学、英语文学与写作、英语语言学与写作、环境科学、法语、物理 B、物理 C、统计学、西班牙语、西班牙文学、美国历史、世界历史

● **荣誉课程**

美国文学、化学、生物、古生物学、博物馆研究、综合数学 2、初级微积分、西班牙语 2、西班牙语 3、法语 2、法语 3、交响乐、美术、思想道德、高级博物馆研究、室内演唱

● **ESL 课程**

无

● **学生社团**

运动俱乐部、社区服务俱乐部、舞蹈俱乐部、戏剧俱乐部、体育俱乐部、攀岩俱乐部、生存技能俱乐部、极限飞盘俱乐部、瑜伽俱乐部、山地自行车协会、博物馆协会、体育新闻协会等

● **体育活动**

棒球、篮球、越野运动、潜水、美式橄榄球、高尔夫、英式足球、垒球、游泳、网球、田径、排球、水球、摔跤等

网 址	www.webb.org
学校地址	1175 W. Baseline Road, Claremont, CA 91711

学校人物

- 教师学历
  83% 硕士及以上学历
- 优秀毕业生
  Art Clokey：粘土动画大师，动画人物 Gumby 的创造者
  James D. Watkins：前美国能源部长
  John Trefethen：Trefethen 酒庄拥有者
  Josh Marshall：TalkingPointsMemo. com 网站创始人
  John Scalzi：著名作家
  Punch Hutton：《名利场》杂志编辑
  Polly Liu：Beau-coup. com 网站创始人
  Hosain Rahman：Jawbone 创始人兼总裁
  Otis Y. Chandler：Goodreads. com 网站创始人

招生要求

TOEFL：是

SSAT：是

SSAT 成绩百分比：75%

面试：是

常规申请材料：是

录取率：22%

申请截止日期：1 月 15 日

国际学生申请费（美元）：100

申请方式：网申

毕业生去向

加利福尼亚大学

南加州大学

克莱门特学院

卡耐基梅隆大学

西北大学

波士顿大学

斯坦福大学

哈佛大学

卫斯理学院

康奈尔大学

tips

位于南加州的顶尖的寄宿高中，可以称之为西海岸的"小常青藤"。完全可以与东海岸的任何一所著名高中媲美。

地处一年四季阳光明媚的南加州，学校的氛围比东海岸的学校更加温暖、包容和开放。学校依其自然条件开有很多户外的体育课程，满足学生的户外活动。

学校的考古课程很著名，非常有特点。学校建有著名的古生物博物馆，馆藏全球最权威的古人类脚印。

学校有很强的音乐、艺术的课程，非常适合中国学生。但是，学校希望看到中国学生除了钢琴、小提琴以外的更广泛的音乐爱好者或者特长，以便给中国学生更多的机会。

学校兼备了单一性别学校和混合学校的全部优势。前两年，分设男校和女校，减少干扰，专注学业和性别特长；后两年，合为男女混合校，适应青春期，建立友谊，规划人生。

学校认为，诚实、正直的品格是学业能力和其他能力的根本。除了学习优秀，有激情、有特长、有思想、品格优秀的学生才会得到学校的青睐。学校希望在申请时看到一个真实的学生的全貌，而非描摹学校录取要求而包装出来的。学校招生官具有慧眼识真人的非常本事，学生一旦被发现作假或包装将永远失去机会。

伍德赛德学校
Woodside Priory School

学校简介

1. 基本情况

建校时间:1957 年	学校性质:私立/寄宿	所在州:加利福尼亚州(CA)
招生年级:9～12	学生总数:350	师生比例:1:9
班级人数:13～14	国际生比例:11%	寄宿生比例:20%
学校类型:混合校	宗教背景:天主教	占地面积(英亩):52
受赠款(美元):800 万	SAT 平均分:1 844	学费(美元):68 450

2. 教育宗旨

Woodside Priory School is an independent, Catholic, college preparatory school in the Benedictine tradition. Our mission is to assist students in becoming lifelong learners and stewards who will productively serve a world in need of their gifts.

学校亮点

● **AP 课程**

艺术史、微积分 AB、微积分 BC、化学、计算机科学、英语文学、环境科学、法语、人类地理学、日语、宏观经济学、微观经济学、音乐理论、物理、心理学、西班牙语、西班牙文学、统计学、室内艺术、美国政府和政治、美国历史

● **荣誉课程**

英语 10－12、化学、几何学、代数 3、微积分入门、法语 4、西班牙语 4、日语 4、美国历史、物理

● **ESL 课程**

无

● **学生社团**

美国癌症协会、学生联合组织、校园合唱团、社区服务俱乐部、合唱社团、电影俱乐部 舞蹈社团、生态/可持续发展社团、马术俱乐部、时尚设计俱乐部、国际俱乐部 校内足球俱乐部、日本动画俱乐部、爵士乐队、文学杂志俱乐部、国家荣誉社团、艺术工作室、修道院志愿者、机器人俱乐部、服务学习俱乐部、滑雪俱乐部、学生技术俱乐部、木工协会等

● **体育活动**

棒球、篮球、越野、足球、高尔夫、长曲棍球、足球、垒球、游泳、网球、田径、排球、水球等

网　　址	www.prioryca.org
学校地址	302 Portola Road, Portola Valley, CA 94028

学校人物

- 教师学历

  80% 硕士及以上学历
- 优秀毕业生

  Taylor Eigsti：格莱美奖提名的爵士乐钢琴家

  Marc Fiore：漫画家

招生要求

TOEFL：是

SSAT：是

SSAT 成绩百分比：85%

面试：是

常规申请材料：是

录取率：56%

申请截止日期：1 月 11 日

国际学生申请费（美元）：75

申请方式：网申

毕业生去向

耶鲁大学

乔治华盛顿大学

美国康奈尔大学

加州大学伯克利分校

加州大学洛杉矶分校

普林斯顿大学

波士顿大学

波士顿学院

宾夕法尼亚州大学

tips

　　加州的混合寄宿名校之一，学生以走读生为主，寄宿生的比率很少。学校具有天主教的背景，学校校长为神父，宗教影响会比较浓。学校营造的是一个互相关爱和互相帮助的氛围，学校要求彼此互相尊重各自的信仰。学校充分尊重学生的信仰自由，并不要求学生必须是天主教教徒。但是，学校为了让学生了解宗教，需要学生选择一门神学课程。学校的学术很强，开设的其他课程和活动也很丰富，是非常优秀的一所混合高中。对于中国学生来说，申请该校需要提供标准化成绩，同时面试也很重要。

蓝岭学校

Blue Ridge School

学校简介

1. 基本情况

建校时间:1909 年	学校性质:私立/寄宿	所在州:弗吉尼亚州(VA)
招生年级:9 ~ 12	学生总数:195	师生比例:1:6
班级人数:9	国际生比例:25%	寄宿生比例:100%
学校类型:男校	宗教背景:无	占地面积(英亩):800
受赠款(美元):1 200 万	SAT 平均分:1 700	学费(美元):48 500

2. 教育宗旨

We specifically focus on helping boys reach their potential through personalized, structured, innovative learning practices in a college preparatory, all – boarding community.

学校亮点

- **AP 课程**

  美术、户外生存技巧

- **荣誉课程**

  英语 11、英语 12、代数 2、几何、唱诗班、生物、化学

- **ESL 课程**

  有

- **学生社团**

  艺术社团、国际象棋俱乐部、合唱团、戏剧社、机器人俱乐部、国际联谊会、学生会等

- **体育活动**

  越野赛、棒球、篮球、高尔夫、足球、曲棍球、山地自行车、网球、田径赛、排球、摔跤等

网　　址	www.blueridgeschool.com
学校地址	273 Mayo Drive, St. George, VA 22935

学校人物

● 教师学历

53% 硕士及以上学历

● 优秀毕业生

Grits Gresham：美国著名运动员，狩猎、钓鱼、枪法等八部书籍作者

Chazz Woodson：波士顿队职业长曲棍球手

Julian P. Van Winkle：老瑞普·范温克酿酒厂董事

Tom Payette Class：制酒顾问

招生要求

TOEFL：是

SSAT：否

面试：是

常规申请材料：是

录取率：65%

申请截止日期：2月6日

国际学生申请费（美元）：100

申请方式：网申

毕业生去向

圣母大学

约翰霍普金斯大学

波士顿学院

威廉玛丽学院

佩珀代因大学

tips

蓝岭中学是一所位于弗吉尼亚州的男子学校，现有学生200人左右，学校坐落在风景秀丽的风景区里，离弗吉尼亚大学40分钟左右车程，学校特色就是培养男生应具备的竞争精神、责任感及团队配合等，学校对学生的关注比较多，而且非常人性化，考虑到国际学生会想自己本国的饮食，所以会发给国际学生20美金的零花钱让学生自己买一些自己喜欢吃的食物。根据该校近几年的录取国际学生的情况，申请该校的国际学生的托福成绩要在70分左右，因为学校提供比较完备的ESL课程。

查萨姆豪女子高中
Chatham Hall

学校简介

1. 基本情况

建校时间:1894 年	学校性质:私立/寄宿	所在州:弗吉尼亚州(VA)
招生年级:9 ~ 12	学生总数:145	师生比例:1:5
班级人数:9	国际生比例:22%	寄宿生比例:82%
学校类型:女校	宗教背景:新教	占地面积(英亩):362
受赠款(美元):5 600 万	SAT 平均分:1 760	目前学费(美元):50 500

2. 教育宗旨

Chatham Hall prepares girls for college and for productive lives. Our rigorous educational program encourages intellectual growth, creativity, and personal responsibility. We foster the intellect and character of each student and, through our Honor Code, live in a community of trust. Grounded in its Episcopal heritage, the School welcomes students of all faiths and backgrounds.

学校亮点

- **AP 课程/高级课程**

  英语语言与写作、英语、工作室艺术、音乐理论、法语、拉丁语、西班牙语、美国历史、欧洲历史、人文地理、心理学、统计学、代数 AB、代数 BC、物理、化学、生物

- **ESL 课程**

  有

- **学生社团**

  艺术团、天文俱乐部、Bit N Spur 马术俱乐部、室内合唱团、象棋俱乐部、烹饪俱乐部、舞蹈委员会、戏剧小组、法国梅花叫牌俱乐部、国际俱乐部、拉丁俱乐部、寄宿生领导社团、文艺杂志、Niche 学生摇滚乐队、Panache 现代舞蹈团、学校新闻社、服务联盟、六重唱乐队－高级无乐器伴奏乐队、西班牙俱乐部、学生会、学生议会、学校年鉴

- **体育运动**

  篮球、速度滑雪、骑马、曲棍球、高尔夫、英式足球、游泳、网球、排球

学校人物

● 教师学历
87% 硕士及以上学历
● 优秀毕业生
Georgia O'Keefe：艺术家
Claudia Emerson：诗人

招生要求

考试：SSAT, PSAT, SAT 分数，国际学生还需 TOEFL 分数

面试：有

常规申请材料：有

录取率：65%

申请截止日期：1 月 19 日/滚动招生

国际学生申请费（美元）：175

毕业生去向

科尔盖特大学

杜克大学

威廉玛丽学院

康奈尔大学

乔治城大学

普林斯顿大学

萨凡纳艺术设计学院

北卡罗来纳州立大学教堂山分校

弗吉尼亚大学

弗吉尼亚理工学院

tips

该校学术严谨，课外活动丰富。学校每年会利用春假期间组织学生参加去非洲的支教活动；到法国、墨西哥和西班牙寄宿家庭学习法语、西班牙语等。另外，学校会定期邀约一些世界上有影响力的女性到学校与学生分享她们的成功之路。之前参加过这个活动的有巴基斯坦的前总理、斯里兰卡的总统等。从国际学生近几年被该校录取的角度来看，基本上学生的托福成绩要求在 80 分以上。

基督城学校
Christchurch School

学校简介

1. 基本情况

建校时间:1921 年	学校性质:私立/寄宿	所在州:弗吉尼亚州(VA)
招生年级:9~12	学生总数:211	师生比例:1:6
班级人数:13	国际生比例:28%	寄宿生比例:70%
学校类型:混合校	宗教背景:新教	占地面积(英亩):125
受赠款(美元):200 万	SAT 平均分:1 629	学费(美元):48 500

2. 教育宗旨

Our mission is founded on two core convictions:that every student comes to us with infinite value,and that each student has infinite possibilities,possibilities that take a rich,diverse,and challenging journey to discover and develop.

学校亮点

● **AP 课程**

阅读和写作、西班牙语会话、西班牙语语法、西班牙语阅读、西班牙语写作、代数和三角学

● **荣誉课程**

英语 11、英语 12、中文 3、中文 4、西班牙语自学、西班牙语研讨班—西语世界中的环境问题、西班牙语研讨班(食物与文化)、西班牙语研讨班(西班牙电影)、西班牙语研讨班(在美国的西班牙裔)、西班牙语研讨班(历史和社会)、历史研讨班、世界现代史、美国政府与政治、大学微积分、大学生物、大学化学、大学环境科学、综合科学 3(物理)、化学和生物

● **ESL 课程**

有

● **学生社团**

学生会、志愿者小组、文学杂志社团、模拟联合国、音乐社团、美国国家荣誉生、学生大使社团、视频导演俱乐部、年鉴工作、水上运动社团等

● **体育活动**

棒球、垒球、曲棍球、足球、高尔夫、长曲棍球、帆船运动、橄榄球、排球、赛艇等

网　　址	www.christchurchschool.org
学校地址	49 Seahorse Lane, Christchurch, VA 23031

学校人物

- 教师学历
  70% 硕士及以上学历
- 优秀毕业生
  Bill Easterling：1972 届毕业生，荣誉文学家，作家协会领导诺贝尔经济学奖得主
  William Styron：1942 届毕业生，普利策奖得主，《索菲的选择》作者
  Lewis B. Puller, Jr.：1963 届毕业生，普利策奖得主，《幸运儿》作者
  Crombie Garrett：1935 届毕业生，美国最高法庭副总秘书
  Bill Broaddus：1961 届毕业生，前弗吉尼亚州前总监察长
  VADM John Craine Jr.：1964 届毕业生，纽约州立大学海事学院校长

招生要求

TOEFL：是

SSAT：是

面试：是（Skype）

常规申请材料：是

录取率：65%

申请截止日期：1 月 31 日

国际学生申请费（美元）：100

申请方式：纸申、网申

毕业生去向

汉普顿·悉尼学院

詹姆斯麦迪逊大学

玛丽华盛顿大学

雪城大学

弗吉尼亚理工大学

罗诺克学院

威廉玛丽学院

弗吉尼亚联邦大学

里士满大学

弗吉尼亚大学

---

tips

该校是非常独具特色的一所学校。

在 2012 年秋季入学之前，学校只招国际男生住宿，当地女生走读。2012 年秋季则首开招收国际女生之门。

该校另一个突出的特点就是对学生关爱有加，氛围友善。

这所学校毗邻入海口，学校的水上运动比较强。同时，海洋科学及环境科学方面的课程也非常棒，非常有特色。

根据以往的录取结果，该校在录取国际学生时，对托福成绩的要求至少在 75 分左右。

主教高中
Episcopal High School

学校简介

1. 基本情况

建校时间:1839 年	学校性质:私立/寄宿	所在州:弗吉尼亚州(VA)
招生年级:9～12	学生总数:440	师生比例:1:6
班级人数:12	国际生比例:7%	寄宿生比例:100%
学校类型:混合校	宗教背景:新教	占地面积(英亩):130
受赠款(美元):21 100 万	SAT 平均分:1 740～2 110	目前学费(美元):56 400

2. 教育宗旨

Episcopal strives to prepare young people to become discerning individuals with the intellectual and moral courage to lead principled lives of leadership and service to others.

学校亮点

● **AP 课程**

艺术史、生物、微积分 AB、微积分 BC、化学、计算机科学、中国语言、英语 3、英语 4、环境科学、法语、人类地理学、拉丁语、宏观经济学、微观经济学、音乐理论、物理 B、物理 C、统计学、西班牙语、西班牙文学、美术:绘画、美术(2D 设计)、美术(3D 设计)、美国历史

● **荣誉课程**

英语 2、法语 2、法语 3、法语 4、拉丁语 2、拉丁语 3、拉丁语高级课题、西班牙语 2、西班牙语 3、西班牙语 4、几何、代数 2:三角学、前微积分、线性代数、高级工程学、化学、全球历史、政府学

● **ESL 课程**

无

● **学生社团**

无伴奏合唱组、活动委员会、体育咨询、纸板书俱乐部、写作俱乐部、室内合唱团、编年史(学生报纸)、社区委员会、后台程序(文学杂志)、纪律委员会、宿管会、电子科技俱乐部、环境俱乐部、自由辩论会、思想协会、投资俱乐部、意大利人俱乐部、爵士演奏协会、莱瑟姆社团(写作)、数学教育、合唱团、户外活动俱乐部、摇滚俱乐部、奥林匹克科学、服务协会、光谱协会、健康意识委员会、家教、学生服务生、摇滚乐队、科技俱乐部、导游、出版协会、青年民主协会、青年共和党人等

● **体育活动**

棒球、篮球、划船、越野、曲棍球、橄榄球、高尔夫、室内足球、长曲棍球、足球、垒球、网球、田径、排球、摔跤等

网　　址	www.episcopalhighschool.org
学校地址	1200 North Quaker Lane Alexandria, VA 22302

学校人物

- 硕士及以上学历
  84% 硕士及以上学历
- 优秀毕业生
  Senator John McCain：1954 届毕业生，参议院约翰 麦凯恩，2008 年亚利桑那州总统候选人
  Julian Robertson：1951 届毕业生，金融家，微观管理前 CEO
  Todd Gray：1982 届毕业生，春分餐厅拥有者兼厨师长
  T. Berry Brazelton：1936 届毕业生，著名的儿科医生和作家
  Paul de Podesta：1991 届毕业生，前通用汽车公司，洛杉矶道奇队
  Gaston Caperton：1959 届毕业生，学院董事会总理，前西弗尼亚州长
  Lee D. Ainslie：1982 届毕业生，私募股权公司任事股东

招生要求

TOEFL：是

SSAT：是

SSAT 成绩百分比：70%

面试：是

常规申请材料：是

录取率：42%

申请截止日期：1 月 15 日

国际学生申请费（美元）：120

申请方式：纸申、网申

毕业生去向

波士顿大学

波士顿学院

布朗大学

威廉玛丽学院

杜克大学

依隆大学

乔治·华盛顿大学

纽约大学

普林斯顿大学

斯坦福大学

三一学院

南加州大学

弗吉尼亚大学

耶鲁大学

tips

主教高中是一所在美国少有的 100% 住宿的学校之一。

该校的管理非常严格。课程设置非常丰富，该校数学精算方面比较强。学生的业余生活非常丰富，社团活动比较多。

申请该校的国际学生托福需要达到 100 分以上，SSAT 需要达到 2 100 分以上。

福克斯克鲁夫特学校
Foxcroft School

学校简介

1. 基本情况

建校时间:1914 年	学校性质:私立/寄宿	所在州:弗吉尼亚州(VA)
招生年级:9~12 & PG	学生总数:157	师生比例:1:6
班级人数:12	国际生比例:20%	寄宿生比例:67%
学校类型:女校	宗教背景:无	占地面积(英亩):500
受赠款(美元):2 700 万	SAT 平均分:1 774	目前学费(美元):50 900

2. 教育宗旨

Foxcroft provides a residential learning experience for girls in which academic excellence, leadership, responsibility, and integrity are our highest values.

学校亮点

- **AP 课程/高级课程**

  英语、英语文学、法国语言与文化、西班牙语、西班牙文学、经济学、人文地理学、美国政府与政治、美国历史、微积分 AB、微积分 BC、统计学、生物、化学、物理 C

- **荣誉课程**

  艺术作品集、制陶、摄影、音乐理论、金融代数(商业)、金融代数(个人)

- **ESL 课程**

  有

- **学生社团**

  社团委员会、艺术俱乐部、天文学会、运动会联盟、蓝色星球社团、文学协会、汉语俱乐部、烹饪协会、新闻评论社、戏剧学会、户外徒步俱乐部、数学协会等

- **体育活动**

  越野、曲棍球、网球、排球、篮球、攀岩、室内长曲棍球、室内足球、室内垒球、长曲棍球、垒球、足球、马术、舞蹈、健身、举重、跑步、瑜伽等

网　　址	www.foxcroft.org
学校地址	22407 Foxhound lane,Middle bury,VA 20118

学校人物

- 教师学历
  88% 硕士及以上学历
- 优秀毕业生
  Anne Legendre Armstrong:1945 届毕业生,驻英国大使馆外交家、尼克松总统的法律顾问、总统自由奖获得者
  Frances Fitzgerald:1958 届毕业生,普利策奖获得者、著名小说家、新闻工作者
  Sophy Doub Burnham:1954 届毕业生,著名作家
  Keziah Knight – Pulliam:1997 届毕业生,著名演员
  Nina Fout:1977 届毕业生,奥林匹克马术项目铜牌获得者
  Millicent Fenwick:国会议员
  Meri Danquah:著名作家、评论家

招生要求

TOEFL：是

SSAT：是

面试：是

常规申请材料：是

录取率：45%

申请截止日期：2 月 1 日/滚动招生

国际学生申请费（美元）：150

申请方式：网申

毕业生去向

佛蒙特大学

科罗拉多大学波德分校

罗林斯学院

查尔斯顿大学

波士顿大学

海波特大学

詹姆斯麦迪逊大学

南方大学塞沃尼分校

弗吉尼亚大学

福尔门大学

tips

福克斯克鲁夫特学校是坐落在弗吉尼亚州的一所女子学校。
学校注重对女性特质及领导力的培养。学校开设的马术课非常著名,非常有特色。
近几年,该校托福成绩要求至少在 80 分左右。

117

米勒学校
Miller School of Albemarle

学校简介

1. 基本情况

建校时间:1878 年　　　　学校性质:私立/寄宿　　　　所在州:弗吉尼亚州(VA)

招生年级:8 ~ 12 & PG　　学生总数:185　　　　　　师生比例:1:6

班级人数:10　　　　　　国际学生所占比例:30%　　寄宿学生所占比例:60%

学校类型:混合校　　　　宗教背景:无　　　　　　　占地面积(英亩):1 600

受赠款(美元):1 500 万　SAT 平均分:1 600　　　　学费(美元):52 000

2. 教育宗旨

MSA boasts a rigorous academic college preparatory program and a unique "mind, hands, and heart" curriculum. There is an emphasis on character, honor, and individual responsibility; arts education; community service; and athletics for both boys and girls.

学校亮点

● AP 课程/高级课程

生物、微积分 AB、微积分 BC、英语语言学和作文、英国文学和作文、环境科学、欧洲历史、法语、宏观经济学、西班牙语、西班牙文学、统计学、美国政府和政治学、美国历史

● 荣誉课程

法语 3、西班牙语 3、几何学、物理、表演、戏剧作品、电影制片、摄影 3

● ESL 课程

有

● 学生社团

机器人学、滑雪和滑板滑雪

● 体育活动

棒球、篮球、越野赛、脚踏车、马术、高尔夫、长曲棍球、山地自行车、足球、网球、排球、摔跤

| 网　址 | millerschoolofalbemarle.org |
| 学校地址 | 1000 Samuel Miller Loop, Charlottesville, VA 22903 |

学校人物

- 教师学历
  70% 硕士及以上学历
- 优秀毕业生
  学校未提供相关数据

招生要求

TOEFL：是

SSAT：是

面试：是

常规申请材料：是

录取率：65%

申请截止日期：2 月 15 日

国际学生申请费（美元）：100

申请方式：网申、纸申

毕业生去向

弗吉尼亚理工学院

波士顿大学

瑞德福大学

玛丽华盛顿大学

城堡大学

艾默里和亨利学院

汉普顿悉尼学院

詹姆斯麦迪逊大学

弗吉尼亚军事学院

华盛顿与李大学

tips

该校是最早一批接收樱知叶学子的学校。樱知叶第二个和第三个学子都是毕业于此校，他们也成为米勒中学历史上的第二个和第三个中国学生。2006 年至今樱知叶已经有 15 个学生毕业于该校，并且大学去向都非常好。其中有两名被纽约著名的 Parsons The New School for Design 所录取。

圣安妮贝尔菲尔德学校
St. Anne's-Belfield School

学校简介

1. 基本情况

建校时间:1910 年	学校性质:私立/寄宿	所在州:弗吉尼亚州(VA)
招生年级:Pre-K ~ 12	学生总数:900	师生比例:1∶7
班级人数:14.7	国际生比例:13%	寄宿生比例:17%
学校类型:混合校	宗教背景:无	占地面积(英亩):50
受赠款(美元):2 500 万	SAT 平均分:1 827	学费(美元):55 275

2. 教育宗旨

St. Anne's-Belfield School believe that the transmission of knowledge, the encouragement of curiosity, the development of rational thought, and the cultivation of responsible, honorable behavior are the great ends of education.

学校亮点

● **AP 课程**

生物、微积分 AB、微积分 BC、音乐理论、化学、英语文学、欧洲历史、法语、经济学、拉丁语、物理 C:力学、统计学、西班牙语、拉丁语:维吉尔、美国历史

● **荣誉课程**

英语 11、英语 12、几何、代数 2:三角学、前微积分、微积分简述、法语 2、法语 3、法语 5:高级文学、西班牙语 2、西班牙语 3、西班牙语 5:高级文学、拉丁语 2、拉丁语 3、物理、化学

● **ESL 课程**

有

● **学生社团**

学术团队、艺术论坛、象棋俱乐部、合唱、击鼓俱乐部、法语俱乐部、国际关系俱乐部、数学俱乐部、绿洲文学艺术杂志、户外俱乐部、哲学俱乐部、神社言论报纸、科学小组、西班牙语俱乐部、学生教师协会、学生政府等

● **体育活动**

棒球、篮球越野、曲棍球、橄榄球、高尔夫、长曲棍球、足球、垒球、壁球、游泳、网球、田径、排球等

学校人物

- 教师学历

  74% 硕士及以上学历

- 优秀毕业生

  Chris Long：美国圣路易斯公羊队足球运动员

  Tom Perriello：前美国弗吉尼亚第五国会选区代表

  Schuyler Fisk：歌唱家，歌曲作家，演员

招生要求

TOEFL：是

SSAT：是

SSAT 成绩百分比：50%

面试：是

常规申请材料：是

录取率：35%

申请截止日期：2 月 2 日

国际学生申请费（美元）：150

申请方式：纸申、网申

毕业生去向

弗吉尼亚大学

弗吉尼亚理工大学

玛丽华盛顿大学

威廉玛丽学院

海波特大学

弗吉尼亚州立邦联大学

哈姆普顿悉尼学院

纽约大学

兰道尔夫麦肯学院

芝加哥大学

tips

　　圣安妮贝尔菲尔德学校是弗吉尼亚州的一所非常顶尖的高中。学校寄宿生不多，走读学生占比很高。

　　学校毗邻弗吉尼亚大学，学校的学术相当强，堪称弗吉尼亚的贵族学校。弗吉尼亚州很多达官显贵的孩子都聚集在此就读。

　　申请该校的学生，托福需要至少 80 分，SSAT 需要达到 2 000 分以上。

121

马德拉学校

The Madeira School

学校简介

1. 基本情况

建校时间:1906 年　　　　学校性质:私立/寄宿　　　　所在州:弗吉尼亚州(VA)

招生年级:9～12　　　　　学生总数:319　　　　　　师生比例:1:9

班级人数:12　　　　　　国际生比例:14%　　　　　寄宿生比例:52%

学校类型:女校　　　　　宗教背景:无　　　　　　占地面积(英亩):376

受赠款(美元):5 500 万　　SAT 平均分:1 730～2 080　　学费(美元):59 990

2. 教育宗旨

Madeira is committed to providing an exemplary preparatory school education with a global emphasis and a unique Co-Curriculum program offering off-campus Washington, D. C. and Capitol Hill internship opportunities for every student.

学校亮点

● **AP 课程/高级课程**

世界历史、美国历史、美国政府与政治、欧洲历史、人文地理学、中国语言与文学、法语、西班牙语、统计学、微积分 AB、微积分 BC、生物、化学、物理、工作室艺术、艺术史、拉丁语

● **荣誉课程**

法语3、西班牙语3、几何、物理、表演、戏剧作品、电影制片、摄影3

● **ESL 课程**

有

● **学生社团**

亚洲、环境、文学杂志、西班牙语俱乐部、报纸、法语、社会服务、自行车、学生政府等

● **体育活动**

网球、足球、排球、棒球、橄榄球、篮球、舞蹈、骑马、长曲棍球、垒球、游泳、田径等

网　址	www.madeira.org
学校地址	8328 Georgetown Pike, McLean, VA 22102

学校人物

- 教师学历
  82% 硕士及以上学历
- 优秀毕业生
  Francis Sternhag:演员
  Alice Rivlin:理和预算办公室董事长
  Stockard Channing:演员
  Anne Faircloth:1987 届毕业生,金融专家

招生要求

TOEFL：是

SSAT：是

SSAT 成绩百分比：80%

面试：是

常规申请材料：是

录取率：66%

申请截止日期：2 月 1 日

国际学生申请费（美元）：125

申请方式：纸申、网申

毕业生去向

弗吉尼亚大学

威廉玛丽学院

纽约大学

波士顿大学

宾夕法尼亚大学

普林斯顿大学

卡内基美隆大学

康涅狄格学院

康奈尔大学

圣路易斯华盛顿大学

密歇根大学

约翰霍普金斯大学

利哈伊大学

南方卫理公会大学

雪城大学

tips

马德拉女子学校是位于弗吉尼亚州的一所顶尖女子高中。

学校地处弗吉尼亚,距离美国首都华盛顿 DC 比较近,所以学校里有很多国家外交人员的子女。或许正是这个缘故,学校里的政治气息比较浓厚。学校也因势利导开设了政治方面的课程。

学校的理念就是要培养女性能用自身优势改变世界,学校比较偏重培养女性的领导力。

2017 年,申请该校的托福需要达到 90 分以上。

弗吉尼亚主教学校
Virginia Episcopal School

学校简介

1. 基本情况

建校时间:1916 年	学校性质:私立/寄宿	所在州:弗吉尼亚州(VA)
招生年级:9～12	学生总数:215	师生比例:1:6
班级人数:11	国际生比例:22%	寄宿生比例:80%
学校类型:混合校	宗教背景:新教	占地面积(英亩):160
受赠款(美元):1 200 万	SAT 平均分:1 700	学费(美元):48 720

2. 教育宗旨

Virginia Episcopal School is an engaging community which guides students to strive Toward Full Stature in their academic, ethical, spiritual, and personal growth.

学校亮点

● **AP 课程**

英语语言与写作、英语文学与写作、工作室艺术、音乐理论、法语、西班牙语、西班牙文学、政府、美国历史、欧洲历史、微积分 AB、微积分 BC、统计学、生物、化学、物理、环境科学

● **荣誉课程**

西班牙语 3、代数 2—三角学、几何、数学分析、生物、化学、物理

● **ESL 课程**

无

● **学生社团**

室内音乐团、戏剧小组、荣誉课程兴趣小组、乐器队、模拟投资俱乐部、物理兴趣组、机器人兴趣组、世界领导力项目、写作小组、校报小组等

● **体育活动**

棒球、篮球、长跑、曲棍球、足球、高尔夫、游泳、网球、排球、田径、格斗等

网　　址	www.ves.org
学校地址	400 VES Road, Lynchburg, VA 24503

学校人物

- 教师学历

  57% 硕士及以上学历
- 优秀毕业生

  Erskine Bowles：克林顿总统政府总参谋长

  Godfrey Cheshire III：电影评论家及导演

  Steve Cowper：阿拉斯加州州长

  Hardy Cross Dillard：前国际法庭法官

  William B. Harrison Jr.：前摩根大通银行公司总裁

  Andrew Spence Holmes：银行家

  D. Holmes Morton：物理学家

  Paul Taylor：舞蹈动作设计家

招生要求

TOEFL：是

SSAT：否

面试：是

常规申请材料：是

录取率：49%

申请截止日期：2 月 1 日

国际学生申请费（美元）：150

申请方式：网申

毕业生去向

南卡罗莱纳大学

北卡罗莱纳州立大学

弗吉尼亚大学

玛丽华盛顿大学

密西西比大学

北卡罗莱纳大学教堂山分校

美国海军学院

弗吉尼亚理工大学

tips

弗吉尼亚主教中学是一所非常顶尖的而且特别负责任学校，学校治学严谨，在政治、经济及科学领域培养出很多杰出人才，对于想在这些领域有所建树的话，此学校是一个很好的选择。申请该校申请者需要提供至少托福 80 分以上，但因申请人数激增，竞争激烈，所以分数相对高的竞争力会更大一些。

125

伍德贝瑞森林学校
WOODBERRY FOREST SCHOOL

学校简介

1. 基本情况

建校时间:1889 年　　　　学校性质:私立/寄宿　　　　所在州:弗吉尼亚州(VA)
招生年级:9~12　　　　　学生总数:395　　　　　　师生比例:1:6.5
班级人数:10　　　　　　国际生比例:11%　　　　　寄宿生比例:100%
学校类型:男校　　　　　　宗教背景:基督教　　　　　占地面积(英亩):1 200
受赠款(美元):29 200 万　　SAT 平均分:1 875　　　　学费(美元):53 500

2. 教育宗旨

The purpose of the school is to develop in its students, under Christian principles, a high sense of honor and moral integrity, a deep respect for sound scholarship, a full acceptance of responsibility, a love of excellence, and a will toward personal sacrifice in service to others.

学校亮点

- **AP 课程**

工作室艺术、美国政府与政治、经济学、心理学、统计学、生物、化学、环境科学

- **高级课程**

高级表演与导演 1、2、3、拉丁文学、拉丁文学:维吉尔、高级数学研讨班

- **荣誉课程**

英语 300、英语 400、英语 500、艺术史拉丁文学:奥维德、拉丁文学:维吉尔、法语、西班牙语 3、西班牙语 4、西班牙语 5、拉丁语 3/3、欧洲现代史、美国历史、宪法:历史、法律及法学、音乐理论、生物、化学、概念物理学、物理 1

- **ESL 课程**

无

- **学生社团**

自行车俱乐部、读书俱乐部、童子军团、啦啦队、合唱团、电脑俱乐部、辩论会、戏剧社、院校基督徒委员会、国际关系俱乐部、数学团队、模拟联合国、学生理事会、学生报纸、学术团队等

- **体育活动**

垒球、篮球、越野、足球、高尔夫、长曲棍球、足球、壁球、游泳、网球、田径、冬季田径、摔跤等

网 址	www.woodberry.org
学校地址	241 Woodberry Station, Woodberry Forest, VA 22989

学校人物

● 教师学历

54% 硕士及以上学历

● 优秀毕业生：

Marvin P. Bush：乔治布什的兄弟

Richard Thurmond Chatham：北卡罗兰纳州参议员

Burr Harrison：弗吉尼亚州参议员

Earl Norfleet Phillips：多米尼加共和国大使

招生要求

TOEFL：是

SSAT：是

面试：是

常规申请材料：是

录取率：67%

申请截止日期：1 月 15 日/滚动招生

国际学生申请费（美元）：50

申请方式：网申

毕业生去向

北卡大学堂山分校

弗吉尼亚大学

伍夫德大学

北卡州立大学

华盛顿与李大学

威廉和玛丽大学

威克弗里斯特大学

南卡大学

赛沃尼南方大学

佐治亚学院

tips

伍德贝瑞森林学校是美国顶级男子高中之一。

学校非常宏伟，贵族气息比较浓厚。学生及老师的整体素质都比较高，整个校园洋溢着一种积极向上的气氛。学校在数学方面非常强。学校比较喜欢录取男子汉气息比较浓的学生，比较文弱的男生就不太适合。

根据以往的录取情况来看，托福要求至少 90 分，SSAT 要求 2100 分以上。

布鲁斯特学院
Brewster Academy

学校简介

1. 基本情况

建校时间:1820 年	学校性质:私立/寄宿	所在州:新罕布什尔州(NH)
招生年级:9 ~ 12 & PG	学生总数:360	师生比例:1:6
班级人数:12	国际生比例:15%	寄宿生比例:80%
学校类型:混合校	宗教背景:无	占地面积(英亩):91
受赠款(美元):900 万	SAT 平均分:1 548	学费(美元):59 900

2. 教育宗旨

Brewster Academy, an independent, college preparatory school, provides students with the academic, personal, and social skills necessary for success in a university or college, and for life. The curriculum, delivered using best practice methodologies, aims to maximize retention of skills and content through a collaborative, student-centered, mastery-learning program. The Academy, founded on the principle of moral character development, strongly adheres to the long-held belief of educating the whole person, both in mind and body, and does that through a challenging curriculum, rigorous athletic program, and strong commitment to a community living experience that emphasized service to self and others.

学校亮点

- **AP 课程**

  生物学、微积分 AB、微积分 BC、英语文学与写作、英语语言学与写作、物理、统计学、美国历史、宏观经济学、欧洲历史

- **ESL 课程**

  有

- **学生社团**

  舞蹈社、环境社、DJ 协会、钓鱼社、旅游协会、国际乒乓联盟、儿童基金、飞镖俱乐部、商人社、社区服务、管乐团、瑜珈协会、户外俱乐部、戏剧社等

- **体育活动**

  皮划艇、网球、高尔夫、户外技能、帆船、体能训练、健身英式足球、曲棍球、越野、极限飞盘、棒球、篮球、瑜伽、滑雪、长曲棍球、马术、垒球、排球、乒乓球、舞蹈等

网 址	www.brewsteracademy.org
学校地址	80 Academy Drive, Wolfeboro, NH 03894

学校人物

- 教师学历
  50% 硕士及以上学历
- 优秀毕业生

Leigh Perkins：Orvis 公司总裁兼 CEO
Roger Faxon：百代音乐首席运营官
Archer Mayor：最畅销的推理作家之一

James Tisch：洛兹公司公司 CEO
Barry Scherr：达特茅斯学院院长
Vinnie Del Negro：NBA 篮球运动员及教练

招生要求

TOEFL：是

SSAT：是

SSAT 成绩百分比：54%

面试：是

常规申请材料：是

录取率：50%

申请截止日期：2 月 1 日

国际学生申请费（美元）：100

申请方式：纸申、网申

毕业生去向

波士顿大学

波士顿学院

哥伦比亚大学

康奈尔大学

凯斯西储大学

埃默里大学

纽约大学

哈佛大学

普林斯顿大学

东北大学

宾夕法尼亚大学

卫斯理大学

乔治华盛顿大学

乔治城大学

霍林斯大学

芝加哥大学

tips

　　新英格兰典型的传统寄宿高中，位于比较乡村的自然环境中。
　　学校的设施很好，开设体育课程非常多，很多运动项目在新英格兰地区的学校当中都是很强的。
　　学校在学术方面也很强，并鼓励学生要有创新精神。
　　申请该校需要标准化考试成绩。托福成绩 80 分以上才可以进入招生委员会的挑选。同时，学校更多愿意看到学生的真实能力的展示。

卡迪根山学校
Cardigan Mountain School

学校简介

1. 基本情况

建校时间:1945 年　　　　学校性质:私立/寄宿　　　　所在州:新罕布什尔州(NH)

招生年级:6 ~ 9　　　　　学生总数:207　　　　　　师生比例:1:3

班级人数:12　　　　　　国际生比例:41%　　　　　寄宿生比例:89%

学校类型:男校　　　　　宗教背景:无　　　　　　占地面积(英亩):525

受赠款(美元):1 500 万　SSAT 平均分:校方无统计　学费(美元):47 700

2. 教育宗旨

To achieve our mission, we reward effort and accomplishment, helping each boy realize his academic, physical, and personal potential through the integration of the following core values in all aspects of daily life.

学校亮点

● ESL 课程

有

● 学生社团

社区服务,年刊,滑冰,室外地滚球,飞蝇钓,电影俱乐部,游戏俱乐部等

● 体育活动

高山滑雪、棒球、篮球、越野赛、橄榄球、冰球、长曲棍球、山地自行车、北欧滑雪、攀岩运动、航海术、滑板滑雪、英式足球、网球、摔跤

网 址	www.cardigan.org
学校地址	62 Alumni Drive, Canaan, NH 03741

学校人物

● 高学历师资
  44% 硕士以上学历
● 优秀毕业生
  F. Lee Bailey：律师
  Ken Bentsen Jr：前国会议员
  Eric Douglas：喜剧演员
  Ben Lovejoy：职业冰球运动员
  Rob Morrow：演员
  Deron Quint：职业冰球运动员

招生要求

TOEFL（Junior）：是

SSAT：否（推荐）

ISEE：否（推荐）

面试：是

常规申请资料：是

录取率：74%

申请截止日期：2月1日

国际学生申请费（美元）：125

申请方式：网申

毕业生去向

埃文老农场学校

布莱尔学院

布克夏尔学校

乔特罗斯玛丽霍尔学校

布鲁斯特学院

库什学院

肯特中学

劳伦斯威尔学校

tips

该校是寄宿初中，学校提供6~9年级课程。该校非常注重男孩子的性格的培养，学校里有很多传统，如新生爬山看日出，毕业生爬山看日落等。申请该校需要提供 Junior TOEFL。

胡德尼斯学校
Holderness School

学校简介

1. 基本情况

建校时间:1879 年　　　　学校性质:私立/寄宿　　　　所在州:新罕布什尔州(NH)

招生年级:9 ~ 12　　　　　学生总数:280　　　　　　师生比例:1:6

班级人数:12　　　　　　　国际生比例:19%　　　　　寄宿生比例:85%

学校类型:混合校　　　　　宗教背景:新教　　　　　　占地面积(英亩):620

受赠款(美元):6 000 万　　SAT 平均分:1 800　　　　学费(美元):60 550

2. 教育宗旨

Within the context of a caring community, Holderness School fosters equally the resources of the mind, body, and spirit in each student, instilling in all the resolve to work for the betterment of humankind and God's creation.

学校亮点

● AP 课程

生物、微积分 AB、英语语言与写作、英语文学与写作、环境科学、欧洲历史、法语、拉丁语、统计学、西班牙语、美国历史、音乐理论与创作

● ESL 课程

无

● 学生社团

导游团、社区服务、多样性俱乐部、宿管会、戏剧社、环境俱乐部、食品委员会、仁人家园、国家荣誉生协会、郊游俱乐部、同学交流指导俱乐部、校刊协会、学生活动自治会、工作计划协会、年刊协会等

● 体育活动

滑雪、棒球、篮球、田径、曲棍球、足球、自由滑雪、高尔夫、冰球、长曲棍球、山地自行车、北欧滑雪、岩石攀岩、跳高滑雪、橄榄球、垒球、网球等

网 址	www.holderness.org
学校地址	Chapel Lane PO Box 1879, Plymouth, NH 03264

学校人物

- 教师学历
  60% 硕士及以上学历
- 优秀毕业生
  Charles Bass：新汉普郡议员
  Olin Browne：高尔夫手
  Robert Creeley：诗人
  Chris Davenport：滑雪登山运动员和电影明星
  Nat Faxon：编剧、演员和喜剧演员
  Jeremy Foley：佛罗里达大学的体育总监
  Jed Hoyer：芝加哥小熊队的总经理
  Steve Jones：丙酮重力研究创始人
  Martynas Pocius：职业篮球运动员
  Maggie Shnayerson：记者和博客作者

招生要求

TOEFL：是	
SSAT：是	
SSAT 成绩百分比：65%	
面试：是	
常规申请材料：是	
录取率：45%	
申请截止日期：2月1日	
国际学生申请费（美元）：100	
申请方式：纸申、网申	

毕业生去向

哈佛大学

达特茅斯学院

新罕布什尔大学

康奈尔大学

塔夫茨大学

乔治华盛顿大学

杜兰大学

康涅狄格大学

迈阿密大学

汉密尔顿学院

tips

一所新英格兰传统的寄宿高中。学校虽然不在最顶尖学校之列，但仍然是一所非常优秀的高中学校。

学校有着很强的学术课程，学生俱乐部和课外课程也丰富多彩。

大部分学生和老师都住在校园里，学生可以随时找到老师寻求帮助，而学生也都在老师的监管之下，老师会及时发现学生的问题并给予帮助。

要求托福成绩90分左右，面试占很大的比重。申请材料和申请步骤，对申请结果也很重要。

金博联合学院
Kimball union Academy

学校简介

1. 基本情况

建校时间:1813 年	学校性质:私立/寄宿	所在州:新罕布什尔州(NH)
招生年级:9~12	学生总数:339	师生比例:1:6
班级人数:12	国际生比例:22%	寄宿生比例:66%
学校类型:混合校	宗教背景:无	占地面积(英亩):1 300
受赠款(美元):2 000 万	SAT 平均分:1 660	学费(美元):60 800

2. 教育宗旨

Kimball Union Academy prepares students for the challenges of tomorrow's world by inspiring academic mastery, creativity, responsibility, and leadership.

学校亮点

- **AP 课程**

  艺术史、生物学、微积分 AB、微积分 BC、化学、中国语言与文化、计算机科学、英语文学与写作、英语语言学与写作、法语、拉丁语、物理 C(力学)、物理 C(电磁学)、西班牙语、统计学、美国历史、环境科学、人类地理学、欧洲历史、音乐理论、世界历史

- **ESL 课程**

  无

- **学生社团**

  建筑俱乐部、舞台表演、艺术、音乐、戏剧、唱诗班、音乐鉴赏、陶艺、摄影、校报、学生会、文学杂志社、爵士乐团、户外俱乐部等

- **体育活动**

  高山滑雪、棒球、篮球、越野运动、自行车、舞蹈、马术、曲棍球、美式橄榄球、自由滑雪、高尔夫、冰球、兜网球、越野自行车、北欧两项滑雪、英式橄榄球、滑板滑雪、英式足球、垒球、游泳、网球等

网　址	www.kua.org
学校地址	PO Box 188, 7 Campus Center Drive, Meriden, NH 03770

学校人物

● 教师学历

70% 硕士或以上学历

● 优秀毕业生

Henry E. Burnham：美国议员　　　　**Ernest Everett Just**：生物学家

Aldace F. Walker：铁道部总负责人　　**James M. Warner**：卫国战争总参谋

Andrew Wheating：奥林匹克冠军　　　**Will Sheff**：摇滚乐人

Augustus Washington：著名摄影师

招生要求

TOEFL：是

SSAT：是

面试：是

常规申请材料：是

录取率：65%

申请截止日期：1 月 15 日

国际学生申请费（美元）：100

申请方式：网申

毕业生去向

波士顿大学

波士顿学院

达特茅斯学院

乔治华盛顿大学

哈佛大学

哥伦比亚大学

康奈尔大学

纽约大学

东北大学

宾夕法尼亚大学

tips

　　新英格兰的传统寄宿高中。校园很大，像一个大学的校园，环境很美，很乡村，但是校园的设施是一流的。

　　90% 的教职员工都住在学校里面，跟学生自成一个小社会。

　　每个学生都发一个最新的苹果笔记本，校园内无限上网，提倡绿色无纸化的教学环境。

　　学校需要标准化考试成绩。9 年级申请者，托福最低要求 65 分；10 年级申请者，托福最低要求 75 分；11 年级申请者，托福最低要求 85 分。

　　从往年实际录取情况来看，9 年级托福 80 分以上。学校目前有 20 名中国学生。

新汉普顿学校
New Hampton School

学校简介

1. 基本情况

建校时间:1821 年	学校性质:私立/寄宿	所在州:新罕布什尔州(NH)
招生年级:9 ~ 12 & PG	学生总数:325	师生比例:1:5
班级人数:11	国际生比例:19%	寄宿生比例:80%
学校类型:混合校	宗教背景:无	占地面积(英亩):340
受赠款(美元):1 100 万	SAT 平均分:1 499	学费(美元):58 900

2. 教育宗旨

New Hampton School cultivates lifelong learners who will serve as active global citizens. We enhance the potential of students and promote academic success and development of caring community members. Our students are talented artists, athletes, and leaders who often learn best through hands – on experiences. If you're ready to GO BEYOND yourself, we're ready for you.

学校亮点

- **AP 课程**

  英语语言学与写作、美国历史、微积分 AB、微积分 BC、化学、物理、法语、统计学

- **ESL 课程**

  有

- **学生社团**

  数学俱乐部、美术俱乐部、报纸、回收俱乐部、社区服务、乐队、学生刊物、文学杂志、模拟法庭、国际协会、合唱团等

- **体育活动**

  滑雪、篮球、长跑、舞蹈、自行车、足球、花样滑雪、高尔夫、冰球、皮划艇、长曲棍球、攀岩、网球、棒球、马术、冰球等

网 址	www.newhampton.org
学校地址	70 Main Street, New Hampton, NH 03256

学校人物

- 教师学历

  52% 硕士及以上学历

- 优秀毕业生

  Nahum Josiah Bachelder：新罕布什尔州政府首脑

  Nathan Clifford：美国高级法院法官

  Roberto Hernande：篮球主力队员

  Robert D. Kennedy：Union Carbide 前 CEO

  Rashad McCants：专业篮球职业者

  John Wentworth：新闻著名编辑

招生要求

TOEFL：是

SSAT：是

SAT：是（11、12 & PG）

面试：是

常规申请材料：是

录取率：60%

申请截止日期：2 月 1 日

国际学生申请费（美元）：100

申请方式：纸申、网申

毕业生去向

康奈尔大学

新罕普什尔大学

宾西法尼亚大学

本特利学院

拉法耶特学院

匹斯堡大学

佛蒙特大学

东北大学

伊萨卡学院

科尔比学院

tips

传统的美国寄宿高中。

学校注重培养学生全面的素质，养成良好的生活和学习习惯，为大学做好准备。

国际学生需要在语言和文化寻求更多的帮助，学校乐于帮助他们逐渐融入美国的校园生活，帮助他们建立充分的自信心。学校设有 ESL 课程，对托福成绩不太较真。尽管学校要求托福成绩，但是，学生如果在申请时能证明自己的语言能力，学校也可以考虑录取。

菲利普斯艾斯特学院
Phillips Exeter Academy

学校简介

1. 基本情况

建校时间:1781 年	学校性质:私立/寄宿	所在州:新罕布什尔州(NH)
招生年级:9~12 & PG	学生总数:1 063	师生比例:1:5
班级人数:12	国际生比例:9%	寄宿生比例:80%
学校类型:混合校	宗教背景:无	占地面积(英亩):619
受赠款(美元):120 000 万	SAT 平均分:2 097	学费(美元):50 880

2. 教育宗旨

An Exeter education prepares students to use the skills learned at school in all life's endeavors. Exeter is a life – changing experience, challenging and fun. It asks a great deal from every student – higher standards, greater expectations, and deeper engagement not only in the world of ideas, but also in the life of the community.

学校亮点

- ● AP 课程

艺术史、生物学、微积分 AB、微积分 BC、化学、计算机科学 A、计算机科学 AB、中国语言与文化、英语文学与写作、英语语言学与写作、环境科学、欧洲历史、法语、法国文学、美国政府与政治、比较政治、德语、人类地理学、意大利语言文化、日语与日本文化、拉丁文学、拉丁语、宏观经济学、微观经济学、音乐理论、物理 B、物理 C(力学)、物理 C(电磁学)、心理学、统计学、西班牙语、西班牙文学、美术(绘画)、美术(2D 设计)、美术(3D 设计)、西班牙文学、美国历史、世界历史

- ● ESL 课程

无

- ● 学生社团

红十字会、国际特赦组织、模拟联合国、亚洲协会、民主俱乐部、人类学俱乐部、桥牌学会、象棋学会、天文学会、辩论社、商务协会、射击俱乐部、篮球俱乐部、高尔夫俱乐部、曲棍球俱乐部、足球俱乐部、网球俱乐部、排球俱乐部、击剑俱乐部、冲浪俱乐部、唱诗班、烹饪俱乐部、经济学俱乐部、交响乐团、电影协会、户外俱乐部、航海俱乐部、瑜伽俱乐部、女性科学与工程协会等

- ● 体育活动

皮划艇、高尔夫、美式橄榄球、长曲棍球、壁球、曲棍球、冰球、足球、跳水、篮球、棒球、水球、长跑、网球、田径运动、排球、摔跤等

网　　址	www.exeter.edu
学校地址	20 Main Street, Exeter, NH 03833

学校人物

- 教师学历
  82% 硕士及以上学历
- 优秀毕业生
  Mark Zucherberg：Facebook 创始人兼 CEO
  Dan Brown：畅销书 *The Da Vinci Code* 的作者
  Pauline Chiou：CNN 驻香港记者
  Suzy Welch：畅销数目记者及电视评论员
  Pierre S. Du Pont：通用公司总裁
  Robert Todd Lincoln：林肯之子
  Daniel Webster：美国参议院议员

招生要求

TOEFL：是

SSAT：是

SSAT 成绩百分比：94%

面试：是

常规申请材料：是

录取率：20%

申请截止日期：1 月 15 日

国际学生申请费（美元）：100

申请方式：纸申、网申

毕业生去向

哈佛大学

乔治城大学

麻省理工学院

康奈尔大学

普林斯顿大学

塔夫茨大学

哥伦比亚大学

威廉姆斯学院

耶鲁大学

达特茅斯学院

---

tips

　　被中国家长称为"小常青藤"的学校中的一所。美国人通常会将这种爬满常青藤的古老红砖房子建筑的学校称为"红砖学校"，以区别于"常青藤"大学联盟。无论哪种叫法，这类学校都是美国最好的教育理念和最高的教育质量的代表。

　　该校同样在晚清时就接收中国留学生。甲午海战牺牲的黄祖莲（曾任海军广丙舰大副）和陈金揆（曾任致远舰大副）就毕业于该校。清华大学前身清华学校的校长唐国安也曾就读于该校。同样就读该校的牛尚周和邝国光，归国后致力于国家的工业，分别就职于近代工业前驱的江南制造局和江南造船厂。所以，该校对中国学生不陌生。

　　但是，由于学校仅招收适合自己的学生，而且严格控制不同国家的学生比率，因此中国学生目前很少。该校更愿意接受他们所熟悉的学校推荐过来的学生，比如，北京顺义的一些国际学校和上海的美国学校等。还有一些学生是先去美国初中读 6 年级或者 7 年级，然后再申请这类学校，相对的录取机会比较大。当然，如果学生非常出类拔萃，也可以直接申请，但是最好提前 2～3 年开始规划申请。

普洛克特学院

Proctor Academy

学校简介

1. 基本情况

建校时间:1848 年 学校性质:私立/寄宿 所在州:新罕布什尔州(NH)

招生年级:9 ~ 12 学生总数:360 师生比例:1:5

班级人数:12 国际生比例:15% 寄宿生比例:78%

学校类型:混合校 宗教背景:无 占地面积(英亩):2 500

受赠款(美元):2 400 万 SAT 平均分:1 660 学费(美元):55 900

2. 教育宗旨

Small schools typically cannot offer the diversity of curriculum of larger schools, while the larger schools lose the intimacy of smaller communities. Proctor has managed to retain both!

学校亮点

- **AP 课程**

  生物、微积分 AB、微积分 BC、经济学、英文语言、英语文学、环境科学、法语、物理、西班牙语、统计、美国政府、美国历史

- **ESL 课程**

  无

- **学生社团**

  芭蕾舞、陶艺、合唱团、戏剧社团、Green Key 社团、马术俱乐部、爵士乐队、皮划艇、图书馆社团、摄影活动小组、登山小组、攀岩小组、滑雪救援队、科学兴趣小组、数学兴趣小组等

- **体育活动**

  登山技术组、垒球、篮球、长跑、自行车、英式足球、高尔夫、冰球、长曲棍球、美式橄榄球、雪橇、网球、飞碟、马术、花样滑冰、山地自行车、皮划艇等

网 址	www.proctoracademy.org
学校地址	204 Main Street – P.O. Box 500, Andover, NH 03216

学校人物

- 教师学历
  60% 硕士及以上学历
- 优秀毕业生
  David Dalhoff Neal：19 世纪著名作家　　**Robert Richardson**：1973 届毕业生，奥斯卡金奖获得者
  John McVey：著名歌唱家　　　　　　　**Jerome Dyson**：著名篮球高手

招生要求

TOEFL：是

SSAT：是

SSAT 成绩百分比：54%

面试：是

常规申请材料：是

录取率：48%

申请截止日期：2 月 1 日

国际学生申请费（美元）：100

申请方式：纸申、网申

毕业生去向

康奈尔大学

波士顿大学

布朗大学

杜克大学

布兰戴斯大学

普利茅斯州立大学

密歇根大学

圣劳伦斯大学

新罕布什尔大学

华盛顿大学

康涅狄格大学

佛蒙特大学

丹佛大学

迈阿密大学

亚利桑那大学

科罗拉多大学 波德校区

斯基德莫尔学院

科罗拉多学院

惠顿学院

贝茨学院

葛底斯堡学院

tips

　　一所传统的美国寄宿高中，位于非常乡村的地方，周围被几座小山环绕，冬天成为天然的滑雪场。整个校园充分体现了大自然的原始和现代文明的完美融合。

　　学校利用得天独厚的大自然优势，开设很多跟自然有着紧密联系的课程，比如生物课就很有特色。同时，学校的艺术课和俱乐部也很丰富多彩。源于大自然的启迪，能使学生展开无限的想象力。

　　学校开始招收中国学生很晚，2011 年才开始招收中国学生。中国学生目前很少，没有激烈的竞争，是最佳的申请时机。只要学校合适，学生就要毫不犹豫地立即申请。

　　2017 年录取国际学生的托福成绩在 90 分以上。

圣保罗学校

St. Paul's School

学校简介

1. 基本情况

建校时间:1856 年　　　　学校性质:私立/寄宿　　　　所在州:新罕布什尔州(NH)

招生年级:9~12　　　　　学生总数:539　　　　　　师生比例:1:5

班级人数:11　　　　　　国际生比例:18%　　　　　寄宿生比例:100%

学校类型:混合校　　　　宗教背景:新教　　　　　　占地面积(英亩):2 000

受赠款(美元):43 300 万　SAT 平均分:2 028　　　　学费(美元):61 960

2. 教育宗旨

St. Paul's School is committed to educating the whole person and preparing students to make contributions to a changing and challenging world.

学校亮点

● AP 课程

生物:人体解剖学与生理学、生物(分子生物学)、化学、绘画、法语、日语、线性代数、数学研讨、物理1、西班牙语、雕刻研讨班、矢量微积分

● ESL 课程

无

● 学生社团

侍僧公会、活动委员会、非洲裔、拉丁裔联盟钓鱼协会、动漫协会、艺术协会、田径协会、圣经研究、图书俱乐部、桥牌俱乐部、室内乐团、教堂督导员、国际象棋俱乐部、中文学会、合唱团、经典电影协会、经典协会、社区外展计划委员会、音乐会管乐团、同庆社、辩论社团、德利行(男女同校的无伴奏演唱组)、生态行动社团、德国俱乐部、福音合唱团、希勒尔协会、学生的文学和艺术杂志社团、国际社团、日本社团、爵士乐团、约翰·恩德斯科学俱乐部、约翰怀南特协会、韩国协会、法语协会、数学协会、传教士协会、马赛克模拟持续助学行动、郊游俱乐部、芭蕾舞团、学生自治会、学生文化联盟、T-音色(男生无伴奏演唱组)、跆拳道协会、鹈鹕(学生报)等

● 体育活动

高山滑雪、棒球、篮球、划船、越野、曲棍球、英式足球、冰球、长曲棍球、越野滑雪、美式橄榄球、垒球、壁球、网球、田径、排球、摔跤等

网　址	www.sps.edu
学校地址	325 Pleasant Street, Concord, NH 03301

学校人物

- 教师学历
  71% 硕士及以上学历
- 优秀毕业生

John Kerry：美国马萨诸塞州参议员	**Garry Trudeau**：杜恩斯比利漫画家
Robert Mueller：FBI 指挥官	**Lorene Cary**：作家、演说家
Jeff Halpern：全明星	**Hobey Baker**：著名冰球明星和第一次世界大战英雄
Edward Harkness：慈善家	**Nick Stoller**：电影制作人、制片人

招生要求

TOEFL：是

SSAT：是

SSAT 成绩百分比：89%

面试：是

常规申请材料：是

录取率：18%

申请截止日期：1 月 15 日

申请费（美元）：125

申请方式：网申

毕业生去向

哈佛大学

哥伦比亚大学

乔治城大学

宾夕法尼亚大学

耶鲁大学

达特茅斯学院

斯坦福大学

布朗大学

米德尔伯里学院

普林斯顿大学

tips

顶尖的美国寄宿高中之一，天主教背景的学校。

学校管理非常严谨，有比较严格的要求。有些美国学生都认为很苛刻。但是，这恰恰就是该校的特点和优点。

学校对学生的筛选很严格，招生比较保守，同样乐于从美国初中去选拔优秀的国际学生。因为他们认为这样招收国际学生比较稳妥，比较把握，比较安全。

学校的人文课程非常广泛，社团俱乐部也是五花八门。中国学生如果没有能力参与或者组织这样的社团，恐怕到了学校也很不适应。

成绩不好当然不会被录取，成绩好也不会理所当然被录取。学生申请该校，一定要有一些兴趣爱好，要有一些特长，要有一些亲历的事情，而且这一切还要能打动学校。

学校简介

1. 基本情况

建校时间:1845	学校性质:私立/寄宿	所在州:新罕布什尔(NH)
招生年级:9~12	学生总数:255	师生比例:1:6
班级人数:12	国际生比例:28%	寄宿学生所占比例:74%
学校类型:混合校	宗教背景:无	占地面积(英亩):146
受赠款(美元):1 600 万	SAT 平均分:1 579	学费(美元):58 925

2. 教育宗旨

Tilton School challenges students to embrace and navigate a world marked by diversity and change. Through the quality of human relationships, Tilton School's faculty cultivates in its students the curiosity, the skills, the knowledge and understanding, the character and the integrity requisite for the passionate pursuit of lifelong personal success and service.

学校亮点

● AP 课程

AP 生物、AP 微积分 AB、AP 微积分 BC、AP 化学、AP 英语语言、AP 英语文学、AP 欧洲历史(网上监督)、AP 法语、AP 物理、AP 心理学、AP 西班牙语、AP 统计学、AP 工作室艺术(独立学习)、AP 美国历史

● ESL 课程

有

● 课外活动组织

小礼拜堂、验票员、Adopt-a-Highway、美国红十字会、领导阶层中心、辩论组、宿舍监督、文学杂志、山地自行车、报纸、户外项目、美国乐施会、回收利用组、Spaulding 青年中心、舞台乐队、体能训练、面包和玫瑰汤厨房、休顿-诺思菲尔德青年帮助项目、休顿艺术联盟、儿童玩具、冬季野外活动、年刊

● 体育活动

高山滑雪、棒球、篮球、越野赛、脚踏车、陆上曲棍球、橄榄球、高尔夫球、冰球、长曲棍球、山地自行车、滑板滑雪、足球、垒球、网球、摔跤

网 址	www.tiltonschool.org
学校地址	30 School Street, Tilton, NH 03276

学校人物

- 教师学历

  43% 硕士及以上学历

- 优秀毕业生

  Henry Moore Baker：新罕布什尔州代表

  J. Christopher Burch：Burch Creative Capital 创建者和首席执行官

  Donald M. Murray：记者，普利策奖得主

  Nerlens Noel：国家篮球协会运动员

  Charles H. Tenney：帽子经销商

招生要求

TOEFL：是

SSAT：否

面试：是

常规申请材料：是

申请截止日期：2 月 1 日

国际学生申请费用（美元）：100

申请方式：网申

毕业生去向

美国大学

波士顿大学

加州大学

卡内基 – 梅隆大学

艾莫利大学

乔治华盛顿大学

哈佛大学

缅因大学

纽约大学

普渡大学

三一学院

tips

该校是新英格兰地区一个非常传统的寄宿学校。学校最大的一个特点就是对国际生的关照比较多，学校气氛友好。同时这个学校的艺术和体育也非常出色。对于申请该校的国际学生学校要求提供托福和 SSAT 成绩。托福成绩一般在 70 分左右。

145

乔治学校
George School

George School

学校简介

1. 基本情况

建校时间:1893 年　　　　学校性质:私立/寄宿　　　　所在州:宾夕法尼亚州(PA)

招生年级:9～12　　　　　学生总数:529　　　　　　师生比例:1:7

班级人数:14　　　　　　国际生比例:26%　　　　　寄宿生比例:54%

学校类型:混合校　　　　宗教背景:贵格会　　　　　占地面积(英亩):240

受赠款(美元):10 500 万　SAT 平均分:1 600～2 000　学费(美元):55 600

2. 教育宗旨

With Quaker tradition as its touchstone and academic excellence at its core, George School seeks to develop citizen scholars cheerfully committed to openness in the pursuit of truth, to service and peace, and to the faithful stewardship of the earth. We want our students to treasure learning for its own sake and to use it to benefit a diverse world. Above all, we want them to "let their lives speak".

学校亮点

- **AP 课程**

  生物学、化学、微积分 AB、法语 5、人文地理学、拉丁语 4、拉丁语 5、物理 C(力学)、美国历史、西班牙语 5、统计学、工作室艺术(作品选辑)、工作室艺术(新型摄影技术或数码成像)

- **ESL 课程**

  有

- **学生社团**

  文学杂志、中国文化协会、陶艺俱乐部、烹饪俱乐部、儿童自由联盟、法语俱乐部、乔治投资协会、LOGOS 协会、女生权益协会、青少年联盟、行为俱乐部等

- **体育活动**

  棒球、篮球、越野、骑马、足球、高尔夫、橄榄球、长曲棍球、游泳、网球、摔跤、田径、啦啦队、垒球、排球等

网　　址	www.georgeschool.org
学校地址	1690 Newtown Langhorne Road, Newtown, PA 18940

学校人物

● 教师学历

　60% 硕士及以上学历

● 优秀毕业生

　Blythe Danner：女演员

　George Segal：演员

　Stephen Sondheim：作曲家

　Julian Bond：人权倡导者

　Mario Capecchi：诺贝尔文学奖获得者（医学）

　Barbara Dodd Anderson：慈善家

招生要求

TOEFL：是

SSAT：是

SSAT 成绩百分比：57%

面试：是

常规申请材料：是

录取率：57%

申请截止日期：1 月 15 日

申请费（美元）：100

申请方式：网申、纸申

毕业生去向

美国大学

贝茨学院

波士顿大学

卡内基梅隆大学

哥伦比亚大学

康奈尔大学

埃默里大学

乔治·华盛顿大学

约翰霍普金斯大学

宾州州立大学

加利福尼亚大学洛杉矶分校

杜克大学

tips

　　该校是宾州的一所贵格派教会学校，学校倡导学生自主学习，热爱学习，并能把学到的知识应用到现实多样化的生活当中，学校学习氛围比较好，申请该校的国际学生的托福考试成绩在 80 分以上，SSAT 2 000 分左右。

希尔学校
Hill School

学校简介学校简介

1. 基本情况

建校时间:1851 年 　　　　学校性质:私立/寄宿 　　　　所在州:宾夕法尼亚州(PA)

招生年级:9～12 　　　　　学生总数:524 　　　　　　师生比例:1:7

班级人数:12～14 　　　　国际生比例:19% 　　　　　寄宿生比例:76%

学校类型:混合校 　　　　宗教背景:无 　　　　　　　占地面积(英亩):200

受赠款(美元):16 200 万 　SAT 平均分:1 880 　　　　 目前学费(美元):56 775

2. 教育宗旨

The Hill School prepares young men and women from across the country and around the world for college, careers, and life. Within a family school environment and a rigorous liberal arts curriculum, we challenge our young people to work hard; think and reason; be fulfilled; serve the common good; and be prepared to lead as citizens of the world, uniquely guided by our motto, "Whatsoever Things Are True".

学校亮点

- **AP 课程**

  艺术史、工作室艺术 4、拉丁语、英语 3、英语 4、欧洲近代史、美国历史、经济学、美国政府、心理学、人文科学 3、人文科学 4、统计学、微积分 AB、微积分 BC/多变量微积分、中文 4、法语 4、西班牙语 4、西班牙语 5、计算机科学、生物 2、化学 2、物理 2;力学、物理 2:电磁学

- **荣誉课程**

  高级工作室艺术 3、高级数码艺术、动画、图片编辑 2、高级平面设计、拉丁语 1、拉丁语 2、希腊语 1、希腊语 2、希腊语 3、高级拉丁语研讨班、英语 3:美国文学、几何、代数 2、基础分积分、图论和证明、高级数学研讨班、中文 2、中文 3、法语 2、法语 3、高级法语 4A/4B、高级法语研讨班、西班牙语 2、西班牙语 3、高级西班牙语、宗教与文学、上帝与自由意志、美国的宗教、化学 1、高级计算机科学研讨班、物理 1、环境科学

- **ESL 课程**

  无

- **学生社团**

  AIDS 行动协会、导游协会、亚洲文化协会、中国文化协会、烹饪协会、DJ 俱乐部、人权社区、数学俱乐部、国际青年组织、自由主义协会、微笑合作协会、模拟联合大会、项目 ABC 协会、自然科学竞赛协会等

- **体育活动**

  美式橄榄球、长曲棍球、壁球、曲棍球、冰球、足球、游泳、篮球、棒球、长跑、网球、田径运动、高尔夫、水球、垒球等

网　　址	www.thehill.org
学校地址	717 East High Street, Pottstown, PA 19464

学校人物

- 教师学历

  66% 硕士及以上学历

- 优秀毕业生

  James Baker III：1948 届毕业生，前国务卿

  Norman Pearlstine：1960 届毕业生，时代杂志编辑

  Tobias Wolff：1964 届毕业生，斯坦福大学教授

  Peter S. Rummell：1963 届毕业生，佛罗里达州房地产开发有限公司总裁

  Lamar Hunt：1951 届毕业生，商人，美国足球联合会创始人

招生要求

TOEFL：是

SSAT：是

SSAT 成绩百分比：79%

面试：是

常规申请材料：是

录取率：32%

申请截止日期：1 月 31 日

国际学生申请费（美元）：100

申请方式：网申

毕业生去向

波士顿大学

乔治·华盛顿大学

霍巴特和威廉姆史密斯学院

纽约大学

美国海军学院

宾夕法尼亚大学

三一学院

康奈尔大学

乔治城大学

圣安德鲁斯大学

tips

　　希尔学校是美国寄宿高中十校联盟之一，学校向来以治学严谨出名，录取的学生托福多为 100 分以上，SSAT 2 200 分以上。

摩尔西斯堡学院
Mercersburg Academy

学校简介

1. 基本情况

建校时间:1893 年　　　　学校性质:私立/寄宿　　　　所在州:宾夕法尼亚州(PA)
招生年级:9～12　　　　　学生总数:441　　　　　　师生比例:1:5
班级人数:12　　　　　　国际生比例:23%　　　　寄宿生比例:85%
学校类型:混合校　　　　宗教背景:无　　　　　　占地面积(英亩):300
受赠款(美元):25 100 万　SAT 平均分:1830　　　目前学费(美元):58 325

2. 教育宗旨

Mercersburg Academy prepares young men and women from diverse backgrounds for college and for life in a global community. Students at Mercersburg pursue a rigorous and dynamic curriculum while learning to live together harmoniously in a supportive residential environment.

Mercersburg's talented faculty instills in students the value of hard work and the importance of character and community. These talented instructors teach students to think for themselves, to approach life thoughtfully and creatively, to thrive physically, to act morally, to value the spiritual dimension of human existence, and to serve others.

学校亮点

● AP 课程

英国和世界文学、美国文学、现代欧洲史、美国历史、世界历史、艺术史、美国政府和比较政治学、法语、法国文学、德语、拉丁语—卡图卢斯/奥维德、拉丁语—维吉尔、西班牙语、西班牙文学、中国语言与文化、微积分 AB、微积分 BC、计算机科学、统计学、宏观经济学/微观经济学、生物学、化学、物理学、环境科学

● 荣誉课程

法语第二学年、拉丁语第二学年、西班牙语第二学年、法语第三学年、拉丁语第三学年、西班牙语第三学年、德语第四年学年、权利、正义与权威、世界文学、代数 2、几何、基础微积分、化学、物理

● ESL 课程

无

● 学生社团

学术小组、Blue Key 社团、读书俱乐部、I5(文学小组)、绿色行动队、同性恋联盟、模型制作联盟、学生活动委员会、越南支持俱乐部、正义之声协会、基督协会、非裔美国人民协会、亚洲俱乐部、德语俱乐部、犹太俱乐部、穆斯林联盟、西班牙语俱乐部、宪章合唱队、爵士队、科技小组、读书俱乐部、茶艺俱乐部等

● 体育活动

篮球、棒球、曲棍球、高尔夫、橄榄球、兜网球、足球、垒球、网球、排球、软式墙网球、越野、舞蹈、潜水、游泳、田径、摔跤等

学校人物

- 教师学历

  72% 硕士及以上学历

- 优秀毕业生

  Melvin Stewart, Jr.：1988 届毕业生，优秀运动员，奥林匹克金牌得主

  Jimmy Stewart：1985 届毕业生，著名演员，奥斯卡奖得主

  Benicio Del Toro：1985 届毕业生，著名演员，奥斯卡奖和金球奖得主

  Mark Talbott：1978 届毕业生，顶级职业壁球选手

  Dr. Lucian Leape：1948 届毕业生，哈佛大学教授

招生要求

TOEFL：是

SSAT：是

面试：是

常规申请材料：是

录取率：37%

申请截止日期：1 月 15 日

国际学生申请费（美元）：100

申请方式：网申

毕业生去向

美国海军军官学校

利哈伊大学

纽约大学

宾州州立大学

迪金森学院

乔治·华盛顿大学

约翰霍普金斯大学

匹兹堡大学

贝茨学院

宾夕法尼亚大学

tips

摩尔西斯堡学院是非常顶尖的美国寄宿高中之一，学校课程严谨丰富，课外活动也多姿多彩，是一所非常有活力，有激情的学校。根据 2017 年学校发布的最新标准，国际生的托福至少要到 100 分以上，SSAT 成绩 2100 分以上。

索尔布里学校

Solebury School

学校简介

1. 基本情况

建校时间:1925	学校性质:私立/寄宿	所处州名:宾夕法尼亚州(PA)
招生年级:9~12	学生总数:235	师生比例:1:6
班级人数:11	国际学生所占比例:15%	寄宿学生所占比例:40%
学校类型:混合校	宗教背景:无	占地面积(英亩):90
受赠款(美元):300万	SAT平均分:1 711	学费(美元):57 515

2. 教育宗旨

Solebury School's mission is to create an environment of educational excellence that prepares students for success in college and beyond. In the Solebury community, we strongly value intellectual challenge and academic achievement, creative and independent thinking, mutual respect between students and teachers, deep respect for each individual, and diversity.

学校亮点

● **AP 课程**

美国研究（AP 美国历史）、AP 微积分 AB\AP 微积分 BC、AP 英国文学、AP 环境科学、AP 法语、AP 西班牙语、AP 统计学、AP 室内艺术、AP 美国政府和政治学

● **荣誉课程**

伦理学(荣誉)、法语 IV（荣誉)、历史(荣誉)、荣誉代数学 IA、荣誉代数学 II 和三角法、荣誉生物、荣誉化学、荣誉几何学、荣誉物理、荣誉微积分入门、西班牙语 IV(荣誉)、美国研究（荣誉美国文学）

● **ESL 课程**

有

● **学生社团**

国际特赦组织、咖啡屋、会话伙伴、多样性讨论组、环保俱乐部、骑马、拉丁美洲俱乐部、文学杂志、报纸、同龄领导、滑雪俱乐部、Spectrum（GSA）光谱、学生会、戏剧表演和戏剧技术、视频俱乐部、徒步俱乐部、举重训练、年刊、瑜伽

● **体育活动**

棒球、篮球、越野赛、陆上曲棍球、长曲棍球、足球、垒球、网球、田径、摔跤

学校人物

● 教师学历
  44% 硕士及以上学历
● 优秀毕业生
  Joyce Bulifant：演员
  Jack Coleman：演员
  Robert Kenner：1968 届毕业生，纪录片导演艾美奖得主
  Rachel Simon：1977 届毕业生，作家
  Chris Jarrett：Composer1974 届毕业生，作曲家

招生要求

测试：TOEFL/SSAT

面试（是/否）：是

常规申请材料（是/否）：是

申请截止日期：2 月 1 日

国际学生申请费用（美元）：150

毕业生去向

波士顿大学

卡耐基梅隆大学

杜克大学

艾莫利大学

乔治华盛顿大学

纽约大学

纽约大学

东北大学

罗德岛设计学院

雪城大学

宾夕法尼亚大学

匹兹堡大学

tips

该校开设比较完备的 ESL 课程，从初级一直到高级的 ESL 课程都有，所以对于语言成绩不是很高的学生，这所学校是一个很好的选择。

科士奇学校
The Kiski School

学校简介

1. 基本情况

建校时间:1888 年　　　　学校性质:私立/寄宿　　　　所在州:宾夕法尼亚州(PA)
招生年级:9～12　　　　　学生总数:200　　　　　　师生比例:1:7
班级人数:10　　　　　　 国际学生所占比例:25%　　寄宿生比例:97%
学校类型:男校　　　　　 宗教背景:无　　　　　　占地面积(英亩):350
受赠款(美元):1 000 万　 SAT 平均分:1 760　　　　学费(美元):57 400

2. 教育宗旨

Statement of BeliefsWe are a School for boys: an environment for living and learning built around a boy's unique qualities and dedicated to serving each boy's needs.

We believe in the fullest development of every boy's mind, body and soul, and do so by exposing each to growth opportunities in our academic, athletic, artistic, and extracurricular arenas.

We believe in an academic environment that stretches our boys' capacities, ignites a passion for the pursuit of knowledge, and creates ambitious thinkers who can compose and command their own unique thoughts.

We believe that success is defined in two ways: the cultivation of academic excellence, and the development of a boy's character, integrity, self-discipline, and civility.

We believe that the people who instruct, guide and train those in our charge are our most important asset. Our teachers define the quality of our school, providing every boy with sound instruction and positive role models.

We believe our community helps our boys to develop standards of honesty, humility, tolerance, respect and other characteristics of personal and social responsibility.

We believe in creating an atmosphere where boys can make their mark based on their individual character, ability, and tenacity.

学校亮点

- **AP 课程/高级课程**

  英语语言与写作、英语文学与写作、微积分 AB、微积分 BC、统计学、现代欧洲历史、美国历史、物理、生物、化学、心理学、中文、西班牙

- **荣誉课程**

  英语I、英语II、代数2、几何学、微积分入门、化学、物理

- **ESL 课程**

  有

- **学生社团**

  艺术俱乐部、天文俱乐部、象棋俱乐部、Cum Laude Society 优等生协会、工程技术俱乐部、合唱团、园艺俱乐部、国际俱乐部、K 俱乐部(校园参观)、校演员(戏剧俱乐部)、校政治论坛、科士奇年刊、文学论坛、数学小组、全国法庭辩论联盟、摄影俱乐部、广播、读书协会、机器人研究俱乐部、西班牙与俱乐部、校报、大学运动代表队俱乐部、木工俱乐部

- **体育活动**

  棒球、篮球、越野赛、橄榄球、高尔夫、冰球、长曲棍球、足球、游泳、网球、田径、摔跤

网　址	www.kiski.org
学校地址	1888 Brett Lane, Saltsburg, PA 15681

学校人物

● 教师学历

70% 硕士及以上学历

● 优秀毕业生

Daryll Clark：1905 届毕业生，宾州橄榄球四分卫

Curtis Enis Chicago：1994 届毕业生，芝加哥橄榄球联盟成员

Jack Hanna：1965 届毕业生，哥伦布动物园管理员，著名电视工作者

James P. Moore Jr：1971 届毕业生，美国政府官员，电视评论员

招生要求

测试：SSAT

面试（是/否）：是

常规申请材料（是/否）：是

录取率（%）：71

申请截止日期：1 月 31 日

国际学生申请费用（美元）：50

2014 –2015 学年学费（美元）：54，150

国际生 2014 年去向

美国海军学院

宾夕法尼亚州立大学

卡耐基梅隆大学

教堂山北卡罗来纳大学

戴维森学院

丹尼森大学

迪金森学院

科尔盖特大学

约翰霍普金斯学院

肯尼恩学院

tips

　　该校为男校，比较注重男孩子性格的培养。该校不仅体育项目比较强，而且据曾在该校上学的学生反映，该校学术水平也比较强，申请该校的学生托福成绩基本要求在 60 分以上。

主教农场学校
Church Farm School

学校简介

1. 基本情况

建校时间:1918 年　　学校性质:私立/寄宿　　所在州:宾夕法尼亚州(PA)

招生年级:7～12　　学生总数:189　　师生比例:1:4

班级人数:10　　国际生比例:15%　　寄宿生比例:91%

学校类型:男校　　宗教背景:新教　　占地面积(英亩):150

受赠款(美元):13 500 万　　SAT 平均分:1 670　　学费(美元):55 000

2. 教育宗旨

The Church Farm School prepares a diverse group of boys with academic ability and good character to lead productive and fulfilling lives by making a college preparatory education financially accessible.

学校亮点

- **AP 课程**

  生物学、微积分 AB、微积分 BC、化学、文学、美国历史、英语文学与写作

- **荣誉课程**

  艺术、美国文学与写作、英国文学、代数 1、几何、代数 2、美国历史调查、世界现代史、基础微积分

- **ESL 课程**

  无

- **学生社团**

  校长建议协会、兄弟项目、学生引导项目、登山俱乐部、钓鱼俱乐部、招生办公室、艺术社团、机器人俱乐部、合唱团、戏剧社、历史协会、钢琴演奏俱乐部、爵士乐队、数学俱乐部、诗人朗诵社团、电影制作协会、烹饪协会、技术俱乐部、学生会等

- **体育活动**

  足球、越野、高尔夫、篮球、摔跤、室内田径、田径、棒球、网球等

网 址	www.gocfs.net
学校地址	1001 E. Lincoln Hwy. – Exton, PA 19341

学校人物

- 教师学历

  55% 硕士及以上学历
- 优秀毕业生

  Micheal Eric：NBA 运动员

  Chris Raab：MTV 著名演员

  Talmadge O'Neill：硅谷企业家

  Dozie Mbonu：篮球名人堂成员、国际知名运动员

招生要求

TOEFL：是

SSAT：是

SSAT 成绩百分比：50%

面试：是

常规申请材料：是

录取率：33%

申请截止日期：1 月 31 日

国际学生申请费（美元）：100

申请方式：纸申、网申

毕业生去向

德雷塞尔大学

伊利诺伊大学

卡耐基梅隆大学

康奈尔大学

西北大学

纽约大学

约翰霍普金斯大学

麻省理工学院

斯沃斯莫尔学院

宾夕法尼亚大学

tips

主教农场中学是一所位于宾州的一所男校，从学校的名字上就能知道这所学校坐落在一个大的农场里。该校有一个很突出的特点就是性价比较高，2012 年寄宿学生的学费及生活费加在一起才 3 万人民币左右，申请该校的国际学生的托福成绩一般在 70 分左右，SSAT 2 000 分左右。

西城学校
Westtown School

学校简介

1. 基本情况

建校时间:1799 年　　　　学校性质:私立/寄宿　　　所在州:宾夕法尼亚州(PA)

招生年级:Pre-K ~ 12　　学生总数:660　　　　　师生比例:1:8

班级人数:15　　　　　　国际生比例:17%　　　　寄宿生比例:52%

学校类型:混合校　　　　宗教背景:基督教　　　　占地面积(英亩):600

受赠款(美元):7 100 万　SAT 平均分:1 720 ~ 1 960　学费(美元):57 400

2. 教育宗旨

Guided by the essential Quaker calling to seek out and honor that of God in each of us，Westtown School challenges its students to realize their individual gifts while learning and living together in a diverse community. Westtown inspires and prepares its graduates to be stewards and leaders of a better world.

学校亮点

- ● AP 课程

　　文学研讨班、写作研讨班、英语为外语学生阅读研讨班、二维工作室艺术 3、应用音乐 3、应用音乐 4、绘图、绘画及版画 3、法语 5、法语 6、德语 5、拉丁语 5、西班牙语 5、西班牙语 6、中国普通话 4、中国普通话 5、日文 4、日文 5、美国历史、广岛、大屠杀/种族灭绝、现代欧洲、几何、代数 2/三角学、计算机科学、统计学、微积分 1、微积分 2、线性代数、宗教信仰与社会变迁、冥想的经历、物理 1、物理 2、化学 1、化学 2、生物 1、生物 2

- ● ESL 课程

　　无

- ● 学生社团

　　学生理事会、学生多元化委员会、法庭年鉴、学生报社、极限飞盘俱乐部、剧中俱乐部、西城基督教联谊会、西城竞技游戏俱乐部、西城郊游俱乐部、模拟联合国、郊游俱乐部、电影俱乐部、日语俱乐部等

- ● 体育活动

　　长曲棍球、曲棍球、足球、篮球、棒球、越野、网球、田径、高尔夫、垒球、游泳、排球、摔跤、舞蹈、独木舟、滑冰等

网　　址	www.westtown.edu
学校地址	975 Westtown Rd, West Chester, PA 19382

学校人物

● 教师学历

79% 硕士及以上学历

● 优秀毕业生

Herb Pennock：1906 届毕业生，棒球大联盟球员、经理

Brooks Clarke：1984 届毕业生，专业三项全能运动员

David Cohen：1995 届毕业生，奥巴马总统届美国副主任

Joshua Goldstein：1985 届毕业生，《费城问询报》记者

David Fairchild：1977 届毕业生，塔夫茨大学医院首席医生

招生要求

TOEFL：是

SSAT：是

SSAT 成绩百分比：67%

面试：是

常规申请材料：是

录取率：54%

申请截止日期：2 月 1 日

国际学生申请费（美元）：100

申请方式：纸申、网申

毕业生去向

纽约大学

哈佛大学

耶鲁大学

史密斯学院

乔治华盛顿大学

德雷赛尔大学

德鲁大学

哈弗福德学院

巴德学院

波士顿大学

厄尔罕姆学院

布朗大学

瓦萨尔学院

哥伦比亚大学

tips

西城中学的特色是对国际学生的关爱比较多，每个国际学生在入学之前学校会指定一个当地的寄宿家庭给国际学生，学生可以在学校放短假期期间入住寄宿家庭，这样也省去了国际学生家长的后顾之忧。该校以前的 AP 课程多达 29 门，但现在已全部取消，改成了现在的高级课程。学校的课程丰富合理，根据以往该校的录取情况，被该校录取的学生的托福成绩在 85 分以上。

怀俄明中学
Wyoming Seminary

学校简介

1. 基本情况

建校时间:1844 年	学校性质:私立/寄宿	所在州:宾夕法尼亚州(PA)
招生年级:9～12	学生总数:456	师生比例:1:8
班级人数:14	国际生比例:24%	寄宿生比例:35.7%
学校类型:混合校	宗教背景:无	占地面积(英亩):22
受赠款(美元):5 000 万	SAT 平均分:1 735	学费(美元):52 600

2. 教育宗旨

Within an exponentially changing world, Wyoming Seminary dares to teach our students to honor and strive for the true, the beautiful, and the good.

Core Values:

- Passion for learning, leading, and serving.
- Integrity.
- Respect.
- Responsibility.
- Soundness of mind, body, and spirit.

学校亮点

● AP 课程

艺术、音乐、历史、生物、微积分 AB、微积分 BC、化学、计算机科学、环境科学、欧洲历史、法语和文化、拉丁文、音乐理论 II、物理、心理学、美语研讨会、西班牙语、西班牙文学和文化、统计学、艺术/设计、美术/绘画、美国政府和政治学、美国历史

● ESL 课程

有

● 学生社团

艺术俱乐部、体能训练、烹饪组、校园导游、书法协会、象棋俱乐部、赞美诗、社区服务组织、计算机俱乐部、D. O. P. E. 运动俱乐部、舞蹈社、学生宿舍委员会、工程技术俱乐部、环境俱乐部、影视俱乐部、法语俱乐部、性别问题研究、非洲鼓乐队、即兴乐俱乐部、乐器、国际交流俱乐部、信息技术俱乐部、爵士乐初级政治家、图书馆咨询委员会、歌唱俱乐部、数学俱乐部、传媒俱乐部、医疗俱乐部、模仿审判会、模拟联合国大会、山地自行车俱乐部、学生报纸组 Opinator、管弦乐俱乐部、户外活动俱乐部、PAI 公民、同侪专业成长团体、写作室、摄影俱乐部、诗歌俱乐部、宿舍助理、俄语俱乐部、科学奥林匹克竞赛、科学研究组、手语俱乐部、西班牙语俱乐部、演讲和辩论赛俱乐部、舞台工作人员组、学生活动社团、学生会、跆拳道俱乐部、True Blue、怀俄明中学运动员、年刊

● 体育活动

棒球、篮球、越野赛、潜水、陆上曲棍球、高尔夫球、冰上曲棍球、长曲棍球、足球、垒球、游泳、网球、摔跤

| 网　址 | www.wyomingseminary.org |
| 学校地址 | 201 North Sprague Ave., Kingston, PA 18704 |

学校人物

- 高学历师资
  64% 硕士及以上学历
- 优秀毕业生
  Terry Casey：宾州路泽恩社区共和党主席（2009 – 2012）
  Jack Evans：哥伦比亚议员
  Howard Gardner：发展心理学家，以多元智能理论闻名
  Arthur J. Weaver：内布拉斯加州第 22 任州长

招生要求

测试：SSAT

面试：是

常规申请材料：是

录取率：55%

申请截止日期：2 月 1 日

国际学生申请费（美元）：100

毕业生去向

宾州州立大学

德雷赛尔大学

波士顿大学

威尔克斯大学

罗切斯特理工学院

天普大学

巴克纳尔大学

纽约大学

萨斯克汉那大学

宾夕法尼亚大学

tips

该校的学术水平比较强，提供 21 门不同领域的 AP 课程。另一方面学校的艺术课程也非常好，尤其在音乐方面，怀俄明每年暑期都有一个非常著名的暑期音乐夏令营项目，吸引了世界上很多艺术爱好者。而且学校开设了好几门和艺术相关的 AP 课程，所以学术水平强。该校对于有艺术特长的学生是比较不错的选择。申请该校的学生的语言成绩最好能够在 80 分以上。

艾玛威拉德学校
Emma Willard School

学校简介

1. 基本情况

建校时间:1814 年	学校性质:私立/寄宿	所在州:纽约州(NY)
招生年级:9~12	学生总数:354	师生比例:1:6
班级人数:13	国际生比例:23%	寄宿生比例:60%
学校类型:女校	宗教背景:无	占地面积(英亩):137
受赠款(美元):9 341 万	SAT 平均分:1 991	学费(美元):59 990

2. 教育宗旨

Honoring its founder's vision, Emma Willard School proudly fosters in each young woman a love of learning, the habits of an intellectual life, and the character, moral strength, and qualities of leadership to serve and shape her world.

学校亮点

● **AP 课程**

艺术史、生物、微积分 AB、微积分 BC、化学、经济学、英国文学与写作、法语、物理 B、心理学、西班牙语言文学 5、统计学、室内艺术、美国政府与政治、美国历史、拉丁语 5

● **ESL 课程**

有

● **学生社团**

芭蕾、爵士舞、唱诗班、歌剧、音乐赏析、表演、制陶术、摄影、颜色与设计等

● **体育活动**

篮球、越野、曲棍球、足球、长曲棍球、划艇、垒球、游泳、网球、有氧健身操、田径、极限飞盘、排球、跑步、瑜伽、健走等

| 网　　址 | www.emmawillard.org |
| 学校地址 | 285 Pawling Avenue, Troy, NY 12180 |

学校人物

● 教师学历
  75% 硕士及以上学历
● 优秀毕业生
  Elizabeth Cady Stanton：最早选举权活动成员
  Justine Johnston：百老汇和无声电影明星
  Jane Fonda：演员
  Kirsten Gillibrand 1984 届毕业生：纽约州司法初级参议员

招生要求

TOEFL：是

SSAT：是

SSAT 成绩百分比：66%

面试：是

常规申请材料：是

录取率：36%

申请截止日期：2 月 1 日

国际学生申请费（美元）：100

申请方式：纸申、网申

毕业生去向

波士顿大学

威廉玛丽学院

哥伦比亚学院

爱默生学院

佛罗里达国际大学

纽约大学

宾夕法尼亚州大学

西北大学

米德尔伯雷大学

乔治华盛顿大学

芝加哥大学

佛蒙特大学

圣安德鲁斯大学

tips

　　爱玛威拉德中学是全美顶尖寄宿女子高中之一，位于纽约州。
　　该校比较注重女生的气质培养。从学校的社团活动就可以知晓，"琴棋书画"俱全。
宗旨就在培养才女气质。学校同时也比较注重学生领导力的培养，为女生将来的职业生涯铺就坚强的
基石。
　　申请该校的学生，托福成绩需要达到 90 分以上。

米尔布鲁克学校

Millbrook School

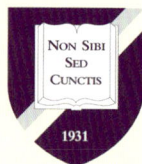

学校简介

1. 基本情况

建校时间:1931 年　　　　学校性质:私立/寄宿　　　　所在州:纽约州(NY)

招生年级:9 ~ 12　　　　学生总数:310　　　　师生比例:1:5

班级人数:12　　　　国际生比例:15%　　　　寄宿生比例:84%

学校类型:混合校　　　　宗教背景:无　　　　占地面积(英亩):800

受赠款(美元):1 758 万　　　　SAT 平均分:1 743　　　　学费(美元):60 500

2. 教育宗旨

Our goal is to promote in each student the intellectual, emotional, spiritual, and physical growth which will lead to a life both individually satisfying and valuable to the greater society. Every aspect of our curriculum is intended to develop

- curiosity and a commitment to intellectual excellence, critical thinking, and the joy of learning;
- respect for oneself and for others;
- a moral framework based on personal integrity;
- a commitment to serve as stewards of the natural world;
- a readiness to use one's knowledge and skills in service to others.

学校亮点

- **AP 课程**

  英语、微积分 AB、微积分 BC、法语、西班牙语、西班牙语 5

- **荣誉课程**

  英语 4、英语 5、英语 6、代数 2、几何、预备微积分、生物、物理、西班牙语 4、陶瓷(混合媒体)、绘画(混合媒体)、摄影

- **ESL 课程**

  无

- **学生社团**

  书社、戏剧社、爵士乐合奏团、环境理事会、文学杂志社、米尔布鲁克歌手团、滑雪和滑板社、学生顾问、学生理事会等

- **体育活动**

  美式足球、长曲棍球、壁球、曲棍球、冰球、足球、篮球、棒球、长跑、网球、田径运动、高尔夫、垒球等

网　　址	www.millbrook.org
学校地址	131 Millbrook School Road, Millbrook, NY 12545

学校人物

- 教师学历
  60% 硕士及以上学历
- 优秀毕业生
  William F. Buckley：作家
  Thomas Lovejoy：环境保护论者
  Serena Altschul：哥伦比亚广播公司记者
  Robert F. Kennedy, Jr.：环境律师和活动
  Whit Stillman：电影导演
  Rufus Wainwright：音乐家
  James L. Buckley：美国前参议员和联邦法官

招生要求

TOEFL：是

SSAT：是

SSAT 成绩百分比：65%

面试：是

常规申请材料：是

录取率：45%

申请截止日期：1 月 15 日

国际学生申请费（美元）：100

申请方式：纸申、网申

毕业生去向

贝茨学院

波士顿大学

康奈尔大学

埃默里大学

纽约大学

宾夕法尼亚州立大学

宾夕法尼亚大学

史密斯学院

芝加哥大学

华盛顿大学

依隆大学

tips

米尔布鲁克中学是位于纽约州的非常顶尖的寄宿高中。

该校一个突出的特色，就在于学校拥有一个自己的动物园。

学校在录取学生时，除了注重学生的课业成绩和标准化成绩之外，也比较关注学生是否有社区服务意识。

该校每年录取的国际学生比较少，根据学校最新的招生政策，2017 年的申请者，托福成绩要求至少在 90 分以上。

北郡学校
North Country School

学校简介

1. 基本情况

建校时间:1938 年　　　　学校性质:私立/寄宿　　　　所在州:纽约州(NY)

招生年级:4~9　　　　　学生总数:90　　　　　师生比例:1:3

班级人数:12　　　　　国际生比例:20%　　　　寄宿生比例:83%

学校类型:混合校　　　　宗教背景:无　　　　　占地面积(英亩):200

受赠款(美元):900 万　　SSAT 平均分:校方无统计　目前学费(美元):63 500

2. 教育宗旨

North Country School strives to create a community that gives children the self – confidence, knowledge, skills, and values to lead satisfying and productive lives while contributing to their world.

学校亮点

● ESL 课程

有

● 学生社团

高山滑雪、艺术俱乐部、露营、合唱、徒步旅行、马术、冰上攀岩、山地自行车、北欧滑雪、私人音乐教授、攀岩、滑板滑雪、学生会、戏剧

● 体育活动

篮球、北欧滑雪、足球

学校人物

- 高学历师资
  35% 硕士及以上学历
- 优秀毕业生
  Andrea Gruber：美国戏剧女高音
  Yasmin Aga Khan：慈善家
  David Loud：音乐家
  Richard Rockefeller：医师，慈善家
  Eileen Rockefeller Growald：作家，慈善家

招生要求

TOEFL：是

SSAT：是

面试：是

常规申请材料：是

录取率：68%

国际学生申请费（美元）：100

毕业生去向

菲利普斯安多夫学院

布克夏尔学校

布鲁斯特学校

坎特伯雷学校

康科德学院

艾玛威乐学校

因特劳肯艺术学院

森林湖学校

劳伦斯维尔学校

米尔布鲁克学校

米尔顿学院

tips

该校是所寄宿初中。学校注重培养学生的自信心、知识、技能的习得，帮助学生收获充实的人生，能为当地乃至更大区域的发展做贡献。学生在探索新事物和提高技能熟练度的过程中会变得更加成熟、自信。在多样化和充满人文关怀的社区中，学生的个体成长及创新思维能力、适应能力和社会责任感均得到很大提高。

迈斯特学校

The Masters School

学校简介

1. 基本情况

建校时间:1877 年 　　　　学校性质:私立/寄宿 　　　　所在州:纽约州(NY)

招生年级:9~12 　　　　　学生总数:499 　　　　　　师生比例:1:8

班级人数:14 　　　　　　国际生比例:16% 　　　　　寄宿生比例:30%

学校类型:混合校 　　　　宗教背景:无 　　　　　　　占地面积(英亩):96

受赠款(美元):2 700 万 　SAT 平均分:1 333 　　　　学费(美元):67 000

2. 教育宗旨

The mission of the masters school is to provide the challenging academic environment, that for over a century, has encouraged critical, creative and independent habits of thought as well as a lifelong passion for learning. (The School maintains a diverse community that encourages students to participate actively in decisions affecting their lives and to develop an appreciation of their responsibilities to the larger world.)

学校亮点

● AP 课程

生物、微积分 AB、微积分 BC、微积分、化学 B、欧洲历史、法语、拉丁语、物理 B、西班牙语、室内艺术、美国历史、音乐理论、艺术史、统计学、英语

● 荣誉课程

几何、代数 2(三角学)、预备微积分、生物、化学、物理

● ESL 课程

有

● 学生社团

电脑俱乐部、舞蹈社团、体育协会、电影俱乐部、法语俱乐部、欢乐合唱团、国际俱乐部、数学协会、模拟联合国、户外俱乐部、凤凰诗社、西班牙俱乐部、学生活动委员会、动漫社、烹饪俱乐部等

● 体育活动

棒球、篮球、长跑、舞蹈、击剑、曲棍球、高尔夫、长曲棍球、足球、垒球、网球、田径、排球、武术、瑜伽、飞盘等

网　　址	www.mastersny.org
学校地址	49 Clinton Avenue, Dobbs Ferry, New York 10522

学校人物

● 教师学历

70% 硕士及以上学历

● 优秀毕业生

Kara DioGuardi：美国歌手，词曲作者，唱片制作人，音乐出版商，A&R 执行，作曲家和电视名人

Nancy Kissinger：慈善家，美国前国务卿亨利·基辛格的第二任妻子

招生要求

TOEFL：是

SSAT：是

SSAT 成绩百分比：40%

面试：是

常规申请材料：是

录取率：40%

申请截止日期：2 月 1 日

国际学生申请费（美元）：100

申请方式：网申

毕业生去向

纽约大学

乔治华盛顿大学

美国康奈尔大学

斯基德莫尔学院

美国大学

巴纳德学院

埃默里大学

汉密尔顿学院

芝加哥大学

宾夕法尼亚州的大学

tips

迈斯特学校是位于纽约州的一所混校高中。

学校的地理位置比较优越，离纽约市中心及 JFK 国际机场都比较近。因为交通比较方便，所以吸引了很多学生。

重要的是，学校的学术也很有挑战性，所以申请该校的学生比较多。

学校的录取标准在不断攀升。学校虽然提供比较完备的 ESL 课程，但对于申请者的托福要求也还比较高。2017 年录取的学生托福成绩都在 90 分左右。

石溪学校
The Stony Brook School

学校简介

1. 基本情况

建校时间:1922 年	学校性质:私立/寄宿	所在州:纽约州(NY)
招生年级:7~12	学生总数:370	师生比例:1:7
班级人数:16	国际生比例:28%	寄宿生比例:60%
学校类型:混合校	宗教背景:基督教	占地面积(英亩):55
受赠款(美元):1 400 万	SAT 平均分:1 845	学费(美元):56 400

2. 教育宗旨

Founded in 1922 with the motto "Character Before Career", The Stony Brook School seeks to educate students in matters of the mind, body, and heart. Students are challenged to become leaders with integrity and virtue; character development is considered an essential component of the educational process. While students are presented with the gospel of Jesus Christ, they are free to maintain their personal spiritual beliefs.

学校亮点

● AP 课程

英语 12、法语、拉丁语、西班牙语、基础微积分、微积分 AB、微积分 BC、心理学、生物、化学、环境科学、物理 B、物理 C、欧洲历史、美国历史、室内艺术、音乐理论

● 荣誉课程

法语 4、拉丁语 4、西班牙语 4、生物、海洋科学、种族与政治、哲学史

● ESL 课程

有

● 学生社团

爵士乐队、数学俱乐部、辅导社、舞会委员会、年鉴、校内橄榄球、技术船员、戏剧艺术协会、礼拜社等

● 体育活动

美式橄榄球、长曲棍球、壁球、曲棍球、冰球、足球、篮球、棒球、长跑、网球、田径、摔跤等

网 址	www.stonybrookschool.org
学校地址	1 Chapman Parkway, Stony Brook, NY 11790

学校人物

- 教师学历
  50% 硕士及以上学历
- 优秀毕业生
  Aaron Belz：1989 届毕业生，诗人、学院教授
  James Montgomery Boice：1956 届毕业生，牧师
  Jorge Bolet：1934 届毕业生，钢琴家
  William G. Bowdler：1943 届毕业生，外交官
  John W. A. Buyers：1946 届毕业生，公司总裁
  Clayton Daley：1968 届毕业生，财务总监
  Sarah Drew：1998 届毕业生，演员
  Heinrich Holland：1943 届毕业生，教授

招生要求

TOEFL：是

SSAT：是

面试：是

常规申请材料：是

录取率：41%

申请截止日期：无

国际学生申请费（美元）：100

申请方式：纸申、网申

毕业生去向

纽约大学

威顿学院

戈登学院

纽约州立大学石溪分校

锡拉丘兹大学

乔治华盛顿大学

埃默里大学

伊利诺伊大学

波士顿学院

卡内基梅隆大学

tips

石溪学校是位于纽约的一所混合高中。

学校所处地理位置离纽约市中心比较近，交通方便。对于喜欢大都市生活的学生来讲，这可是比较不错的选择。

学校的课程比较丰富，社团活动较多。

学校对申请者的录取要求比较高。根据 2017 年学生申请的数据来看，申请者要达到托福 90 分以上。

圣三一珀琳学校
Trinity Pawling School

学校简介

1. 基本情况

建校时间:1907 年　　　　学校性质:私立/寄宿　　　　所在州:纽约州(NY)

招生年级:7~12　　　　　学生总数:300　　　　　　师生比例:1:5

班级人数:12　　　　　　国际生比例:20%　　　　　寄宿生比例:75%

学校类型:男校　　　　　宗教背景:新教　　　　　　占地面积(英亩):150

受赠款(美元):3 300 万　　SAT 平均分:1 710　　　　学费(美元):58 200

2. 教育宗旨

To educate and instill a value system that prepares young men to be contributing members of society amidst the challenges of an ever – changing world.

学校亮点

● **AP 课程**

汉语、法国语言文学、西班牙文学、物理 B、西班牙语、拉丁语、计算机科学、语言与写作、英语文学、美国史、经济学、微积分、生物、化学、物理 B、物理 C、欧洲历史、环境科学

● **荣誉课程**

微积分、几何、预备微积分、现代世界创造、现代世界、美国历史、统计学

● **ESL 课程**

有

● **学生社团**

建筑学兴趣小组、教堂助手小组、围棋小组、计算机兴趣小组、演奏小组、板球小组、多米诺兴趣小组、戏剧小组、爵士乐团、生活技能小组、模拟联合国社团、攀岩、弦乐团、议会兴趣小组、乒乓球小组等

● **体育活动**

棒球、垒球、足球、长跑、壁球、网球、田径、摔跤、高尔夫、篮球等

学校人物

- 教师学历
  57% 硕士及以上学历
- 优秀毕业生
  Kirk McCaskill：退休的大联盟投手、曲棍球运动员
  Kevin McClatchy：匹兹堡海盗队的前任首席执行官
  Andrew Lee：运动员、小提琴手、模特
  John Agar：演员
  Charles Spencer：NFL 休斯敦德州人队球员
  Chukky Okobi：NFL 的足球运动员，匹兹堡钢人队（2001 年 7 月，超级碗 XL 冠军）
  Gil Junger：导演
  Eric Holch：艺术家
  Wesley Oler：运动员，参加了 1912 年夏季奥运会
  George Murphy Academy Award：演员、演员工会主席、美国加州参议员，1964 – 1971
  Maurice R. Greenberg：美国国际集团（AIG）前董事长兼首席执行官

招生要求

TOEFL：是

SSAT：是

SSAT 成绩百分比：50%

面试：是

常规申请材料：是

录取率：60%

申请截止日期：2 月 1 日

国际学生申请费（美元）：100

申请方式：纸申、网申

毕业生去向

艾莫利大学

罗切斯特大学

宾夕法尼亚州立大学帕克分校

伦斯勒工艺学院

罗杰威廉姆斯大学

哈特福德大学

缅因大学

佛蒙特大学

马萨诸塞大学阿姆赫斯特校区

威斯康星大学麦迪逊分校

tips

圣三一珀琳学校是位于纽约州的一所男子高中。
学校注重男性性格的培养，对学生的关爱比较多。
学校以往录取的学生，托福成绩基本上达到 85 分左右。虽然在此就读的学生不是每个人的托福都达到了这个标准，但他们的学习经历及在面试当中的表现却都个个优秀。这也是学校录取国际学生一个重要的着眼点。

布莱尔学院
Blair Academy

学校简介

1. 基本情况

建校时间：1848 年	学校性质：私立/寄宿	所在州：新泽西州(NJ)
招生年级：9～12	学生总数：460	师生比例：1∶6
班级人数：12	国际生比例：18%	寄宿生比例：80%
学校类型：混合校	宗教背景：长老会(基督教派)	占地面积(英亩)：425
受赠款(美元)：8 800 万	SAT 平均分：1 840	学费(美元)：60 000

2. 教育宗旨

We consider a student's academic commitment his or her most important responsibility. At Blair, students learn to read closely, think clearly, analyze quantitatively, communicate effectively and broaden their understanding of the world.

学校亮点

- **AP 课程**

  艺术史 1、生物、微积分 A、微积分 AB、微积分 BC、化学、计算机科学 A、计算机科学 AB、中国语言与文化、英语文学与写作、英语语言学与写作、环境科学、欧洲历史、法语 4/5、法国文学、美国政府与政治、比较政治、德语、人类地理学、意大利语言文化、日语与日本文化、拉丁语、宏观经济学、微观经济学、音乐理论、物理 B、物理 C(力学)、物理 C(电磁学)、心理学、统计学、西班牙语 4/5、西班牙文学、美术：绘画、美术(2D 设计)、美术(3D 设计)、美国历史、世界历史

- **荣誉课程**

  化学、物理、生物、代数 2、西班牙语 3、西班牙语 4/5、法语、法语 4/5、微积分入门、几何、计算机科学、英语 3、中文 3、中文 4

- **ESL 课程**

  无

- **学生社团**

  声乐组合、学术荣誉委员会、招生委员会、布莱尔学院啦啦队、布莱尔学院合唱团、布莱尔文学杂志社、基督徒社团、社区服务社团、骑自行车俱乐部、地球反照项目、基因测序俱乐部、骑马比赛、人类关系委员会、国际意识俱乐部、投资俱乐部、爵士乐合奏犹太联盟、皮划艇运动、数学社团、模拟联合国安理会、多元文化学生会、户外技能、弦乐合奏团、学生自治会、校刊社团、学生摇滚乐队、剧院和艺术协会、视频制作、交响曲、校刊等

- **体育活动**

  高山滑雪、棒球、篮球、划船、越野、舞蹈、曲棍球、橄榄球、高尔夫、长曲棍球、足球、垒球、壁球、网球、田径、排球、摔跤等

| 网　　址 | www.blair.edu |
| 学校地址 | 2 Park Street, P.O. Box 600, Blairstown, NJ 07825 |

学校人物

- 教师学历

  64% 硕士及以上学历

- 优秀毕业生

  John C. "Jack" Bogle：先锋集团创始人

  John Cassavetes：演员

  Luol Deng：芝加哥公牛队职业篮球运动员

  Christine Evans：歌曲作家

  Reid Fliehr：职业摔跤手

  Bob Guccione：杂志出版商

  Charlie Villanueva：职业篮球运动员

  Robert B. Weaver：1984 年夏季奥运会摔跤金牌得主

招生要求

TOEFL：是

SSAT：是

SSAT 成绩百分比：70%

面试：是

常规申请材料：是

录取率：30%

申请截止日期：1 月 15 日

国际学生申请费（美元）：125

申请方式：网申、纸申

毕业生去向

纽约大学

波士顿大学

波士顿学院

巴克内尔大学

康奈尔大学

里海大学

密歇根大学

巴纳德学院

科尔盖特大学

哥伦比亚大学

---

tips

　　布莱尔学院是新泽西州非常著名的一所混合高中，历史比较悠久。

　　学校的课程选择比较多。学校人数 400 人左右，规模适当，给予学生的关注也比较多。

　　根据以往录取结果，学生的托福至少达到 90 分以上。2017 年，被该校录取的学生的托福成绩基本在 100 分左右。有很多托福达到了 100 多分的学生也被学校拒绝，所以分数是考量标准，但绝不是唯一标准。申请这所学校的学生要提早准备，并且做好全面准备。

劳伦斯维尔学校
Lawrenceville School

学校简介

1. 基本情况

建校时间:1810 年　　　　学校性质:私立/寄宿　　　　所在州:新泽西州(NJ)

招生年级:9 ~ 12　　　　学生总数:818　　　　国际生比例:17%　　　　师生比例:1:8

班级人数:12　　　　国际生比例:17%　　　　寄宿生比例:70%

学校类型:混合校　　　　宗教背景:无　　　　占地面积(英亩):700

受赠款(美元):32 000 万　　　　SAT 平均分:2 095　　　　学费(美元):63 625

2. 教育宗旨

The mission of The Lawrenceville School is to inspire and educate promising young people from diverse backgrounds for responsible leadership, personal fulfillment and enthusiastic participation in the world. Through our unique House system, collaborative Harkness approach to teaching and learning, close mentoring relationships, and extensive co – curricular opportunities, we help students to develop high standards of character and scholarship, a passion for learning, an appreciation for diversity, a global perspective, and strong commitments to personal, community, and environmental responsibility.

学校亮点

● AP 课程

艺术史、生物、微积分、化学、计算机科学、英语文学与写作、英语语言学与写作、环境科学、欧洲历史、法语、法国文学、美国政府与政治、拉丁文学、拉丁语、宏观经济学、物理、统计学、西班牙语、西班牙文学、美术、美国历史、世界历史

● 荣誉课程

艺术、历史、经济、数学、语言文学、科学

● ESL 课程

无

● 学生社团

动漫俱乐部、艺术俱乐部、亚洲学生组织、经典俱乐部、烹饪俱乐部、创作俱乐部、环境俱乐部、法文学会、哈利波特俱乐部、舞蹈学会、演讲辩论协会、数学俱乐部、模拟法庭俱乐部、哲学俱乐部、红十字俱乐部、橄榄球俱乐部、帆船俱乐部等

● 体育活动

陆上曲棍球、冰上曲棍球、长曲棍球、击剑、高尔夫、垒球、棒球、足球、篮球、壁球、网球、摔跤、舞蹈、越野赛等

网　址	www.lawrenceville.org
学校地址	The Lawrenceville School, Box 6008, Lawrenceville, NJ 08648

学校人物

● 教师学历

87% 硕士及以上学历

● 优秀毕业生

George Akerlof：1958 届毕业生，诺贝尔经济学奖获得者

Lewis Bernard：1959 届毕业生，前摩根士丹利首席行政官及首席财务官

David Baird Jr.：1899 届毕业生，新泽西美国参议员

Merian C. Cooper：1911 届毕业生，电影《金刚》导演

Fox Butterfield：1957 届毕业生，纽约时报，普利策获奖记者

Christopher DeMuth：1964 届毕业生，美国企业研究所的总裁

Michael Eisner：1960 届毕业生，前沃尔特·迪斯尼公司首席执行官

招生要求

TOEFL：是

SSAT：是

SSAT 成绩百分比：84%

面试：是

常规申请材料：是

录取率：23%

申请截止日期：1 月 31 日

国际学生申请费（美元）：100

申请方式：网申

毕业生去向

普林斯顿大学

乔治城大学

纽约大学

宾夕法尼亚大学

哥伦比亚大学

耶鲁大学

斯坦福大学

康奈尔大学

约翰霍普金斯大学

哈佛大学

芝加哥大学

波士顿大学

麻省理工学院

tips

劳伦斯威尔学校是美国寄宿高中十校联盟之一，在美国及国际上享有很高声誉。
学校以学术课程选择多、课外活动多而闻名。

学校录取国际学生，对托福的基本要求在 100 分以上，很多时候要接近或达到 110 分。对于 SSAT 的要求也比较高，综合百分比需要达到 84%。

佩迪学校
Peddie School

学校简介

1. 基本情况

建校时间:1864 年　　　　　学校性质:私立/寄宿　　　　所在州:新泽西州(NJ)

招生年级:9 ~ 12　　　　　　学生总数: 535　　　　　　　师生比例:1:6

班级人数:12　　　　　　　　国际生比例:14%　　　　　　寄宿生比例:62%

学校类型:混合校　　　　　　宗教背景:无　　　　　　　　占地面积(英亩):280

受赠款(美元):28 100 万　　SAT 平均分:1 770 ~ 2 090　学费(美元):58 100

2. 教育宗旨

The Peddie community commits itself to the intellectual, social, and moral growth of our students. Remarkable for the range of their talents, abilities, interests, and backgrounds, our students distinguish themselves through their excitement, curiosity, and character. They help make Peddie an open, dynamic community where a passion for learning thrives.

With respect, enthusiasm, humor, and patience, we challenge our students to reach for levels of achievement they have not attempted before and encourage them to measure the success of their efforts by the progress they make. Ultimately, we seek not only to provide our students with vigorous preparation for college, but also to inspire them to strive for the highest quality of citizenship.

学校亮点

● **AP 课程**

音乐历史、美国历史、艺术史、美国政府学、欧洲历史、中国语言与文化、法语、拉丁语、西班牙语、微积分 AB、微积分 BC、统计学、化学、生物、物理、环境科学、心理学

● **荣誉课程**

音乐理论剧院系综、美术工作站、数码工作站、西班牙语 3、西班牙语 4、中文 4、法语 3、英语、几何、代数 2 及三角学、微积分入门、化学 、生物 、物理

● **ESL 课程**

无

● **学生社团**

自由与人权、文学与文化、国际象棋俱乐部、舞蹈协会、环境俱乐部、法语俱乐部、曲棍球俱乐部、拉丁舞俱乐部、数学俱乐部、多文化联盟、乒乓球俱乐部、小科学家俱乐部、美食俱乐部等

● **体育活动**

划船、越野、曲棍球、橄榄球、足球、篮球、田径、游泳、网球、棒球、高尔夫、长曲棍球、垒球、摔跤等

网 址	www.peddie.org
学校地址	201 South Main Street, Hightstown, NJ 08520

学校人物

- 教师学历
  68% 硕士及以上学历
- 优秀毕业生
  Walter Annenberg：1927 届毕业生，前驻英国大使；电视指南和 17 个杂志的创始人
  Matt Burr：1999 届毕业生，鼓手
  Nelson Diebel：1990 届毕业生，两届奥运会游泳比赛金牌获得者
  Phil Evans：记者、编辑
  Tim Hurson：1963 届毕业生，演讲者、作家、创造力理论家
  Howard W. Koch：1933 届毕业生，电影导演和制片人
  John J. McCloy：1912 届毕业生，第二次世界大战期间助理国务卿；世界银行行长；美国对德国高级专员
  Hossein Nasr：1950 届毕业生，伊朗哲学家
  Albert L. Vreeland：1922 届毕业生，新泽西美国代表

招生要求

TOEFL：是

SSAT：是

SSAT 成绩百分比：74%

面试：是

常规申请材料：是

录取率：20%

申请截止日期：1 月 15 日

国际学生申请费（美元）：125

申请方式：网申

毕业生去向

巴克内尔大学

卡耐基梅隆大学

哥伦比亚大学

康奈尔大学

乔治华盛顿大学

乔治城大学

迈阿密大学

纽约大学

美国海官军校

宾夕法尼亚大学

tips

佩迪学校是全美顶尖寄宿高中之一，录取标准当然也比较高。

学校不提供 ESL 课程，对于申请的国际学生，托福成绩基本上需要 100 分以上。

除了对学生的标准化成绩要求高之外，对学生成熟的考察也比较注重。学生在面试当中的表现会对录取有很大影响。

普林斯顿胡恩学校

The Hun School of Princeton

学校简介

1. 基本情况

建校时间:1914 年	学校性质:私立/寄宿	所在州:新泽西州(NJ)
招生年级:6～12	学生总数:636	师生比例:1:7
班级人数:14	国际生比例:15%	寄宿生比例:25%
学校类型:混合校	宗教背景:无	占地面积(英亩):45
受赠款(美元):97.5 万	SAT 平均分:1 820	学费(美元):59 000

2. 教育宗旨

The Hun School provides a diverse community that places a high value on a creative and rigorous traditional college preparatory curriculum in a structured environment; develops character, community and values; meets the students' differing talents, interests and academic needs through a supportive staff in a variety of programs; and encourages students to widen their horizons, gain an appreciation for and an excitement about learning and achieve their full potential.

学校亮点

- **AP 课程**

  艺术史、生物、化学、英语 5、英语语言文学、欧洲史、法语、物理、西班牙语 、西班牙文学、美术、音乐理论、美国历史、拉丁语

- **ESL 课程**

  有

- **学生社团**

  亚洲语言俱乐部、天文社、国际象棋社团、社区服务、多元性文化社、法语俱乐部、电影协会、国际生组织、物理学俱乐部、滑雪俱乐部、高科技舞曲、彩弹球俱乐部、西班牙语社、室内音乐社等

- **体育活动**

  棒球、篮球、越野赛、剑术、曲棍球、冰球、足球、垒球、游泳、网球、田径赛等

网　　址	www.hunschool.org
学校地址	176 Edgerstoune Road, Princeton, NJ 08540

学校人物

● 教师学历

  72% 硕士及以上学历

● 优秀毕业生

  Nicole Arendt：1987 届毕业生，职业网球运动员

  Susan Hendricks：1991 届毕业生，CNN 头条新闻主播

  Paul Steiger：1961 届毕业生，《华尔街日报》的主编，道琼斯的副总裁

  Thomas Watson Jr.：1933 届毕业生，BM 前任 CEO 和苏联大使

  Shawn P. Tully：1966 届毕业生，财富杂志资深编辑

  Jason R. Read：1996 届毕业生，2004 年雅典奥运会男子赛艇项目冠军

  F. Scott Fitzgerald：伟大的美国小说家

招生要求

TOEFL：是

SSAT：是

面试：是

常规申请材料：是

录取率：43%

申请截止日期：1 月 31 日

国际学生申请费（美元）：150

申请方式：纸申、网申

毕业生去向

波士顿大学

宾州州立大学帕克分校

普林斯顿大学

迈阿密大学

杜兰大学

特拉华大学

霍巴特和威廉史密斯学院

维拉诺瓦大学

纽约大学

佛蒙特大学

tips

普林斯顿胡恩学校是新泽西州的一所顶尖寄宿高中。

学校提供比较完善的 ESL 课程，所以该校对学生的英文要求相对没有同级学校那么的高。国际生被录取时的托福成绩大部分在 80 分左右。

潘宁顿学校

The Pennington School

学校简介

1. 基本情况

建校时间:1838 年	学校性质:私立/寄宿	所处州名:新泽西州(NJ)
招生年级:8～12	学生总数:520	师生比例:1:6
班级人数:13	国际生比例:12%	寄宿生比例:25%
学校类型:混合校	宗教背景:联合卫理公会(基督教派)	占地面积(英亩):54
受赠款(美元):23.3 万	SAT 平均成绩:1 676	学费(美元):56 625

2. 教育宗旨

The Pennington School is committed to developing individual excellence in all of its students.

学校亮点

- **AP 课程/高级课程**

  艺术作品集、生物、微积分 AB、微积分 BC、化学、计算机科学 A、英语语言学和作文、法语与法国文化、拉丁:弗吉尔、宏观经济学、欧洲现代史、音乐理论、物理 B、西班牙语和西班牙文化、统计学、美国政府与政治学、美国历史、德语与德国文化、英国文化与作文

- **荣誉课程**

  分子生物学远景研究、代数 I、II、美国历史、生物、化学、英语 I、II、法语 III、IV、几何、法语 III、IV、拉丁语 III、IV、有机化学、物理、微积分入门课程、西班牙语 II、III、IV、美国历史、世界历史

- **ESL 课程**

  有

- **学生社团: 33**

  布鲁斯摇滚音乐、打保龄球、室内乐团、象棋俱乐部、社区服务、环境俱乐部、秋季戏剧、女声乐团、法语俱乐部、同性恋/异性恋联盟、德语俱乐部、Hip Hop 舞蹈、历史俱乐部、爵士乐团、数学俱乐部、模拟审判、模拟联合国、国家荣誉协会、报纸、管弦乐队、潘宁顿歌手、潘宁顿运动网络、社区监管、科学奥林匹克竞赛、西班牙俱乐部、Spring Play 春游、Stage Crew 舞台工作、学生大使、可持续俱乐部、技术俱乐部、视觉艺术俱乐部、冬季音乐剧

- **体育活动: 15**

  棒球、篮球、啦啦队、越野赛、陆上曲棍球、橄榄球、高尔夫球、冰球、长曲棍球、足球、垒球、游泳、网球、田径、水球

网 址	www.pennington.org
学校地址	112 W. Delaware Avenue, Pennington, NJ 08534

学校人物

- 教师学历

  70% 硕士及以上学历

- 优秀毕业生

  Rudy Boschwitz：1947 届毕业生，议员，共和党参议院全国委员会前主席

  John Franklin Fort (1852 – 1920)：新泽西 33 届州州长（1908 – 1911）

  William Mastrosimone：1966 届毕业生，剧作家

  Amber Brooks：2009 届毕业生，职业足球运动员

招生要求

测试：TOEFL（大于 75 分的学生更具竞争力）

面试：是

常规申请材料：是

录取率：38%

申请截止日期：2 月 1 日

国际学生申请费用（美元）：100

毕业生去向

霍巴特威廉史密斯学院

罗格斯大学

雪域大学

德雷塞尔大学

波士顿大学

拉斐特学院

纽约大学

卡耐基梅隆大学

福特汉姆大学

普林斯顿大学

tips

　　该校历史悠久，地理位置优越，交通方便。该校学术非常强，提供 17 门 AP 课程，涵盖所有学科领域。同时也为国际学生提供 ESL 课程，学校同时也为有语言学习障碍的高智商的学生提供学业支持。申请该校的学生基本托福要求在 85 分左右，SSAT 1 900 分以上。

格瑞森林学校

Garrison Forest School

学校简介

1. 基本情况

建校时间：1910 年　　　　学校性质：私立/寄宿　　　　所在州：马里兰州(MD)

招生年级：K – 12　　　　　学生总数：570　　　　　　师生比例：1 : 7.6

班级人数：15　　　　　　　国际生比例：12%　　　　　寄宿生比例：24%

学校类型：女校　　　　　　宗教背景：无　　　　　　　占地面积(英亩)：110

受赠款(美元)：3 800 万　　SAT 平均分：1 790　　　　学费(美元)：58 700

2. 教育宗旨

At Garrison Forest School, we prepare our students in and out of the classroom to thrive in a complex, changing world by：

- challenging them to strive for academic excellence and to grow into informed, independent, and creative thinkers.
- cultivating an authentic and resilient sense of self, grounded in respect and integrity.
- creating a diverse and inclusive community built on a spirit of caring.
- inspiring young women to lead and to serve with passion, purpose, and joy.

Motto：Esse Quam Videri -To Be Rather Than To Seem.

学校亮点

● AP 课程

艺术史、工作室作品集赏析及点评、英语文学、语言与写作、美国历史、拉丁语、法语5、西班牙语、微积分 AB、微积分 BC、生物学、化学、环境科学

● 荣誉课程

法语5、西班牙语、拉丁语4、几何(三角学)、代数2(三角学)、基础微积分

● ESL 课程

有

● 学生社团

艺术俱乐部、图书俱乐部、文学杂志社团、烹饪俱乐部、法语俱乐部、国际学生俱乐部、犹太学生协会、动物保护协会、拉丁语俱乐部、模拟联合国、多元文化学生联盟、姐妹圈、机器人俱乐部、服务联盟、西班牙语俱乐部等

● 体育活动

羽毛球、篮球、长跑、跑步、曲棍球、马术、高尔夫、室内足球、长曲棍球、网球、壁球、冬季田径、马球、游泳、垒球等

网　址	www.gfs.org
学校地址	300 Garrison Forest Road, Owings Mills, MD 21117

学校人物

● 教师学历

72% 硕士及以上学历

● 优秀毕业生

Elizabeth Littlefield：1978 届毕业生，OPECOPIC 公司董事兼总裁

Helen Whitney：1961 届毕业生，著名奥斯卡导演、纪录片制作人

Nicole Hansen：1912 届毕业生，国家职业登山运动员

Learic Cramer：1996 届毕业生，工程师兼著名赛车手

Julie Bowen：1987 届毕业生，艾美奖获得者

Beth Botsford：1999 届毕业生，奥运金牌得主

Adele Smith Simmons：1959 届毕业生，世界经济论坛资深顾问，普林斯顿大学第一位女院长

招生要求

TOEFL：是

SSAT：是

SSAT 成绩百分比：55%

面试：是

常规申请材料：是

录取率：50%

申请截止日期：2 月 8 日

国际学生申请费（美元）：80

申请方式：纸申、网申

毕业生去向

马里兰德大学

弗吉尼亚大学

锡拉丘兹大学

凯尼恩学院

康奈尔大学

里士满大学

杜克大学

约翰霍普金斯大学

乔治城大学

普林斯顿大学

tips

格瑞森林学校是马里兰州的一所顶尖女校，学校所处地理位置交通便利，气候也非常宜人，学校设施及教学管理一流，学校女性特质比较强，就连发录取信都充满了女性的色彩，如信封里放满了小星星，而且会有校友签名信，欢迎新生的加入，因此学校对学生的女性特质和女性领导力的培养也比较注重。申请该校通常要提供 WISC 测试结果。

乔治城预科学校
Georgetown Preparatory School

学校简介

1. 基本情况

建校时间:1789 年 　　学校性质:私立/寄宿 　　所在州:马里兰州(MD)
招生年级:9 ~ 12 　　学生总数:491 　　师生比例:1∶8
班级人数:16 　　国际生比例:13% 　　寄宿生比例:25%
学校类型:男校 　　宗教背景:天主教 　　占地面积(英亩):93
受赠款(美元):2 000 万 　　SAT 平均分:1 935 　　学费(美元):58 460

2. 教育宗旨

Georgetown Prep is part of a rich heritage of Jesuit education-Jesuit education centers on the education of the whole person: mind, spirit and body. This is accomplished through cura personalis (Latin for personalized care and concern for the individual) and through a holistic curriculum.

学校亮点

- **AP 课程**

  艺术史、工作室艺术 1、工作室艺术 2、音乐理论、拉丁语 4、拉丁语 5、语言与写作、文学与写作、微积分 AB、微积分 BC、统计学、计算机科学、西班牙语、法语、法国文学、德语、物理、化学、生物、经济学、美国政府与政治、美国政治及比较政府、欧洲现代史、艺术史、美国历史、世界历史

- **荣誉课程**

  物理、化学、生物

- **ESL 课程**

  有

- **学生社团**

  阿鲁佩服务社团、亚洲俱乐部、黑人学生社团、象棋小组、计算机俱乐部、击鼓社团、击剑俱乐部、辩论俱乐部、国际关系俱乐部、数学俱乐部、国家荣誉俱乐部、哲学俱乐部、政治前途(杂志)、歌唱小组、滑雪小组、辩论小组、荣誉学生社团等

- **体育活动**

  越野、橄榄球、足球、篮球、曲棍球、室内田径、游泳跳水、摔跤、棒球、击剑、高尔夫、长曲棍球、田径、网球等

网 址	www.gprep.org
学校地址	10900 Rockville Pike , North Bethesda, MD 20852

学校人物

● 教师学历

85% 硕士及以上学历

● 优秀毕业生

Brian Cashman:纽约洋基队经理

Christopher Dodd:美国参议员

A.J. Wood:美国足球国家队选手

Mo Rocca:喜剧演员

William Bidwill:亚利桑那红雀队创始人（NFL）

Roy Hibbert:印第安娜步行者队队员

招生要求

TOEFL：是

SSAT：是

面试：是

常规申请材料：是

录取率：23%

申请截止日期：1 月 10 日

国际学生申请费（美元）：100

申请方式：网申

毕业生去向

德克萨斯大学－奥斯汀

南卫理公会大学

华盛顿大学－圣路易斯

美国莱斯大学

乔治华盛顿大学

西三一大学

tips

乔治城预科学校是一所非常著名的男子高中,学术竞争力比较强,离华府很近,所以可利用的资源比较多,包括各种博物馆等。学校的录取要求是需要提供托福和 SSAT 成绩,通常情况下申请该校的标准化成绩在托福 90 分以上为最好,但因学校提供 ESL 课程,如果学生在某一领域有特长的话,对于 TOEFL 要求可以降低。

圣詹姆斯学校
Saint James School

学校简介

1. 基本情况

建校时间:1842 年	学校性质:私立/寄宿	所在州:马里兰州(MD)
招生年级:8～12	学生总数:233	师生比例:1:7
班级人数:11	国际生比例:17%	寄宿生比例:75%
学校类型:混合校	宗教背景:新教	占地面积(英亩):672
受赠款(美元):2 000 万	SAT 平均分:1 990	学费(美元):46 000

2. 教育宗旨

The Mission of Saint James School is to prepare young men and women for academic success in college, and to challenge and inspire them to be leaders for good in the world. We seek to do this within a small and familial residential community which values the moral and spiritual development of our students.

学校亮点

● **AP 课程**

拉丁语、拉丁文学、西班牙语、法语、英语文学与写作、工作室艺术、音乐理论、音乐(类别 4－5)、美国历史、世界历史、欧洲历史、微积分 AB、微积分 BC、生物、化学、物理 B

● **ESL 课程**

无

● **学生社团**

艺术俱乐部、野营俱乐部、击鼓俱乐部、击剑俱乐部、历史社会协会、曲棍球俱乐部、拉丁语俱乐部、文学俱乐部、导游俱乐部、滑雪俱乐部、唱诗班、多元文化俱乐部、年鉴、摄影俱乐部、戏剧俱乐部等

● **体育活动**

棒球、篮球、越野、舞蹈、曲棍球、橄榄球、高尔夫、长曲棍球、足球、垒球、网球、排球、摔跤等

| 网　址 | www.stjames.edu |
| 学校地址 | 17641 College Road, Hagerstown, MD 21740 |

学校人物

● 教师学历

58% 硕士及以上学历

● 优秀毕业生

James Holloway：前参谋首长联席会议主席

Alfred T. Mahan：19 世纪海军战略家

招生要求

TOEFL：是

SSAT：是

面试：是

常规申请材料：是

录取率：60%

申请截止日期：1 月 31 日

国际学生申请费（美元）：115

申请方式：纸申、网申

毕业生去向

乔治·华盛顿大学

依隆大学

马里兰大学帕克分校

纽约大学

卡耐基梅隆大学

福尔门大学

南方大学塞沃尼分校

海波特大学

迪金森学院

三一学院

普林斯顿大学

tips

圣詹姆斯学校是马里兰州非常著名的寄宿中学，学校提供 8～12 年级教育，国际学生可以申请该校的 8 年级，圣詹姆士中学向来以治学严谨，管理严格著称，录取国际学生的标准极高，在 2011 年之前，申请该校的学生至少要达到托福 100 分才有胜算的把握，但近一两年来，学校对托福的硬性标准有所松动，但加入了对学生面试的力度，如果学生的面试表现突出，托福成绩在 90 分以上，录取的几率同样会比较大。

西诺丁汉学院
West Nottingham Academy

学校简介

1. 基本情况

建校时间:1744 年　　　学校性质:私立/寄宿　　　所在州:马里兰州(MD)

招生年级:9～12　　　　学生总数:130　　　　　师生比例:1:7

班级人数:11　　　　　国际生比例:45%　　　　寄宿生比例:70%

学校类型:混合校　　　宗教背景:无　　　　　占地面积(英亩):100

受赠款(美元):500 万　　SAT 平均分:1 710　　　学费(美元):57 800

2. 教育宗旨

Every individual of the West Nottingham Academy community brings an intricate combination of cultural traditions, personal and family beliefs, and life experiences. As an historically inclusive Academy, West Nottingham respects and supports the ethical and educational importance of a multicultural curriculum and co – curricular program in accordance with its mission statement and core values.

学校亮点

● **AP 课程/高级课程**

室内艺术、英国文学、美国历史、欧洲历史、物理、化学、生物、物理 B、物理 C、微积分 AB、微积分 BC、法语、西班牙语、统计学。

● **ESL 课程**

有

● **学生社团**

啦啦队、合唱队、社区服务、戏剧、Green Rams – 环保俱乐部、武术/自卫、Memorial Arch 杂志(艺术和诗歌)、音乐俱乐部、户外探险 – 骑车/攀岩、业余高尔夫球、业余网球、斯巴达和雅典人、光谱多样性委员会、舞台工作、同性恋 – 异性恋联合社团(SGA)、年刊

● **体育活动**

篮球、越野赛、花式溜冰、长曲棍球、足球、排球

网　址	www.wna.org
学校地址	1079 Firetower Road, Colora, MD 21917

学校人物

● 教师学历

　60% 硕士及以上学历

● 优秀毕业生

John Archer：马里兰州早期政治家

Josh Boone：前 NBA 篮球队员

Austin Lane Crothers：马里兰州州长（1908 – 1912）

John Filson：作家

Eric Fischl：艺术家和雕塑家

招生要求

测试：TOEF 或 SSAT

面试：是

常规申请材料：是

录取率：70%

申请截止日期：2 月 1 日

国际学生申请费（美元）：100

毕业生去向

巴布森学院

巴尔的摩学院

科尔比学院

迪金森学院

德雷塞尔大学

葛底斯堡学院

雪域大学

马里兰州大学

南加州大学

威斯康星大学

tips

　　该校历史悠久，是美国最早的寄宿学校。良好的教育陪伴该校走过了 270 年，同时也指引着学校迈向更好的未来。学校鼓励学生做一个善于学习和有创在性的人。学校的教育指导原则是给学生最优秀和最综合的课程，尊重每一位学生也倾听每一位学生在学习上的需求，鼓励学生提出自己的想法和意见，以及学会如何在错误中学习与成长。

艾什维尔学校

Asheville School

学校简介

1. 基本情况

建校时间:1900 年	学校性质:私立/寄宿	所在州:北卡罗来纳州(NC)
招生年级:9~12	学生总数:285	师生比例:1:4
班级人数:13	国际生比例:16%	寄宿生比例:72%
学校类型:混合校	宗教背景:无	占地面积(英亩):300
受赠款(美元):3 800 万	SAT 平均分:1 860	学费(美元):55 500

2. 教育宗旨

To prepare our students for college and for life, and to provide an atmosphere in which all members of a diverse, engaged, and purposefully small school community appreciate and strive for excellence – an atmosphere that nurtures character and fosters the development of mind, body, and spirit.

学校亮点

- **AP 课程**

  美国文学、生物、微积分 AB、微积分 BC、化学、欧洲历史、欧洲文学、基础微积分、法语、拉丁语、音乐历史、音乐理论、物理 B、物理 C、西班牙语、统计学、美国历史

- **荣誉课程**

  法语 1-5、西班牙语 1-4、几何、世界学、高级代数和几何、代数和三角法、基础微积分、生物学、化学、物理

- **ESL 课程**

  无

- **学生社团**

  烹饪俱乐部、基督人俱乐部、国际俱乐部、同龄人教师组织、攀岩俱乐部、青年服务者协会、低年级领导者协会、高年级领导者协会、挖掘协会、宪章协会、游协会、滑雪协会、蓝白协会(年度杂志)、朗诵协会、环境保护意识俱乐部、国际象棋协会等

- **体育活动**

  越野、曲棍球、橄榄球、排球、足球、篮球、田径、游泳、摔跤、棒球、长曲棍球、网球、高尔夫、登山、马术等

| 网　址 | www.ashevilleschool.org |
| 学校地址 | 360 Asheville School Rd., Asheville, NC 28806 |

学校人物

● 教师学历

72% 硕士及以上学历

● 优秀毕业生

Sam Johnson：S. C. Johnson Wax 创始人

Reg Garner：德克萨斯皮特辣酱发明者

Richard Kimberly：金百利克拉克公司创始人

招生要求

TOEFL：是

SSAT：是

SSAT 成绩百分比：66%

面试：是

常规申请材料：是

录取率：47%

申请截止日期：12 月 10 日（早申请）

　　　　　　2 月 1 日（正常申请）

国际学生申请费（美元）：100

申请方式：纸申、网申

毕业生去向

北卡罗来纳大学教堂山分校

南方大学塞沃尼分校

福尔门大学

查尔斯顿学院

纽约大学

森特学院

乔治城大学

康奈尔大学

罗德学院

海波特大学

tips

艾什维尔学校是一所坐落在北卡罗来纳州的顶尖高中，学校很有特色的地方在于学校和大学一样有提前录取。学生如果选择提前录取这一项目，需要在 12 月 10 日之前完成申请，并保证如果学校一旦录取学生，学生将不能选择任何其他学校。不过选择提前录取项目，学生的录取要要比常规申请的要高，该校对学生的标准化考试成绩要求比较高，托福至少 90 分，SSAT 2 100 多分。

基督学校
Christ School

学校简介学校简介

1. 基本情况

建校时间:1900 年	学校性质:私立/寄宿	所在州:北卡罗来纳州(NC)
招生年级:8~12	学生总数:290	师生比例:1:5
班级人数:12	国际生比例:11%	寄宿生比例:75%
学校类型:男校	宗教背景:新教	占地面积(英亩):500
受赠款(美元):1 100 万	SAT 平均分:1 400~1 800	学费(美元):49 995

2. 教育宗旨

Our mission is to produce educated men of good character, prepared for both scholastic achievement in college and productive citizenship in adult society. We achieve this mission through a four-fold process.

学校亮点

- **AP 课程**

  生物、微积分 AB、微积分 BC、化学、计算机科学 AB、英语文学与写作、英语语言学与写作、环境科学、法语、拉丁语、意大利语言文化、物理 B、物理 C:力学、西班牙语、西班牙文学、美国历史、世界历史

- **荣誉课程**

  文学类型简介、世界文学、美国文学、英国文学、数学、基础微积分、生物、化学、物理、帝国史、20世纪世界史、美国历史、拉丁语 1、拉丁语 2、拉丁语 3、拉丁语 4、西班牙语 1、西班牙语 2、西班牙语 3、西班牙语 4、等级课、代数 1、代数 2、法语 4、德语、唱诗班、西班牙文化及传统统计

- **ESL 课程**

  有

- **学生社团**

  户外活动项目、环境俱乐部、未来美国商业领导者协会、回力球协会、歌剧协会、音乐协会、年度书籍协会、合唱团、基督教徒协会、年轻共和党人等

- **体育活动**

  棒球、篮球、越野、足球、高尔夫、长曲棍球、美式橄榄球、游泳、网球、田径、摔跤等

网　　址	www.christschool.org
学校地址	500 Christ School Road, Arden, NC 28704

学校人物

- 教师学历

  教师学历：65% 硕士及以上学历
- 优秀毕业生

  Mason Plumlee：杜克大学篮球队队长

  Miles Plumlee：步行者队篮球球员

  Marshall Plumlee：杜克大学篮球队

招生要求

TOEFL：是

SSAT：是

面试：是

常规申请材料：是

录取率：69%

申请截止日期：2 月 10 日

申请费（美元）：75

申请方式：纸申、网申

毕业生去向

乔治城大学

乔治华盛顿大学

美国大学

弗吉尼亚大学

杰姆斯麦迪逊大学

华盛顿与李大学

弗吉尼亚军事学院

罗诺科学院

弗吉尼亚理工大学

tips

　　基督学校是北卡罗来纳州的一所非常棒的男子高中，所有在校国际学生都非常满意热爱自己的学校。能够让自己的学生非常喜欢而且特别爱的话，这也说明了这所学校是非常了不起的。这所学校很注重对于学生性格，品德及服务他人的意识的培养，他们通过一种奇妙的方式让学生喜欢学习，并且不断地去挑战自己，战胜自己。这所学校不是要求很高的托福或者很高的 SSAT 成绩录取学生，但托福和 SSAT 成绩最好在 80 及 2 000 分左右。

圣玛丽学校

Saint Mary's School

学校简介学校简介

1. 基本情况

建校时间:1842 年	学校性质:私立/寄宿	所在州:北卡罗来纳州(NC)
招生年级:9～12	学生总数:270	师生比例:1:8
班级人数:12.5	国际生比例:11%	寄宿生比例:53%
学校类型:女校	宗教背景:新教	占地面积(英亩):23
受赠款(美元):35 万	SAT 平均分:1 790	学费(美元):54 260

2. 教育宗旨

Saint Mary's School, a community dedicated to academic excellence and personal achievement, prepares young women for college and life. To accomplish our mission, Saint Mary's School:

● Challenges each young woman to embrace the habits of an intellectual life, engages her with the past and the emerging future, and empowers her to serve and shape her world.

● Fosters in each young woman a spirit of connection to others, guides her in developing her spiritual and ethical integrity, and prepares her to take responsibility for herself and her future.

学校亮点

● **AP 课程**

英语 3 语言与写作:美国文学、英语 4 文学与写作:英国文学、美国历史、美国政府与政治、心理学、微积分 AB、微积分 BC、计算机科学 A、统计学、生物学、化学、物理、环境科学

● **荣誉课程**

英语 1:世界之声、英语 2:西方文学、英语 3:美国文学、英语 4:英国文学、世界文化、西方文明、美国历史、几何、代数 2、基础微积分、微积分、生物 1、生物 2、化学、物理、中级法语:法国文明、高级法语:会话和写作、高级法语:法语圈的文化与文明、高级拉丁语:写作与会话高级拉丁语:文学—散文、中级西班牙语:西语语法与会话、中级西班牙语:西班牙文化与写作、高级西班牙文化、高级西班牙语:会话、写作和实事、赞美诗、音乐基础、应用音乐编排、高级美术、舞蹈剧

● **ESL 课程**

无

● **学生社团**

动物保护协会、唱诗班、西班牙俱乐部、烹饪俱乐部、舞蹈俱乐部、击鼓俱乐部、ECHO、经济俱乐部、环境保护俱乐部、电影俱乐部、基督徒协会、法语协会、女子协会、人权组织、拉丁语协会、布鲁斯女子协会、美国模型协会、国家荣誉协会、管弦乐协会、摄影协会、运动协会、学生自由组织、青年民主协会、年轻共和党人协会等

● **体育活动**

篮球、越野、高尔夫、曲棍球、长曲棍球、美式橄榄球、垒球、游泳、网球、排球、田径等

| 网　　址 | www.sms.edu |
| 学校地址 | 900 Hillsborough Street, Raleigh, NC 27603 |

学校人物

● 教师学历

　83% 硕士及以上学历

● 优秀毕业生

　学校未提供相关数据

招生要求

TOEFL：是

SSAT：是

面试：是

常规申请材料：是

申请截止日期：1 月 30 日

国际学生申请费（美元）：100

申请方式：纸申、网申

毕业生去向

波士顿大学

达特茅斯学院

杜克大学

乔治·华盛顿大学

乔治城大学

北卡州立大学

东北大学

史密斯学院

弗吉尼亚大学

佛蒙特大学

南加州大学

tips

　　圣玛丽女子高中坐落在北卡罗来纳州，其周围有三所顶尖大学，他们是杜克大学，北卡大学教堂山分校及北卡州立大学，就像在大学城里一样，所以该校毕业生被北卡州立大学教堂山录取的学生也比较多。另外，学校的课外活动比较多，教师拥有高等学位的比例比较高，所以师资力量比较雄厚。根据以往该校的录取标准以学生在校的适应性来看，申请者的托福成绩至少在 80 分以上为好。

赛伦学院
Salem Academy

学校简介

1. 基本情况

建校时间:1772 年	学校性质:私立/寄宿	所在州:北卡罗来纳州(NC)
招生年级:9~12	学生总数:165	师生比例:1:7
班级人数:11	国际生比例:24%	寄宿生比例:58%
学校类型:女校	宗教背景:摩拉维亚教会(基督教派)	占地面积(英亩):64
受赠款(美元):600 万	SAT 平均分:1 880	目前学费(美元):46 200

2. 教育宗旨

As advocates for women in leadership roles, we recognize our place in a global society and persist in our commitment to a lifetime of learning. We pledge ourselves to retain and nurture those values which encourage each student to take risks, show integrity, and discover her passion as she sets out on her own journey.

学校亮点

● AP 课程

英语、英语文学与写作、美国历史、世界历史、统计学、微积分 AB、微积分 BC、生物学、化学、物理 C、拉丁语:维吉尔、西班牙语

● 荣誉课程

英语 1、英语 2:世界文学、英语、西班牙语 2、非西方文化、代数 2

● ESL 课程

有

● 学生社团

国家拉丁语荣誉社团、国家西班牙文化荣誉社团、文学杂志社、艺术委员会、众议院委员会、国家荣誉协会、文化意识俱乐部、生态俱乐部、电影俱乐部、选举委员会、饮食协会、法语俱乐部、园艺俱乐部、拉丁俱乐部、合唱团、模拟联合国、音乐俱乐部、写作俱乐部、法语俱乐部、学生会组织、戏剧剧团等

● 体育活动

篮球、越野运动、舞蹈、马术、曲棍球、高尔夫、英式足球、垒球、游泳、网球、田径运动、排球等

网　　址	www.salemacademy.com
学校地址	500 East Salem Avenue, Winston-Salem, NC 27101

学校人物

- 教师学历
  78% 硕士及以上学历
- 优秀毕业生
  Elizabeth Pfohl Campbell：1999 届毕业生，WETA 的创立者
  Tillie Kidd Fowler：1960 届毕业生，美国众议院议员
  Kathyrn Harrold：1968 届毕业生，著名女演员
  Marshall Chapman：1968 届毕业生，著名创作型歌手
  Rolanda Watts：1977 届毕业生，著名电视节目主持人

招生要求

TOEFL：是

SSAT：是

SSAT 成绩百分比：60%

面试：是

常规申请材料：是

录取率：53%

申请截止日期：滚动招生

国际学生申请费（美元）：50

申请方式：网申、纸申

毕业生去向

纽约大学

北卡罗来纳大学教堂山分校

北卡罗来纳州立大学

威克森大学

加州大学洛杉矶分校

南加州大学

阿巴拉契亚州立大学

艾莫利大学

弗吉民亚大学

宾夕法尼亚大学

伯纳德学院

华盛顿大学圣路易斯分校

匹茨堡大学

普渡大学

杜克大学

威廉玛丽学院

tips

赛伦学院是北卡罗来纳州的一所女校，学校的特点是学术管理非常严格，拿 A 很难，正是因为学校对学生的要求比较高，所以学生学到真正的东西也就比较多。学校属于宽进严出的类型，为未来的大学学习做好充分准备，所以学生在未来大学里的表现通常会比较突出。申请者申请该校托福和 SSAT 成绩需要达到 70 分和 1 900 分以上。

贝勒学校
Baylor School

Amat Victoria Curam (Victory Loves Care)

学校简介

1. 基本情况

建校时间:1893 年　　　　学校性质:私立/寄宿　　　　所在州:田纳西州(TN)

招生年级:9 ~ 12　　　　学生总数:1 053　　　　师生比例:1 : 8

班级人数:15　　　　国际生比例:30%　　　　寄宿生比例:27%

学校类型:混合校　　　　宗教背景:无　　　　占地面积(英亩):690

受赠款(美元):9 000 万　　　　SAT 平均分:1 805　　　　学费(美元):52 430

2. 教育宗旨

Baylor's mission is to foster in its students both the ability and the desire to make a positive difference in the world. Baylor fulfills its mission by providing: ①a rich academic program that opens the minds of students, preparing them for college and for an ever – changing world; ②a school rooted in tradition yet receptive to change, staffed by talented adults who are devoted to teaching and who model for students a lifelong love of learning; ③ a wide variety of co – curricular experiences that require active participation and personal commitment, extending learning beyond the lessons of the traditional classroom; ④a diverse academy having at its heart a vibrant resident community of faculty and students from around the world; ⑤a balance of emphases on activities of the mind, body, and spirit, encouraging students to grow into happy, caring, and honorable adults, ready and unafraid to be leaders for the public good.

学校亮点

● AP 课程

生物、微积分 AB、微积分 BC、化学、环境科学、计算机科学、英语文学、英语语言学、法语、拉丁语、物理、西班牙语、西班牙文学、人文地理、艺术史、统计学、美国历史、欧洲历史、西班牙文学、德语、美术:3 – D 设计、荷兰语

● ESL 课程

有

● 学生社团

社区服务俱乐部、动漫俱乐部、舞蹈俱乐部、哲学俱乐部、棋艺社、科学学会、德语俱乐部、法语俱乐部、西班牙语俱乐部等

● 体育活动

足球、篮球、垒球、保龄球、击剑、高尔夫、游泳、排球、摔跤、网球、啦啦队、越野、长曲棍球、棒球、帆船、田径、潜水等

学校人物

● 教师学历

70% 硕士及以上学历

● 优秀毕业生

Arthur Golden：1974 届毕业生，《艺妓回忆录》作者

William Duff：1945 届毕业生，联邦调查局反情报专家和作者

Tene Hamilton Franklin：1991 届毕业生，人类基因组计划调解人

Thomas Jolly：1973 届毕业生，《纽约时报》编辑

Sandlin Mattice, Jr.：1972 届毕业生，联邦法官

James Wheless：1982 届毕业生，乔治卢卡斯设计师和动画师

David Lowance：1953 届毕业生，埃默里大学移植专家、教授

John Johnson：1957 届毕业生，海洋工程国际高级副总裁

Laurel Creech：1992 届毕业生，环保活动家

招生要求

TOEFL：是

SSAT：是

面试：是

常规申请材料：是

录取率：62%

申请截止日期：滚动招生

国际学生申请费（美元）：150

申请方式：纸申、网申

毕业生去向

弗吉尼亚大学

田纳西大学

佐治亚大学

奥本大学

南卡罗来纳大学

克莱姆森大学

密西西比大学

tips

　　贝勒学校是一所规模比较大的寄宿高中，所以学校课程及活动非常丰富，学校在录取学生时比较注重学生的独立性，申请该校的国际学生的托福成绩通常在 80 分左右。

201

麦凯利学校
McCallie School

MCCALLIE
HONOR TRUTH DUTY

学校简介

1. 基本情况

建校时间:1905 年	学校性质:私立/寄宿	所在州:田纳西州(TN)
招生年级:9 ~ 12	学生总数:932	师生比例:1∶8
班级人数:14	国际生比例:6%	寄宿生比例:26%
学校类型:男校	宗教背景:无	占地面积(英亩):125
受赠款(美元):6 400 万	SAT 平均分:1 390	学费(美元):53 875

2. 教育宗旨

The McCallie School's mission is to prepare its students for college and for life. The school is dedicated to the academic, physical, spiritual, and emotional growth of boys. It seeks to inspire and motivate them:

- To pursue excellence and take pride in one's work and achievements.
- To lead lives of personal honor.
- To be responsible in family and personal relationships.
- To manifest concern for the welfare of others.

学校亮点

● **AP 课程**

生物、微积分 AB、微积分 BC、化学、计算机科学 A、中国语言与文化、英语文学与写作、英语语言学与写作、法语、德语、拉丁语、音乐理论、物理 B、物理 C:力学、物理 C:电磁学、西班牙语、西班牙文学、美国历史

● **ESL 课程**

无

● **学生社团**

文学杂志、艺术俱乐部、亚洲电影学会、天文学俱乐部、校园娱乐委员会、教堂委员会、啦啦队、法语俱乐部、化学奥林匹克竞赛、国际象棋俱乐部、合唱团经典俱乐部、社区服务委员会、辩论会、戏剧社、生态和循环俱乐部、法国俱乐部、吉他俱乐部、日语俱乐部、爵士乐队、麦凯利社区理事会、麦凯利金融俱乐部、麦凯利投资社团、麦凯利文学俱乐部、麦凯利小额信贷基金会、联合国模拟审判、数学俱乐部、音乐欣赏社团、音乐剧场、国家社会荣誉团、户外俱乐部、《年鉴》、摄影俱乐部、奥林匹克、西班牙语俱乐部、报社、极限飞盘等

● **体育活动**

棒球、篮球、保龄球、体操、田径、越野、跳水、室内足球、高尔夫、曲棍球、攀岩、足球、游泳、网球、极限飞盘、摔跤、划艇等

学校人物

● 教师学历

65 % 硕士及以上学历

● 优秀毕业生

Ted Turner：1956 届毕业生，CNN 创始人

Howard Baker：1943 届毕业生，白宫办公厅主任、驻日本大使

Jon Meacham：1987 届毕业生，作家、*Newsweek* 编辑

Bill Brock：1949 届毕业生，前参议员和劳工部长

James Killian：1921 届毕业生，麻省理工学院前任校长

Zach Wamp：1976 届毕业生，众议院议员

Carroll Campbell：1958 届毕业生，南卡罗来纳州前州长

招生要求

TOEFL：是

SSAT：是

面试：是

常规申请材料：是

申请截止日期：滚动招生

申请费（美元）：100

申请方式：纸申、网申

毕业生去向

波士顿大学

波士顿学院

杜克大学

阿拉巴马大学

戴维森学院

斯坦福大学

宾夕法尼亚大学

弗吉尼亚大学

tips

麦凯利学校是田纳西州非常著名的男子高中，所以比较注重学生领导力的培养，从学校知名校友当中便可知晓，很多毕业生在政府机构任职。学生领导力的培养是通过让学生参加大量的课外活动而逐渐锻炼出来的，所以学校的课外活动也非常丰富，社团达到 60 多个。申请该校的申请者托福成绩需要达到至少 90 分以上。

圣安德鲁西瓦尼学校

St. Andrew's-Sewanee School

学校简介

1. 基本情况

建校时间:1868 年	学校性质:私立/寄宿	所在州:田纳西州(TN)
招生年级:9 ~ 12	学生总数:247	师生比例:1:5
班级人数:15	国际学生所占比例:16%	寄宿生比例:44%
学校类型:混合校	宗教背景:新教	占地面积(英亩):550
受赠款(美元):1 150 万	SAT 平均分:1 800	目前学费(美元):49 900

2. 教育宗旨

To be an inclusive Christian community in which the Episcopal heritage is central.

To provide superior preparation for college.

To provide educational opportunities for those students for whom such experiences might not otherwise be available.

To bring all members of the community to a richer spiritual, intellectual, social, physical, and aesthetic awareness so that they might lead lives of honor and loving service to God and to others.

学校亮点

● **AP 课程**

学生在附近的西沃恩南方大学学习大学课程,以此达到学习 AP 课程的目的

● **荣誉课程**

数学、科学

● **ESL 课程**

有

● **学生社团**

动漫俱乐部、艺术合作社、童子军、班级管理者、烹饪俱乐部、舞蹈队、ECO SAS 校环境控制组织、基督教运动员团契、垂钓俱乐部、同/异性恋联盟、全球拓展协会、荣誉协会、国际俱乐部、数学俱乐部、The Mountain(无线电台)、山狮俱乐部(运动支持者联盟)、Mountain Mirror(文学杂志)、推广和社区服务、活力俱乐部、The Phoenix(年刊)、学监、学校大使、学生教区委员会、写作俱乐部(创新型写作)、溜溜球俱乐部

● **体育活动**

棒球、篮球、越野赛、橄榄球、高尔夫、足球、垒球、游泳、网球、田径、排球、摔跤、山地自行车

| 网　址 | www.sasweb.org |
| 学校地址 | 290 Quintard Rd., Sewanee, Tennessee, USA |

学校人物

- 教师学历
  56% 硕士及以上学历
- 优秀毕业生
  James Agee：1919 毕业生，美国作家，记者，诗人，编剧 和电影评论家
  George Garrett：1946 届毕业生，诗人和小说家
  Mike DrGruy：1970 届毕业生，纪录片导演
  Stephen Alvarez：1983 届毕业生，国家地理摄影师

招生要求

测试：需要 TOEFL，不需要 SSAT

面试：是

常规申请材料：是

录取率：62%

申请截止日期：滚动招生

国际学生申请费用（美元）：100

申请形式（纸申/网申）：最好网申

毕业生去向

西沃恩南方大学

中田纳西州立大学

田纳西大学诺克斯维尔

田纳西大学查特怒加市分校

田纳西科技大学

艾莫利大学

东田纳西州立大学

埃克德学院

玛丽维尔学院

tips

该校最大的一个特点是对于学术能力强的学生可以选择上位于南方大学的大学课程。学校位于田纳西，环境很安静，也很美，非常适合学习。学校虽然提供 ESL 课程，但申请该校的学生托福成绩最好在 60 分以上。

韦伯学校
Webb School

学校简介

1. 基本情况

建校时间:1870 年	学校性质:私立/寄宿	所在州:田纳西州(TN)
招生年级:8~12	学生总数:321	师生比例:1:7
班级人数:10	国际生比例:15%	寄宿生比例:33%
学校类型:混合校	宗教背景:无	占地面积(英亩):150
受赠款(美元):2 400 万	SAT 平均分:1 796	学费(美元):48 800

2. 教育宗旨

Our mission is "to turn out young people who are tireless workers, and who know how to work effectively; who are accurate scholars; who know the finer points of morals and practice them in their daily living; who are always courteous."

学校亮点

● **AP 课程**

英语3、英语4、拉丁语、世界历史、美国历史、欧洲历史、宏观经济学、微观经济学、微积分 AB、微积分 BC、统计学、化学、物理:力学、物理:电磁学、生物学、工作室艺术

● **荣誉课程**

英语14、西班牙语4-5、拉丁语5、美国历史、代数1、代数2、几何、基础微积分、微积分、生物学

● **ESL 课程**

有

● **学生社团**

学生联合组织、校园合唱团、社区服务俱乐部、合唱社团、电影俱乐部 舞蹈社团、生态/可持续发展社团、马术俱乐部、时尚设计俱乐部、国际俱乐部 校内足球俱乐部、日本动画俱乐部、爵士乐队、文学杂志俱乐部、国家荣誉社团、艺术工作室、修道院志愿者、机器人俱乐部、服务学习俱乐部、滑雪俱乐部、学生技术俱乐部、瑜伽俱乐部等

● **体育活动**

越野、橄榄球、足球、高尔夫、篮球、棒球、垒球、长曲棍球、网球等

网 址	www.thewebbschool.com
学校地址	319 Webb Road East, Bell Buckle, TN 37020

学校人物

● 教师学历

74% 硕士及以上学历

● 优秀毕业生

Vermont Royster：《华尔街日报》编辑

Charles Alexander：《时代》杂志国际编辑

Fielding Lewis Wright：密西西比州州长

Lewis Branscomb：哈佛大学肯尼迪政府学院主席

Ingram Macklin Stainback：夏威夷第一任总督

Prentice Cooper：田纳西州州长

招生要求

TOEFL：是

SSAT：是

面试：是

常规申请材料：是

录取率：71%

申请截止日期：2 月 15 日

国际学生申请费（美元）：100

申请方式：网申、纸申

毕业生去向

田纳西大学

贝里学院

田纳西州立大学

奥本大学

贝尔蒙特大学

埃默里大学

埃默里大学牛津学院

戴维森学院

tips

　　田纳西州的韦伯学校是一所历史悠久，又很传统的混合式寄宿学校，学校的规模不大，对学生的关注度比较高。因学校提供 ESL 课程，所以对国际学生的托福成绩要求不是非常高，80 分左右，再加上有完美的面试效果，录取几率很高。

波特茅斯教会学校
Portsmouth Abbey School

学校简介

1. 基本情况

建校时间:1926 年	学校性质:私立/寄宿	所在州:罗德岛州(RI)
招生年级:9 ~ 12	学生总数:360	师生比例:1:7
班级人数:12	国际生比例:18%	寄宿生比例:70%
学校类型:混合校	宗教背景:天主教	占地面积(英亩):525
受赠款(美元):169 万	SAT 平均分:1 200 ~ 1 410	学费(美元):58 300

2. 教育宗旨

The school's mission encompasses the importance of reverence for God and the human person, respect for learning and order, and responsibility for the shared experience of community life.

学校亮点

- **AP 课程**

  英国文学、拉丁语4、拉丁语5、法国文学、西班牙语言及文化、西班牙文学、美国历史、当代欧洲史、世界历史、统计学、微积分 AB、微积分 BC、计算机科学、物理、化学、生物、艺术史、乐理、高等音乐(形式和分析)、高等艺术

- **ESL 课程**

  无

- **学生社团**

  天主教社团、社区服务社团、骑自行车俱乐部、地球反照项目、基因测序俱乐部、骑马比赛、人类关系委员会、国际意识俱乐部、投资俱乐部、爵士乐合奏犹太联盟、皮划艇运动、数学社团 模拟联合国安理会、多元文化学生会、户外技能、弦乐合奏团 、学生自治会、校刊社团、学生摇滚乐队、剧院和艺术协会、视频制作、交响曲、校刊、象棋俱乐部等

- **体育活动**

  棒球、篮球、越野、马术、曲棍球、足球、高尔夫、冰球、长曲棍球、帆船、垒球、壁球、网球、田径等

网 址	www.portsmouthabbey.org
学校地址	285 Cory's Lane, Portsmouth,RI 02871

学校人物

● 教师学历
65% 硕士及以上学历

● 优秀毕业生
John E. Pepper Jr.:华特·迪斯尼公司主席
Robert F. Kennedy:美国纽约参议员,美国总检察长
Edward M. Kennedy:马萨诸塞州的美国国会参议员
Peter M. Flanigan:尼克松总统助理
William Ruckelshaus:美国环境保护署第一位管理员,前联邦调查局局长和美国副检察长

招生要求

TOEFL:是

SSAT:是

SSAT 成绩百分比:72%

面试:是

常规申请材料:是

录取率:45%

申请截止日期:1 月 31 日

国际学生申请费(美元):110

申请方式:网申、纸申

毕业生去向

波士顿学院

罗得岛大学

福特汉姆大学

圣十字学院

乔治·华盛顿大学

乔治城大学

普罗维登斯学院

美国天主教大学

迪金森学院

纽约大学

tips

波特茅斯教会学校是罗德岛州的一所顶尖寄宿高中,入学该学校 9 年级新生必须学拉丁文,此课程对于学生未来的语言提高有很大益处,另外,因学校坐落在海边,所以学校的水上运动比较强,如帆船等。根据往年国际生录取情况来看,被录取的学生的托福成绩在 95 分以上,SSAT 2 100 以上。

圣安德鲁学校

St. Andrew's School

St. Andrew's School
Rhode Island

学校简介

1. 基本情况

建校时间:1893 年	学校性质:私立/寄宿	所在州:罗德岛(RI)
招生年级:6~12	学生总数:212	师生比例:1∶5
班级人数:7~12	国际生比例:24%	寄宿生比例:37%
学校类型:混合校	宗教背景:新教	占地面积(英亩):70
受赠款(美元):1 780 万	SAT 平均分:1 565	学费(美元):57 025

2. 教育宗旨

The Mission of St. Andrew's School is to reach out to those students with learning differences whose needs have not been met in public or private schools. Our student-oriented teachers are committed to identifying individual learning strengths and teaching to them. Since 1893, St. Andrew's has embraced social and economic diversity, offering a generous, need-based financial aid program. In a nurturing community, we emphasize moral and ethical values guided by our Episcopal heritage in preparation for each student's purposeful engagement in the world.

学校亮点

● **AP 课程**

AP 微积分、AP 音乐理论、AP 物理、AP 统计学

● **ESL 课程**

有

● **学生社团**

艺术俱乐部、羽毛球、自行车俱乐部、Chapin、唱诗班、社区服务、体能训练、舞蹈、宿舍监管、戏剧俱乐部、校内橄榄球、Lawn Games、图书管理、文学杂志、音乐俱乐部、国家荣誉协会、同侪辅导、Polar Saints、探险活动、运动俱乐部、竞走、举重训练、年刊、瑜伽等

● **体育运动**

篮球、越野赛、高尔夫、长曲棍球、足球、网球

网　址	www.standrews-ri.org
学校地址	63 Federal Road, Barrington, RI 02806

学校人物

● 教师学历

70% 硕士及以上学历

● 优秀毕业生

Demetris Nichols:前尼克斯篮球队员

Michael Carter-Williams:费城 NBA 篮球队员

Ricky Ledo:达拉斯 NBA 篮球队员

Andrew Robinson:演员

Bonzie Colson:圣母大学篮球队员

招生要求

测试：SLEP 或 TOEFL

面试：是

常规申请材料：是

录取率：48%

申请截止日期：1 月 15 日/滚动招生

国际学生申请费(美元)：100

毕业生去向

亚利桑那州立大学

波士顿学院

克拉克大学

密歇根州立大学

普渡大学

伊利诺伊大学

佛蒙特大学

华盛顿大学

威斯康星大学

埃莫森学院

tips

　　该校以师生比低，学生被关注度高而出名。而且地理位置优越，离波士顿及纽约都比较近。申请该校学生最好提供托福60分以上的成绩。

圣乔治学校

St. George's School

SINE TIMORE AUT FAVORE

ST. GEORGE'S SCHOOL

学校简介

1. 基本情况

建校时间:1896 年　　　　学校性质:私立/寄宿　　　　所在州:罗德岛(RI)

招生年级:9～12　　　　学生总数:371　　　　师生比例:1:7

班级人数:11　　　　国际生比例:16%　　　　寄宿生比例:88%

学校类型:混合校　　　　宗教背景:新教　　　　占地面积(英亩):125

受赠款(美元):12 000 万　　　　SAT 平均分:1 920　　　　学费(美元):59 750

2. 教育宗旨

The specific objectives of St. George's are to give its students the opportunity of developing to the fullest extent possible the particular gifts that are theirs and to encourage in them the desire to do so. Their immediate job after leaving school is to handle successfully the demands of college; later it is hoped that their lives will be ones of constructive service to the world and to God.

学校亮点

● AP 课程

生物、微积分 AB、微积分 BC、化学、计算机科学、计算机科学、英国文学、环境科学、欧洲历史、法语、美国政府与政治、拉丁文学、经济学、拉美文学、音乐理论、物理、西班牙语、西班牙文学、美国历史、工作室艺术、世界历史

● ESL 课程

无

● 学生社团

国际特赦组织、学生自治会、学术十项全能、艺术俱乐部、运动俱乐部、音乐俱乐部、合唱团、辩论队、法语俱乐部、戏剧工作室、广播电台、文学杂志社等

● 体育活动

棒球、篮球、曲棍球、冰球、美式橄榄球、兜网球、垒球、英式足球、软式墙网球、网球、越野运动、帆船、游泳、田径运动等

网　　址	www.stgeorges.edu
学校地址	Newport, RI 02840

学校人物

● 教师学历

66% 硕士及以上学位

● 优秀毕业生

Howard Dean：1966 届毕业生，佛蒙特州前州长和民主党全国委员会主席

Prescott Bush：1912 届毕业生，美国康涅狄格州参议员

Claiborne Pell：1936 届毕业生，罗德岛州的联邦参议员

William Vanderbilt：1919 届毕业生，罗德岛州州长

Julie Bowen：1987 届毕业生，著名女演员

招生要求

TOEFL：是

SSAT：是

SSAT 成绩百分比：81%

面试：是

常规申请材料：是

录取率：27%

申请截止日期：2 月 1 日

申请费（美元）：100

申请方式：纸申、网申

毕业生去向

布朗大学

波士顿学院

科尔比学院

康奈尔大学

乔治城大学

乔治·华盛顿大学

普林斯顿大学

三一学院

哈佛大学

威克弗里斯特大学

tips

圣乔治学校是罗德岛州的一所著名寄宿高中，学校在计算机科学方面课程比较突出，毕业生去向非常好，但同样对国际学生的录取要求也比较高，通常托福在 100 分左右，SSAT 2 200 分左右。

圣安德鲁斯学校
Saint Andrew's School

学校简介

1. 基本情况

建校时间:1961 年	学校性质:私立/寄宿	所在州:佛罗里达州(FL)
招生年级:K~12	学生总数:587	师生比例:1:8
班级人数:15	国际生比例:13%	寄宿生比例:18%
学校类型:混合校	宗教背景:新教	占地面积(英亩):81
受赠款(美元):1 300 万	SAT 平均分:1 820	学费(美元):55 700

2. 教育宗旨

As an independent school in the Episcopal tradition, Saint Andrew's mission is to build a community of learners, to provide excellence in education and to nurture each student in mind, body, and spirit.

学校亮点

● **AP 课程**

艺术史、生物、微积分 AB、微积分 BC、化学、环境科学、物理 B、物理 C(力学)、物理 C(电磁学)、统计学、美术(绘画)、美术(2D 设计)、美术(3D 设计)、美国历史

● **ESL 课程**

有

● **学生社团**

天文学会、国际俱乐部、模拟联合国、法语俱乐部、西班牙语俱乐部、文学杂志社、舞蹈俱乐部、飞盘俱乐部、局域网游戏俱乐部、社会焦点问题小组、犹太论坛、键盘俱乐部、数学社等

● **体育活动**

棒球、篮球、保龄球、美式橄榄球、高尔夫、兜网球、英式足球、垒球、网球、排球、水球、啦啦队、越野运动、潜水、游泳、田径运动、摔跤等

网　　址	www.saintandrews.net
学校地址	3900 Jog Road, Boca Raton, FL 33434

学校人物

- 教师学历
  68% 硕士及以上学历
- 优秀毕业生
  Tinsley Ellis：著名歌手、词曲作家
  Corina Morariu：网球选手
  Morgan Pressel：高尔夫运动员
  Vincent Spadea：网球选手
  Michael Yani：网球选手
  Daniel G. Fernandez：国际象棋大师

招生要求

TOEFL：是

SSAT：是

SSAT 成绩百分比：60%

面试：是

常规申请材料：是

录取率：40%

申请截止日期：2 月 1 日

申请费（美元）：100

申请方式：网申

毕业生去向

宾夕法尼亚大学

埃莫瑞大学

纽约大学

佛罗里达大学

土伦大学

迈阿密大学

乔治华盛顿大学

波士顿大学

tips

佛罗里达州的这所圣安德鲁学校也是佛罗里达州非常著名的学校，学校的特色体育课程包括网球及高尔夫。学校是当地声誉非常的学校，因地处佛里达，所以环境优美，气候宜人，是一个学习的好地方。根据以往的录取情况来看，申请者需具备托福80分以上的成绩。如果面试效果突出的话，录取几率比较大。

215

伯乐学校
The Bolles School

🏛 **BOLLES**

学校简介

1. 基本情况

建校时间:1933 年	学校性质:私立/寄宿	所在州:佛罗里达州(FL)
招生年级:K~12	学生总数:1 621	师生比例:1:10
班级人数:15	国际生比例:6%	寄宿生比例:6.8%
学校类型:混合校	宗教背景:无	占地面积(英亩):88
受赠款(美元):1 600 万	SAT 平均分:1 800	学费(美元):50 940

2. 教育宗旨

The Bolles School prepares students for college and life by inspiring achievement, integrity, confidence, and compassion in an academic community dedicated to nurturing mind, body, and soul. Accordingly, Bolles provides an unequaled breadth of opportunities and experiences which enable every student to optimize his or her unique interests, abilities, and talents.

学校亮点

● **AP 课程**

艺术史、生物、微积分 AB、微积分 BC、化学、计算机科学 A、英语文学与写作、英语语言学与写作、欧洲历史、法语、美国政府与政治、比较政治、拉丁语、物理 B、3D 组合、2D 组合、组合图、统计学、西班牙语、美国历史

● **ESL 课程**

有

● **学生社团**

亚洲俱乐部、国际象棋俱乐部、社区服务、剑术俱乐部、电脑俱乐部、辩论俱乐部、外语俱乐部、赛马俱乐部、数学俱乐部、模拟联合国、摄影俱乐部、艺术俱乐部、合唱团、戏剧社、舞蹈俱乐部等

● **体育活动**

赛艇、越野运动、潜水、游泳、田径运动、摔跤、高尔夫、棒球、篮球、兜网球、垒球、网球、排球、英式足球、美式橄榄球等

网 址	www.bolles.org
学校地址	7400 San Jose Blvd., Jacksonville, FL 32217

学校人物

● 教师学历

34% 硕士及以上学历

● 优秀毕业生

Linden Ashby：演员

George Bovell：游泳运动员，奥运会铜牌获得者

Dee Brown：NBA 前运动员

Greg Burgess：游泳运动员，奥运会银牌获得者

Chipper Jones：职业棒球大联盟运动员

招生要求

TOEFL：是

SSAT：是

SSAT 成绩百分比：56%

面试：是

常规申请材料：是

录取率：50%

申请截止日期：1 月 10 日

国际学生申请费（美元）：75（现金汇票）

80（信用卡）

申请方式：网申、纸申

毕业生去向

佛罗里达州立大学

佛罗里达大学

阿拉巴马大学

北佛罗里达大学

中佛罗里达大学

乔治亚大学

南卡罗莱纳大学

奥本大学

南卫理公会大学

迈阿密大学

tips

伯乐学校是一所位于佛罗里达州的一所寄宿中学，但住宿比例并不高，本地学生大都是走读，因学校规模比较大，1 600 多人，所以学校的课外活动及课程种类特别丰富，在此校就读过的学子就曾经说过这里的活动选择太多了，他一个人就选了 5 项活动，每天都忙得不亦乐乎，日子过得很充实。这所学校的录取标准也不低，托福需达到 90 分以上，SSAT 2 100 分以上。

考沃尔学院
Culver Academies

学校简介

1. 基本情况

建校时间:1894 年　　　　学校性质:私立/寄宿　　　　所在州:印第安纳州(IN)

招生年级:9 ~ 12　　　　　学生总数:800　　　　　　师生比例:1∶9

班级人数:14　　　　　　　国际生比例:20%　　　　　寄宿生比例:93%

学校类型:混合校　　　　　宗教背景:无　　　　　　　占地面积(英亩):1 700

受赠款(美元):28 500 万　　SAT 平均分:1 800　　　　学费(美元):43 000

2. 教育宗旨

Culver educates its students for leadership and responsible citizenship in society by developing and nurturing the whole individual – mind, spirit, and body – through integrated programs that emphasize the cultivation of character.

学校亮点

- **AP 课程**

生物、微积分 AB、微积分 BC、化学、计算机科学、中国语言与文化、英语文学与写作、英语语言学与写作、环境科学、欧洲历史、法语、美国政府与政治、比较政治、德语、拉丁文学、宏观经济学、微观经济学、音乐理论、物理 B、物理 C:力学、统计学、西班牙语、西班牙文学、美国历史、世界历史

- **荣誉课程**

西班牙语 2、线性代数、法语

- **ESL 课程**

有

- **学生社团**

学生新闻、音乐会、国际象棋俱乐部、合唱团、舞会、艺术展、电影、歌唱、电脑、摄影、戏剧、瑜伽、爵士乐团、摇滚乐团、环保俱乐部、犹太学生组织、数学俱乐部、自然科学俱乐部、溜冰俱乐部、羽毛球俱乐部等

- **体育活动**

篮球、棒球、垒球、啦啦队、击剑、潜水、马术、高尔夫、排球、长曲棍球、冰上曲棍球、足球、游泳、保龄球、网球、摔跤、有氧健身操、帆船、水球、马球、越野比赛、橄榄球、羽毛球等

网　址	www.culver.org
学校地址	1300 Academy Rd.,Culver IN 46511

学校人物

● 教师学历

87% 硕士及以上学历

● 优秀毕业生

K.S. Bud Adams：田纳西泰坦的主人

Hal Holbrook：奥斯卡提名的演员

Frank Batten：天气频道创始人

George Steinbrenner：纽约洋基队的老板

Bernardo Qunitana：CA 公司总裁

Mitchell Henderson：普林斯顿篮球教练

Molly Engstrom：2 届奥林匹克选手

Jon Scieszka：儿童书籍的作者

Miles White：阿博特实验室董事长和首席执行官

招生要求

TOEFL：是

SSAT：是

面试：是

常规申请材料：是

录取率：49%

申请截止日期：1 月 15 日

国际学生申请费（美元）：100

申请方式：纸申、网申

毕业生去向

布朗大学

宾夕法尼亚大学

普林斯顿大学

哈佛大学

斯坦福大学

芝加哥大学

波士顿大学

卡内基梅隆大学

塔夫茨大学

达特茅斯学院

纽约大学

tips

考沃尔学院也是美国中部四大名校高中之一，位于印第安纳州，考沃尔学院是一所非常具有特色一个寄宿高中，男生穿军服，也有相应的军事训练，而女生却没有这样的训练，学校曾经 16 次参加美国总统任职的巡礼。学校比较重视学生领导能力的培养，国际化视野的培养，而且学校的夏令营项目也多姿多彩。学校录取学生对于标准化考试成绩的要求通常是托福至少 90 分以上，SSAT 2 100 分以上。

拉鲁米亚学校
La Lumiere School

学校简介

1. 基本情况

建校时间:1963 年　　　　　学校性质:私立/寄宿　　　　所在州:印第安纳州

招生年级:9 ~ 12,大学预科　　学生总数:230　　　　　　师生比例:1:7

班级人数:11　　　　　　　国际生比例:20%　　　　　寄宿生比例:42%

学校类型:混合校　　　　　宗教背景:天主教　　　　　占地面积(英亩):190

受赠款(美元):100 万　　　SAT 平均分:1 890　　　　学费(美元):56 175

2. 教育宗旨

La Lumiere seeks to become the premier small day and boarding school in the Midwest. As a lay Catholic coedu-cational boarding and day school, we offer a rigorous college – preparatory education grounded in character, schol-arship, and faith. Over the past 50 years, the La Lumiere family has come to protect and defend the distinctive el-ements that have made La Lumiere a transforming experience for so many loyal alumni.

The core of a La Lumiere education rests on four elements:

- A family-like community where everyone knows everyone.
- A set of rigorous academic and co – curricular offerings that help students develop their talents.
- An atmosphere of Christian ideals, grounded in the school's Catholic heritage.
- An exceptional faculty uncommonly committed to the students.

These four elements are La Lumiere's formula for an incomparable education.

学校亮点

- ● **AP/高级课程**

  生物、法语、西班牙文学、解剖学和生理学、微积分 BC、英国文学和作文、微观和宏观经济学、物理 Ⅱ、统计学、美国历史、化学、西班牙语、工作室艺术、微积分 AB、比较政府学、环境科学、物理 Ⅰ、心理学、美国政府、生物化学

- ● **荣誉课程**

  有

- ● **ESL 课程**

  有

- ● **学生社团**

  戏剧、音乐、美术、社区服务、机智问答、奥林匹克数学竞赛、物理竞赛等

- ● **体育运动**

  棒球、篮球、划艇、越野赛、舞蹈、橄榄球、高尔夫、足球、垒球、网球、田径、排球

网　　址	www.lalumiere.org
学校地址	6801 North Wilhelm Road, La Porte, IN 46350

学校人物

- 教师学历
  70% 硕士及以上
- 优秀毕业生
  John G. Roberts：1973 届毕业生，美国首席法官
  Paris Barclay：1974 届毕业生，电视制作人，艾美奖得主
  Jim Gaffigan：1984 届毕业生，喜剧演员

招生要求

测试：TOEFL、SSAT 或 IELTS

面试：(是/否) 是

常规申请材料：(是/否) 是

录取率：

申请截止日期：1 月 5 号

国际学生申请费 (美元)：100

毕业生去向

西北大学

圣母大学

密歇根大学

波士顿学院

伊利诺伊大学

华盛顿大学

约翰卡罗尔大学

杜兰大学

tips

　　　　　该校因其管理严格而著称，那些平日里比较散漫的学生不适合申请该校，否则会抱怨颇多。学校课程和课外活动选择也比较多，是一所不错的学校。因学校提供 ESL 课程，所以一般录取的学生托福成绩在 70 分左右即可。

福莱伯学院
Fryeburg Academy

学校简介

1. 基本情况

建校时间:1792	学校性质:私立/寄宿	所在州:缅因州(ME)
招生年级:9~12	学生总数:638	师生比例:1:10
班级人数:15	国际生比例:18%	寄宿生比例:25%
学校类型:混合校	宗教背景:无	占地面积(英亩):35
受赠款(美元):2 300 万	SAT平均分:1 567	学费(美元):49 500

2. 教育宗旨

Fryeburg Academy is an independent secondary school that serves a widely diverse population of local day students and boarding students from across the nation and around the world. The Academy believes that a strong school community provides the best conditions for learning and growth. Therefore, we strive to create a supportive school environment that promotes respect, tolerance, and cooperation, and prepares students for responsible citizenship. Within this context, the Academy's challenging and comprehensive academic program, enriched by a varied co – curriculum, provides the knowledge and skills necessary for success in higher education and the workplace.

学校亮点

● **AP 课程**

生物、微积分 AB、微积分 BC、化学、中国语言与文化、计算机 AB、英语文学与写作、英语语言学与写作、法语、拉丁语、物理、西班牙语、西班牙文学、统计学、美国历史、欧洲历史、音乐理论

● **ESL 课程**

有

● **学生社团**

话剧、学校年度纪念册、报纸、乐队、合唱、国家荣誉协会、语言俱乐部、数学协会、摄影俱乐部、户外活动俱乐部 – 徒步、独木舟、瑜珈、学生理事会、拉丁语俱乐部、乒乓球俱乐部、水上运动俱乐部等

● **体育活动**

美式足球、曲棍球、越野活动、高尔夫、篮球、长曲棍球、垒球、棒球、网球、田径运动、单车、摔跤、啦啦队、阿尔卑斯式滑雪、冰上曲棍球、雪地滑板、北欧式跳跃等

网 址	www.fryeburgacademy.org
学校地址	745 Main Street, Fryeburg, ME 04037

学校人物

- 教师学历
  45% 硕士及以上学历
- 优秀毕业生
  David Rohde：《纽约时报》调查记者
  Rufus Porter：画家
  Spaulding Gray：演员和剧作家
  Marcus Nash：美国冬奥运选手
  James Farrington：新罕布什尔州众议员(1828 – 1831)

招生要求

TOEFL：否

面试：是

常规申请材料：是

录取率：78%

申请截止日期：2月1日

国际学生申请费（美元）：100

申请方式：纸申、网申

毕业生去向

波士顿大学

达特茅斯学院

缅因大学

加州大学圣巴巴拉分校

卡内基梅陇大学

纽约大学

东北大学

密歇根大学

麻省理工学院

tips

福莱伯学院是缅因州的一所非常具有活力的寄宿高中，虽然当地学生大部分走读，国际学生住宿，但是正是因为这样的因素，国际学生更有机会到自己当地的同学家做客，体验美国家庭式的生活，学校的学术是当地一流的学校,2012 年有 2 名学生被麻省理工学院录取，根据以往学生的录取情况，学校比较注重面试的环节，而且几乎每年学校都会来中国面试。

肯特山学校
Kents Hill School

KENTS HILL SCHOOL

学校简介

1. 基本情况

建校时间:1824	学校性质:私立/寄宿	所在州:缅因州(ME)
招生年级:9~12	学生总数:225	师生比例:1:6
班级人数:11	国际生比例:19%	寄宿生比例:75%
学校类型:混合校	宗教背景:无	占地面积(英亩):400
受赠款(美元):500万	SAT平均分:1 720	学费(美元):58 500

2. 教育宗旨

At Kents Hill School we educate our students in mind, body, and spirit in order to:
- Prepare them for the challenges and opportunities of higher education.
- Help them learn to accept and respect themselves and their fellow students, and to care for those in less fortunate circumstances.

Teach them to be responsible stewards of our natural heritage;

Remind them that one man or woman of principle can always make a difference.

学校亮点

● **AP 课程**

AB 微积分、生物学、化学、英国文学、环境研究、欧洲历史、物理、室内艺术、美国历史

● **ELL 课程**

有

● **学生社团**

学术咨询委员会、招生参观、国际特赦组织、社区服务、宿舍学监、戏剧俱乐部、环境俱乐部、国际俱乐部、爵士乐队、肯特山歌唱家、文学杂志、模拟联合国、国家荣誉协会、报纸、远足俱乐部、同龄互助、同龄互助学习、摇滚乐队、学生活动、学生大使、学生会、年刊、瑜伽

● **体育活动**

高山滑雪、棒球、篮球、越野赛、马术、击剑、陆上曲棍球、橄榄球、高尔夫球、冰球、长曲棍球、山地自行车、滑板滑雪、足球、垒球、网球

网 址	www.kentshill.org
学校地址	PO Box 257, 1614 Main St., Rte. 17, Kents Hill, ME 04349

学校人物

- 教师学历
  50% 硕士及以上学历
- 优秀毕业生
  Leon Leonwood Bean：缅因州弗里波特市 **L.L. Bean** 的创办者
  Alden J. Blethen：《西雅图日报》发行人

招生要求

考试：SSAT

面试：是

常规申请材料：是

录取率(%)：未知

申请截止日期：2 月 15 日

国际学生申请费用（美元）：100

毕业生去向

亚利桑那州立大学

本特利学院

巴克纳尔大学

布朗大学

康奈尔大学

科罗拉多州立大学

俄亥俄大学

新英格兰音乐学院

普度大学

森林湖学院

塔夫兹大学

威斯康辛大学

tips

　　该校 60% 左右的教职员工住在校园里，所以能够给学生及时地指导和帮助。学校的课程设置丰富，对国际学生非常照顾。并为英语有困难的学生提供 ELL 课程支持。

克莱恩布鲁克学校
Cranbrook Schools

学校简介

1. 基本情况

建校时间:1922 年	学校性质:私立/寄宿	所在州:密歇根州(MI)
招生年级:K ~ 12	学生总数:1 659	师生比例:1∶8
班级人数:16	国际生比例:13%	寄宿生比例:15%
学校类型:混合校	宗教背景:无	占地面积(英亩):319
受赠款(美元):224.7 万	SAT 平均分:1 939	学费(美元): 41 300

2. 教育宗旨

Cranbrook Schools are independent day and boarding schools that provide students with a challenging and comprehensive college preparatory education. We motivate students from diverse backgrounds to strive for intellectual, creative, and physical excellence, to develop a deep appreciation for the arts and different cultures, and to employ the technological tools of our modern age. Our schools seek to instill in students a strong sense of personal and social responsibility, the ability to think critically, and the competence to communicate and contribute in an increasingly global community.

学校亮点

● AP 课程

生物、微积分 AB、微积分 BC、化学、计算机科学 A、中国语言与文化、欧洲历史、法语、拉丁语、物理 C:力学、西班牙语、统计学、美国历史、世界历史

● ESL 课程

有

● 学生社团

亚洲杂志、自行车俱乐部、保龄球俱乐部、社区服务、计算机小组、自由派和民主党理事会、烹饪艺术俱乐部、舞蹈俱乐部、击剑俱乐部、电影俱乐部、法国俱乐部、游戏和图书俱乐部、德语俱乐部、印度俱乐部、爵士乐队、初中政治家、韩国俱乐部、拉丁美洲理事会、拉丁俱乐部、文学艺术杂志、模拟联合国大会、机器人团队、校报、潜水、滑雪、体育周刊、学生理事会、乒乓球、跆拳道、太极、剧院俱乐部、极限飞盘、视频年鉴、世界俱乐部、年鉴、布鲁克木管乐器、瑜伽俱乐部、年轻的音乐家协会等

● 体育活动

高山滑雪、棒球、篮球、船员、越野、跳水、曲棍球、足球、高尔夫、冰上曲棍球、橄榄球、垒球、游泳、网球、田径、排球等

学校人物

- 教师学历
  85% 硕士及以上学历
- 优秀毕业生
  Florence Knoll：设计师
  Alan K. Simpson：美国前参议员
  Pete Dawkins：海斯曼奖杯获得者
  Mitt Romney：前马萨诸塞州长和总统候选人
  Ann Romney：前马萨诸塞州长和总统候选人罗姆尼的妻子
  Michael Kinsley：专栏作家
  Scott McNealy：Sun Microsystems 公司创始人
  Alexi Lalas：前职业足球运动员
  Selma Blair：女星

招生要求

TOEFL：是

SSAT：是

SSAT 成绩百分比：68%

面试：是

常规申请材料：是

录取率：38%

申请截止日期：1 月 31 日/滚动招生

申请费（美元）：50

申请方式：纸申、网申

毕业生去向

密歇根大学安娜堡校区

密歇根州立大学

西北大学

芝加哥大学

哈佛大学

纽约大学

阿莫斯特大学

康奈尔大学

杜克大学

威廉姆斯大学

tips

克莱恩布鲁克学校也是美国中部地区四大名校寄宿高中之一，位于汽车之城底特律附近，离芝加哥机场比较近，交通便利。克莱恩布鲁克的学校特色就在于学校是两个校区，两个校区之间用巴士连接。学校另一个特色就是 9 年级的历史课及英文课男女生分上。根据国际生申请到该校的数据显示，学生的托福成绩最好在 90 分以上。

因特劳肯艺术学院
Interlochen Arts Academy

学校简介

1. 基本情况

建校时间:1928 年	学校性质:私立/寄宿	所在州:密西根州(MI)
招生年级:9~12	学生总数:500	师生比例:1:6
班级人数:15	国际生比例:25%	寄宿生比例:90%
学校类型:混合校	宗教背景:无	占地面积(英亩):1 200
受赠款(美元):7 200 万	SAT 平均分:1 210	学费(美元):54 500

2. 教育宗旨

Decided to the promotion of World Friendship through the universal Language of the Arts.

学校亮点

● AP 课程

微积分 AB、微积分 BC、物理 B、统计学、世界历史

● ESL 课程

有

● 艺术专业

创新型写作、多媒体、音乐、专业发展和视觉艺术

网 址	academy.interlochen.org
学校地址	4000 Highway M–137, Interlochen, MI 49643

学校人物

● 教师学历

　90% 硕士及以上学历

● 优秀毕业生

Felicity Huffman :演员

Josh Groban :歌手

Jewel :歌手

Robert Snyder :艺术家,芝加哥艺术学院教师

Anthony Rapp :演员

Lorin Maazel :纽约爱乐乐团音乐总监/指挥

Peter Erskine :爵士乐鼓手

David Blum :华尔街的杂志,"纽约时报杂志"记者

Daniel Zwerdling :美国全国广播电台资深记者

Tovah Feldshuh :演员

招生要求

TOEFL：是

SSAT：否

面试：是

常规申请材料：是

录取率：65%

申请截止日期：滚动招生

国际学生申请费（美元）：100

申请方式：网申、纸申

毕业生去向

美国加州艺术学院
爱默生学院
汉普郡学院
卡内基 – 梅隆大学
旧金山音乐学院
柯蒂斯音乐学院
美国俄亥俄州立大学
美国弗吉尼亚大学
美国加州艺术学院
伯克利音乐学院
新英格兰音乐学院
旧金山音乐学院
纽约大学
西北大学
苏格兰皇家音乐学院
苏格兰皇家音乐和戏剧学院
茱莉亚音乐学院
雪城大学
美国加州大学洛杉矶分校

tips

美国中部地区艺术人才培养基地,学校提供专业的艺术课程,也是在中学阶段开设专业课程的学校之一,学术的艺术课程专业有音乐、舞蹈、绘画等。该校适合那些已经接受过专业训练的学子,并且将来有计划从事艺术道路的学生。该校在录取学生时需要学生提供专业的作品集、CD等,而且对于作品也是有要求的。根据2017年申请该校的国际生录取情况来看,托福成绩应该在70分左右。

圣斯蒂芬主教学校

St. Stephen's Episcopal School

学校简介

1. 基本情况

建校时间:1950 年	学校性质:私立/寄宿	所在州:德克萨斯州(TX)
招生年级:6 ~ 12	学生总数:490	师生比例:1:8
班级人数:16	国际生比例:14%	寄宿生比例:25%
学校类型:混合校	宗教背景:新教	占地面积(英亩):370
受赠款(美元):900 万	SAT 平均分:1 940	学费(美元):55 060

2. 教育宗旨

St. Stephen's Episcopal School, a coeducational boarding – and – day school of the Diocese of Texas, is a caring, diverse community, inclusive of all faiths and grounded in the Christian tradition, which nurtures moral growth and values the potential and dignity of every human being. We challenge motivated students to live intelligently, creatively, and humanely as contributing members of society. We develop the whole person by providing rigorous academic preparation, stimulating physical activities, and rich opportunities in the fine arts.

学校亮点

● AP 课程

艺术史、代数学、生物、微积分 AB、微积分 BC、化学、中国语言与文化、欧洲历史、几何学、物理、统计学、西班牙语、美国历史

● ESL 课程

无

● 学生社团

辩论社团、通信社团、学生政府社团、写作组织、汉语语言文化社团、法语社团、医学兴趣组、模拟联合国、辅导班、乐团、合唱团、戏剧等

● 体育活动

野外技能、网球、足球等

网 址	www.sstx.org
学校地址	6500 St. Stephen's Dive,Austin, Texas 78746

学校人物

● 教师学历

   50% 硕士学历 ,15% 博士学历

● 优秀毕业生

   Terrence Malick:著名电影导演

   Viola Canales:著名作家

   Cecile Richards:演员、导演、制片人

   Ray Lynch:作曲家、音乐家、数学家

招生要求

TOEFL：是

SSAT：是

面试：是

常规申请材料：是

录取率：40%

申请截止日期：2 月 1 日

国际学生申请费（美元）：125

申请方式：纸申、网申

毕业生去向

华盛顿大学圣路易分校

奥斯汀德克萨斯大学

南卫理公会大学

圣路易斯华盛顿大学

莱斯大学

德克萨斯基督教大学

乔治华盛顿大学

科罗拉多学院

tips

　　圣斯蒂芬主教学校是美国南部德克萨斯州非常顶尖中学之一，学术气氛比较浓，学校不提供 ESL 课程，所以需要申请者具备比较高的语言能力，学校主要参考学生的 SSAT 成绩。基于国际生多年的申请经验，该学校的申请者 SSAT 要达到 80% 为好。

霍克黛学校

The Hockaday School

学校简介

1. 基本情况

建校时间：1913 年　　　　学校性质：私立/寄宿　　　　所在州：德克萨斯州（TX）

招生年级：K ~ 12　　　　学生总数：1 089　　　　　师生比例：1：10

班级人数：15　　　　　　国际生比例：10%　　　　寄宿生比例：16%

学校类型：女校　　　　　宗教背景：无　　　　　　占地面积（英亩）：88

受赠款（美元）：12 200 万　SAT 平均分：2 020　　　目前学费（美元）：55 742

2. 教育宗旨

The Hockaday School prepares girls of strong potential to assume positions of responsibility and leadership in a rapidly changing world by giving them a foundation for living grounded on the traditional four cornerstones：character，courtesy，scholarship，athletics. Within the context of an outstanding academic environment，The Hockaday School's goals are to foster a community of concern and friendship，to instill in every girl a love of learning and an understanding of herself and the ethical principles which guide her life，and to develop an appreciation of excellence in all its forms with a commitment to what is right and good.

学校亮点

- AP 课程

  生物、微积分、化学、中文、经济学、英语、环境科学、法语、拉丁语、拉美文学、欧洲现代历史、理论、物理、西班牙语、统计学、影音艺术、世界史、美国历史

- ESL 课程

  有

- 学生社团

  竞技委员会、文化俱乐部、社区服务委员会、环保部、H 俱乐部、内务委员会、少年古典联盟、政治部、学生理事会、艺术委员会、荣誉理事会、戏剧俱乐部、初级工程与技术学会（飞机）、全国法医联盟、学生会、学习部等

- 体育活动

  篮球、高尔夫、网球、游泳、排球、越野、足球、棒球、田径、摔跤、长曲棍球、冰上曲棍球、攀岩、皮划艇、舞蹈等

网 址	www.hockaday.org
学校地址	11600 Welch Road, Dallas, TX 75229

学校人物

- 教师学历

  10% 博士学历；60% 硕士学历

- 优秀毕业生

  Dixie Carter：1982 届毕业生，女商人、TNA 美国职业摔跤大赛主席

  Victoria Clark：1978 届毕业生，获托尼奖的歌手

  Deborah Coonts：浪漫神秘风格小说家，律师

  Farrah Forke：1986 届毕业生，演员

  Lisa Loeb：1986 届毕业生，创作型歌手

招生要求

TOEFL：是

SSAT：是

面试：是

常规申请材料：是

录取率：22%

申请截止日期：1 月 16 日

申请费（美元）：175

申请方式：纸申、网申

毕业生去向

南方卫理公会大学

范德比尔特大学

康奈尔大学

乔治城大学

杜兰大学

南加州大学

哈佛大学

普林斯顿大学

北卡罗来纳州大学教堂山分校

宾夕法尼亚大学

tips

　　霍克黛女子学校是全美女校当中的领军学校，学校规模比较大，课程开设比较多。因为是女校，所以对女性领导力的培养比较多，也比较注重女孩对自身的了解。学校对于国际申请者的托福要求比较高，总体要求在 100 分左右。但也有国际生托福 80 多分就被录取的情况，那是因为学生身上有学校非常欣赏的地方，不能作为常态下申请的一个标准。

帕特尼学校
The Putney School

学校简介

1. 基本情况

建校时间:1935 年	学校性质:私立/寄宿	所在州:佛蒙特州(VT)
接纳年级:9 ~ 12	学生总数:238	师生比例:1:5
班级人数:11	国际生比例:23%	寄宿生比例:74%
学校类型:混合校	宗教背景:否	占地面积(英亩):500
受赠款(美元):1 600 万	SAT 平均分:1 725	学费(美元):54 800

2. 教育宗旨

We value experiential education, the idea that people learn best by doing, rather than by being told. We expect students to view their education as something they are pursuing, rather than something being done to them. This is showcased in hands-on science classes, discussion based humanities, Independent Study opportunities, and student – driven Project Week periods.

学校亮点

● AP 课程

无

● 荣誉课程

无

● ESL 课程

有

● 学生社团

高山滑雪和滑板滑雪、室内音乐、戏剧和戏剧技术、击剑、文学杂志、抒情短诗、山地自行车、管弦乐队、年刊

● 体育活动

篮球、赛艇、骑车、长曲棍球、北欧式滑雪、足球、极限飞盘

| 网 址 | www.putneyschool.org |
| 学校地址 | 418 Houghton Brook Road, Putney, VT 05346 |

学校人物

● 教师学历
  73% 硕士及以上学历
● 优秀毕业生
  Sam Amidon：1999 届毕业生，音乐家
  David Amram：1948 届毕业生，作曲家
  Tim Asch：1951 届毕业生，人类学家，电影制片人
  Carlos Buhler：1972 届毕业生，登山运动员
  Dave Cole：1996 届毕业生，雕刻家
  Tim Daly：1974 届毕业生，演员

招生要求

测试：SSAT

面试：是

常规申请材料：是

申请截止日期：1 月 15 日

国际学生申请费用（美元）：50

毕业生去向

史密斯学院

巴德学院

伯纳德学院

佛蒙特大学

万宝路学院

萨拉劳伦斯学院

卡耐基梅隆大学

达特茅斯学院

曼荷莲学院

罗德岛设计学院

tips

该校座落在一个农场上。学校一直秉承的教育理念是把学生们培养成为学业优秀的人，懂得欣赏艺术并参与艺术的人和热爱体力劳动的人。从学校的课程设置及毕业要求当中可见一斑：学校开设了很多艺术课程并要求 9 年级学生每周至少要上 1.5 个小时的艺术课，并且学生要完成六个领域中的体力劳动才可以毕业，还有在厨房帮工，打扫马厩等。帕特尼高中在学术上也非常强，是美国最早取消 AP 课程的学校，因为他们的学术水平得到了各个顶尖大学的认可。申请该校的学生最好托福在 80 分左右，有艺术特长的学生在录取时会有优势。

佛蒙特学院

Vermont Academy

学校简介

1. 基本情况

建校时间:1876 年	学校性质:私立/寄宿	所在州:佛蒙特州(VT)
招生年级:9~12	学生总数:230	师生比例:1:7
班级人数:10	国际生比例:20%	寄宿生比例:80%
学校类型:混合校	宗教背景:无	占地面积(英亩):450
受赠款(美元):700 万	SAT 平均分:1 660	学费(美元):56 550

2. 教育宗旨

Vermont Academy is a small secondary school, primarily boarding in nature, that sees the potential and value of every student and prepares them to thrive in college and life.

Vermont Academy Mission Statement

By providing a supportive community and close personal attention to its students, Vermont Academy develops confident, active learners and respectful citizens.

学校亮点

● **AP 课程/高级课程**

AP 生物、AP 微积分 AB、AP 微积分 BC、AP 化学、AP 英语、AP 统计学

● **ESL 课程**

有

● **学生社团**

艺术选择、社区服务、脚踏车、舞蹈、宿舍监督员、同性恋/异性恋联盟、Kurn Hattin Groups、文学杂志、指导组(小学)、多元文化俱乐部、国家荣誉协会、户外探险、摄影、再循环利用、攀岩运动、银器制作、施粥场、小队管理员、戏剧、导游、训练室、佛蒙特中学学生会(VASA)、电视剧、工作项目、年刊

● **体育活动**

高山滑雪、棒球、篮球、赛艇、舞蹈、马术、陆上曲棍球、自由式滑雪、高尔夫球、冰上曲棍球、长曲棍球、山地自行车、北欧式滑雪、攀岩运动、跳台滑雪、滑板滑雪、足球、网球

网　　址	www.vermontacademy.org
学校地址	10 Long Walk, Saxtons River, VT 05154

学校人物

● 教师学历
50% 硕士及以上学历
● 优秀毕业生
John Barrett：1885 届毕业生，外交官
Paul Harris：1888，founder，扶轮国际创始人
Bernard Stanley Hoyes：1970 届毕业生，艺术家
Richard Moulton：1967 届毕业生，电影制作人
Samuel B. Pettengill：1904 届毕业生，国会议员
Florence Sabin：1889 届毕业生，医生，科学家
Christopher A. Sinclair：1967 届毕业生，百事可乐的退休主席和首席执行官
Lee Stanley：1961 届毕业生，电影制作人，激进主义分子

招生要求

测试：SSAT

面试：是

常规申请材料：是

录取率：68%

申请截止日期：2 月 1 日

国际学生申请费（美元）：100

毕业生去向

布朗大学

达特茅斯学院

纽约大学

宾夕法尼亚州立大学

波士顿学院

波士顿大学

亚利桑那州立大学

匹兹堡大学

马萨诸塞州立大学

威斯康星大学

tips

该校距离哈佛大学和麻省理工学院很近。小班的教学模式保证了教学质量，让学生发现自身优势，为将来的大学学习奠定坚实的基础。老师对学生的高度负责，加上小班教学的方式使在校的学生名列前茅。已往录取的国际生考核标准是 SSAT 在 50% 左右。

印第安纳泉学校
Indian Springs School

学校简介

1. 基本情况

建校时间:1952 年　　　　学校性质:私立/寄宿　　　　所在州:阿拉巴马州(AL)

招生年级:8 ~ 12　　　　学生总数:309　　　　师生比例:1:8

班级人数:12　　　　国际生比例:17%　　　　寄宿生比例:28%

学校类型:混合校　　　　宗教背景:无　　　　占地面积(英亩):350

受赠款(美元):1 000 万　　　　SAT 平均分:1 911　　　　学费(美元):49 859

2. 教育宗旨

Indian Springs School still provides a model that says small is good, that the individual has worth, and that good citizenship is the prerequisite to good leadership. At Indian Springs, we are a community of students and teachers who want to know each other, interact with one another, and learn together.

学校亮点

● AP 课程

艺术史、生物、微积分 AB、微积分 BC、化学、中国语言与文化、计算机科学 A、英语文学与写作、环境科学、经济学、法语、德语、拉丁语、音乐理论、物理 B、物理 C:力学、物理 C:电磁学、心理学、西班牙语、西班牙文学、统计学、美国历史、美国政府与政治、世界历史

● ESL 课程

无

● 学生社团

非洲裔美国学生核心小组、亚洲俱乐部、室内合唱团、国际象棋俱乐部、电脑俱乐部、合唱团、烹饪俱乐部、戏剧、法国俱乐部、戈登－官方学校报纸、多元文化俱乐部、音乐合奏、航海俱乐部、户外运动俱乐部、回收俱乐部、西班牙俱乐部、精神俱乐部、年鉴等

● 体育活动

棒球、篮球、越野运动、高尔夫、英式足球、垒球、网球、极限飞碟、排球等

网 址	www.indiansprings.org
学校地址	190 Woodward Drive, Indian Springs, AL 35124

学校人物

● 教师学历
82% 硕士及以上学历

● 优秀毕业生
Neely Bruce：1960 届毕业生，钢琴家
Mark Gitenstein：1964 届毕业生，美国驻罗马尼亚大使
Charles Plosser：1966 届毕业生，费城联邦储备银行总裁
Russell Williams：1973 届毕业生，Adobe Photoshop 首席架构师
Mike McCullers：1989 届毕业生，电影导演
John Green：1995 届毕业生，著名作家
Barry Tobias：1998 届毕业生，美国国家航空航天局总监

招生要求

TOEFL：是

SSAT：是

SSAT 成绩百分比：85%

面试：是

常规申请材料：是

录取率：52%

申请截止日期：2 月 1 日

国际学生申请费（美元）：75

申请方式：纸申、网申

毕业生去向

波士顿大学

布朗大学

卡内基梅隆大学

哥伦比亚大学

乔治城大学

约翰霍普金斯大学

纽约大学

三一学院

塔夫茨大学

芝加哥大学

密歇根大学

佛罗里达大学

斯坦福大学

tips

印第安泉学校是美国南部非常顶尖的一所寄宿中学，学校坐落在阿拉巴马州。学校学术气氛比较浓，师资力量比较雄厚。
该校录取要求比较高，托福需达到 100 分左右，SSAT 需达到 2 100 分以上。

科罗拉多喷泉谷学校

Fountain Valley School of Colorado

学校简介

1. 基本情况

建校时间:1930 年	学校性质:私立/寄宿	所在州:科罗拉多州(CO)
招生年级:9 ~ 12	学生总数:235	师生比例:1:5
班级人数:12	国际生比例:26%	寄宿生比例:65%
学校类型:混合校	宗教背景:无	占地面积(英亩):1 100
受赠款(美元):3 300 万	SAT 平均分:1 778	学费(美元):58 900

2. 教育宗旨

Fountain Valley School of Colorado is dedicated to providing a rigorous college – preparatory curriculum in academics, athletics and the arts. Our community endeavors to foster a lifelong love of challenge and learning in an environment of diversity and mutual respect, and to prepare adolescents to become individuals who are open – minded, curious, courageous, self – reliant and compassionate.

学校亮点

● AP 课程

西班牙语、西班牙文学与文化、法语语言与文化、美国历史、世界历史、美国政府与政治、英语文学与写作、英语语言与写作、微积分 AB、微积分 BC、化学、统计学、物理 C(力学)、生物、环境科学、影音艺术(2D 设计)、影音艺术(3D 设计)、计算机科学 A、宏观经济学、微观经济学

● ESL 课程

有

● 学生社团

Athenaea (学生主办报纸)、大/小兄弟姐妹、化学社、汉语社、基督教团契、烹饪俱乐部、马术项目、电影协会、飞盘俱乐部、法语俱乐部、全球事务论坛、金钥匙社团、拉美裔荣誉协会、骑马社团、人权社团、器乐团、国际学生俱乐部、投资俱乐部、智力竞赛、数学俱乐部、周末骑行社团、广播站、宗教探索俱乐部、滑雪/滑板滑雪俱乐部、乒乓球俱乐部、The Dane (校报)、专业摔跤俱乐部、声乐团、青年慈善社团

● 体育运动

高山滑雪、篮球、登山、速度滑雪、跳舞、跳水、骑马、高尔夫、冰球、长曲棍球、山地骑行、登山、攀岩、滑板滑雪、英式足球、游泳、网球、田径、排球

网　　址	www.fvs.edu
学校地址	6155 Fountain Valley School Road, Colorado Springs, CO 80911

学校人物

● 教师学历

　78% 硕士及以上学历

● 优秀毕业生

Sam Goldwyn Jr.：传奇电影制片人

Tony Goldwyn：演员，导演，制片人

Griffin Dunne：演员，导演，制片人

Ed Sherin：《法律与秩序》制片人

Jonathan Ormes：美国宇航局戈达德太空飞行中心前总负责人

Belding Scribner：肾透析研究先驱

Jack Lane：艺术评论家和博物馆馆长

Steve Lemme："破碎的蜥蜴"戏剧组合

John Perry Barlow：数位版权人士和"感恩而死"乐队词作者

Bob Weir："感恩而死"乐队成员

招生要求

考试：SSAT/TOEFL

面试：有

常规材料申请：有

录取率：66%

申请截止日期：2 月 1 日

国际学生申请费(美元)：150

毕业生去向

科罗拉多大学

州立科罗拉多大学

科罗拉多大学丹佛分校

科罗拉多大学学院

伊利诺伊大学

罗林斯学院

科罗拉多矿业学院

约翰霍普金斯大学

雪城大学

华盛顿大学圣路易斯分校

tips

该校是整个美国中部地区的一所星级学校。学校课程选择比较多，尤其是 AP 课程的选择比较多。除了传统的数学、人文、历史类的 AP 课程之外，还有艺术的二维和三维的艺术设计的 AP 课程。此外，学校的运动设施也非常完善。已往录取的国际生考核标准是托福 80 分左右，SSAT 57% 左右。

圣安德鲁学校
St. Andrew's School

学校简介

1. 基本情况

建校时间:1929 年	学校性质:私立/寄宿	所在州:特拉华州(DE)
招生年级:9 ~ 12	学生总数:310	师生比例:1∶5
班级人数:12	国际生比例:18%	寄宿生比例:100%
学校类型:混合校	宗教背景:新教	占地面积(英亩):2 200
受赠款(美元):17 000 万	SAT 平均分:1 928	学费(美元):57 000

2. 教育宗旨

The purpose of St. Andrew's School is to provide secondary education of a definitely Christian character at a minimum cost consistent with modern equipment and highest standards.

We continue to cultivate in our students a deep and lasting desire for learning; a willingness to ask questions and pursue skeptical, independent inquiry; and an appreciation of the liberal arts as a source of wisdom, perspective and hope. We encourage our students to model their own work on that of practicing scholars, artists and scientists and to develop those expressive and analytical skills necessary for meaningful lives as engaged citizens. We seek to inspire in them a commitment to justice and peace.

学校亮点

● AP 课程

20 世纪史、生物、微积分 AB、微积分 BC、化学、中国语言与文化、20 世纪历史、英语文学与写作、英语语言学与写作、经济学环境科学、欧洲历史、法语、国际研究、希腊语、东亚史、中东史、社会改革史、历史、文学和争议史、拉丁语、多变量微积分、音乐理论、音乐历史、物理 B、物理 C:力学、物理 C:电磁学、统计学、美术、西班牙 5:西班牙裔世界观、西班牙:20 世纪、21 世纪西班牙裔作者、西方文明史

● ESL 课程

无

● 学生社团

桥牌社、合唱队、美食俱乐部、文化交流俱乐部、环境俱乐部、击剑俱乐部、钓鱼俱乐部、林业俱乐部、法语俱乐部、电影俱乐部、编织俱乐部、山地自行车俱乐部、有机化学俱乐部、郊游俱乐部、航海俱乐部、科学幻想俱乐部、西班牙俱乐部、文学杂志社等

● 体育活动

棒球、篮球、足球、陆上曲棍球、长曲棍球、网球、排球、壁球、越野赛、游泳、摔跤等

网 址	www.standrews-de.org
学校地址	350 Noxontown Road, Middletown, DE 19709

学校人物

- 教师学历

  85% 硕士及以上学历
- 优秀毕业生

  William H Whyte：《组织人》的作者　　　　**Dennis Blair**：前国家情报主任和前美国海军四星海军上将

  William Brownfield：美国驻委内瑞拉大使　　**Bulent Atalay**：物理学家和作家

  Erin Burnett：新闻主播　　　　　　　　　　**Hume Horan**：美国外交官兼大使

  Kirk Varnedoe：历史学家和作者　　　　　　**Dominic Seiterle**：加拿大运动员、奥运冠军得主

  Loundon Wainwright III：美国作曲家、民谣歌手、演员

招生要求

TOEFL：是

SSAT：是

SSAT 成绩百分比：85%

面试：是

常规申请材料：是

录取率：26%

申请截止日期：1 月 15 日

国际学生申请费（美元）：100

申请方式：纸申、网申

毕业生去向

戴维森学院

哈佛福德学院

威廉姆斯学院

纽约大学

波士顿大学

富兰克林马歇尔学院

哈佛大学

东北大学

德拉华大学

弗吉尼亚大学

tips

特拉华的这所圣安德鲁学校是美国寄宿高中的佼佼者，开设的 AP 课程非常多，学生的课程选择也比较多，学生毕业去向多集中在文理学院中，文理学院通常只提供本科教育，教授亲自授课。该校的录取标准比较高，所以录取率比较低，申请难度比较大，要申请该校的人一定要做提前一两年的准备工作。

243

达林顿学校
Darlington School

学校简介

1. 基本情况

建校时间：1905 年	学校性质：私立/寄宿	所在州：佐治亚州（GA）
招生年级：K－12	学生总数：758	师生比例：1∶9
班级人数：14	国际生比例：13%	寄宿生比例：38%
学校类型：混合校	宗教背景：无	占地面积（英亩）：400
受赠款（美元）：3 300 万	SAT 平均分：1 820	学费（美元）：57 050

2. 教育宗旨

To empower students to learn with passion，act with integrity，and serve with respect.

学校亮点

● AP 课程

生物、微积分（AB）、微积分（BC）、化学、英语、英语文学、环境科学、欧洲史、政府、宏观经济学、微观经济学、音乐理论、物理 B、物理 C、心理学、西班牙语、西班牙文学、统计学、美术 Studio Art、美国史、世界史

● ESL 课程

有

● 课外社团

"D"俱乐部、"Y"小组"Y"Cabinet、象棋俱乐部、合唱团、库萨国际网球研究会、库萨初级高尔夫球研究会、达林顿的宝石（舞蹈队）、达林顿队员、环境保护俱乐部、基督教运动员团契、健身俱乐部、佐治亚初级科学研究院、优秀管理者、荣誉协会、参众议院、IMPACT International、音乐队、国际希腊戏剧社、校内活动、Jabberwokk、爵士乐、青年领袖训练营、赞美诗女生合唱团、学科知识研究会、数学队、赞美诗男生合唱团、管弦乐队、户外运动俱乐部、领袖培训、学习交流会、Set Crew、SOAR、足球研究会、西班牙俱乐部、技术俱乐部、达林顿人、达林顿文化、作家会、自由作曲、老虎专家（招生联系人）、青年民主党、青年共和党

● 体育活动：

棒球、篮球、拉拉队、赛艇、越野赛、潜水、橄榄球、高尔夫、长曲棍球、橄榄球、垒球、游泳、网球、田径、排球、摔跤

学校人物

- 教师学历
  76% 硕士及以上学历
- 优秀毕业生
  Gov. S. Ernest Vandiver Jr.：1936 届毕业生，佐治亚州前政府官员
  Cy Twombly：1947 届毕业生，当代艺术家，作品陈列于著名的古根海姆博物馆、美国国家美术馆以及现代艺术馆
  Dr. John Ochsner：1944 届毕业生，国际医学界领导者，在美国胸外科协会及国际心血管外科协会担任重要职位
  Stephen D. Potts：1934 届毕业生，曾担任布什总统及克林顿总统政府纪律办公室主任
  Tom Cousins：1948 届毕业生，Cousins Properties Inc. 创建者
  Will Muschamp：1990 届毕业生，佛罗里达大学足球队总教练
  James L. Dickey III：1942 届毕业生，美国诗人，小说家，批评家，运动员，弓箭猎人；以小说作品被人熟知
  Jennifer Wysocki：1990 届毕业生，艾美奖获奖制作人，活跃于电视界
  Elson Floyd：1974 届毕业生，华盛顿州立大学校长

招生要求

考试：TOEFL,SSAT

面试：是

常规申请材料：是

录取率：70%

申请截止日期：2 月 1 日

国际学生申请费用（美元）：100

毕业生去向

阿格尼斯·斯科特学院

奥本大学

查尔斯顿学院

埃默里大学

卡耐基梅隆学院

普渡大学

阿拉巴马大学

华盛顿与李大学

tips

达林顿中学拥有三项另学校无比骄傲的体育项目：足球、高尔夫和网球。另外，达林顿中学在学术上也非常优秀，提供 21 门 AP 课程，并且各个科目当中都有相应的荣誉课程，大学升学率 100%。

245

森林湖学院
Lake Forest Academy

学校简介

1. 基本情况

建校时间:1857 年	学校性质:私立/寄宿	所在州:伊利诺伊州(IL)
招生年级:9~12	学生总数:435	师生比例:1:7
班级人数:12	国际生比例:26%	寄宿生比例:48%
学校类型:混合校	宗教背景:无	占地面积(英亩):150
受赠款(美元):2 100 万	SAT 平均分:1 820	学费(美元):57 700

2. 教育宗旨

Lake Forest Academy strives to embody in its practices and to cultivate in its studentsexcellence of character, scholarship, citizenship, and responsibility.

学校亮点

- **AP 课程**

  艺术史、生物、微积分 AB、微积分 BC、化学、计算机科学 A、计算机科学 AB、中国语言与文化、英语文学与写作、英语语言学与写作、环境科学、欧洲历史、法语、法国文学、美国政府与政治、比较政治、德语、人类地理学、意大利语言文化、日语与日本文化、拉丁文学、拉丁语、宏观经济学、微观经济学、音乐理论、物理 B、物理 C(力学)、物理 C(电磁学)、心理学、统计学、西班牙语、西班牙文学、美术(绘画)、美术(2D 设计)、美术(3D 设计)、西班牙文学、美国历史、世界历史

- **ESL 课程**

  有

- **学生社团**

  历史俱乐部、投资俱乐部、日语俱乐部、针织俱乐部、文学杂志、模拟审判俱乐部、报社、摄影俱乐部、航海俱乐部、诗人＆作家俱乐部、瑜珈、辩论俱乐部、国际象棋俱乐部、合唱团桥牌俱乐部、舞蹈协会等

- **体育活动**

  美式足球、长曲棍球、壁球、曲棍球、冰球、橄榄球、篮球、棒球、长跑、网球、田径运动、高尔夫、垒球、啦啦队、航海、游泳等

网　址	www.lfanet.org
学校地址	1500 West Kennedy Road, Lake Forest, IL 60045

学校人物

- 教师学历

    71% 硕士及以上学历

- 优秀毕业生

    Jean Harlow：著名女演员

    Bix Biederbecke：音乐家

    Bradley Russell Weinberger：俄克拉荷马州最高法院法官

    Bill Ayers：芝加哥大学教授、政治活动家

    David Bradley：电影导演

    Judy Baar Topinka：前伊利诺伊州财务主管

    Frances Perkins：第一位女性劳工部长

招生要求

TOEFL：是

SSAT：是

SSAT 成绩百分比：74%

面试：是

常规申请材料：是

录取率：53%

申请截止日期：1 月 31 日

国际学生申请费（美元）：60

申请方式：纸申、网申

毕业生去向

西北大学

伊利诺香宾大学

密歇根大学

卡内基梅隆大学

杜克大学

森林湖学院

塔夫斯大学

宾夕法尼亚大学

范德堡大学

纽约大学

tips　　美国中部四大名校之一，具备最完善的 ESL 课程，该校在学术课程一流的同时，艺术课程也非常出色，申请者可以不用提供托福成绩，最好提供 SSAT 成绩，但也有特例，国际生因出色的面试表现，无 SSAT 及托福成绩也有机会被录取。

沙特克—圣玛丽学校

Shattuck–St. Mary's School

学校简介

1. 基本情况

建校时间:1858　　　　　学校性质:私立/寄宿　　　　　所在州:明尼苏达州(MA)

招生年级:6~12　　　　　学生总数:481　　　　　　　师生比例:1:9

班级人数:11　　　　　　国际生比例:26%　　　　　　寄宿生比例:77%

学校类型:混合校　　　　　宗教背景:新教　　　　　　　占地面积(英亩):250

受赠款(美元):2 500 万　　SAT 平均分:1 790　　　　　　学费(美元):51 250

2. 教育宗旨

As a school community, Shattuck-St. Mary's guides young people to be strong incharacter, mind, body, and spirit for a life of learning and service.

学校亮点

● **AP 课程: 17**

高级代数 II、高级西班牙交际语、高级舞蹈、高级法语和会话、高级微积分入门、高级弦乐器入门、高级室内艺术 I、高级室内艺术 II、高级声乐表演、高级世界文学、微积分 AB、微积分 BC、化学、经济学、环境科学、法语、语言和作文、拉丁语、文学和作文、欧洲现代史、物理 C、心理学、西班牙语、统计学、室内艺术、美国政府和政治学、美国历史

● **荣誉课程**

荣誉工程学:工程设计 I、荣誉工程学:工程设计 II、荣誉工程学:材料力学、荣誉工程学:编程与机器人

● **ESL 课程**

有

● **学生社团**

艺术俱乐部、Crack Squad、戏剧、金钥匙俱乐部、个人音乐指导、数学小组、中学管理委员会、中学数学竞赛、学监、毕业舞会、机器人学、观众、精神生活、高中管理委员会、木工、年刊

● **体育活动**

棒球、篮球、越野赛、击剑、花样滑冰、高尔夫、冰球、室内足球、长曲棍球、足球、网球、田径、排球

网 址	www.s-sm.org
学校地址	1000 Shumway Ave. PO Box 218, Faribault, MN 55021

学校人物

● 教师学历

70% 硕士及以上学历

● 优秀毕业生

Manton S. Eddy：1913 届毕业生，美国海军中将

William Benton：1917 届毕业生，前参议员，《大英百科全书》前出版董事会成员

Townes Van Zandt：1962 届毕业生，民俗音乐歌手，作词者，演奏家，诗人

William Blake Herron：1981 届毕业生，作家

Joe Corvo：1995 届毕业生，渥太华议员

招生要求

TOEFL：75

SSAT：1 830

面试：是

常规申请材料：是

录取率：41%

申请截止日期：无

国际学生申请费用（美元）：125

毕业生去向

布朗大学

约翰霍普金斯大学

哈佛大学

鲍登学院

谢菲尔德大学

芝加哥大学

巴克内尔大学

明尼苏达大学

罗彻斯特大学

普渡大学

三一学院

加州大学洛杉矶分校

耶鲁大学

tips

　　该校在课程开设方面有一定特色，开了很多中国学生比较擅长的课目，如电子与计算机工程、机器人、能源与电力工程和生物工程等。此外，学校建筑非常漂亮，附近镇上的居民纯朴友善，学校老师对国际学生关爱有加。往年被该校录取的国际生，录取时的托福成绩均在70分以上，SSAT 1 900 分以上。

托马斯杰弗逊学校
Thomas Jefferson School

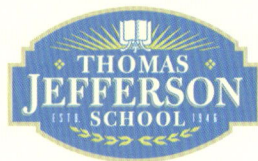

学校简介

1. 基本情况

建校时间:1946 年　　　　学校性质:私立/寄宿　　　　所在州:密苏里州(MO)

招生年级:7~12　　　　　学生总数:91　　　　　　　师生比例:1:7

班级人数:14　　　　　　国际生比例:25%　　　　　寄宿生比例:50%

学校类型:混合校　　　　宗教背景:无　　　　　　　占地面积(英亩):20

受赠款(美元):100 万　　SAT 平均分:2 050　　　　学费(美元):50 950

2. 教育宗旨

　　Thomas Jefferson School (TJ) gives its students the strongest possible academic background through a classical education. Within a nurturing community, students develop a responsibility for their own learning and a desire to lift up the world with beauty and intellect.

学校亮点

● AP 课程

　　生物、微积分 AB、微积分 BC、化学、统计学、美国历史、美国政府与政治、英语语言学与写作、英语文学与写作、欧洲历史、物理 B、物理 C、法语、法国文学

● ESL 课程

　　有

● 学生社团

　　国际象棋俱乐部、社区服务、电脑俱乐部、数学俱乐部、模拟审判团、文学杂志社、学生会、学生出版社、合唱团、戏剧社、瑜伽、舞蹈、年鉴、学生理事会、摄影俱乐部等

● 体育活动

　　足球、排球、篮球、网球等

网　　址	Thomas Jefferson School
学校地址	4100 South Lindbergh Blvd., Saint Louis,MD 63127

学校人物

● 教师学历

   85% 硕士及以上学历

● 优秀毕业生

   Lawrence Morgan：1953 届毕业生，托马斯杰斐逊学校前校长

   William C. Rowe：1963 届毕业生，托马斯杰斐逊学校前校长

招生要求

TOEFL：是

SSAT：是

面试：是

常规申请材料：是

录取率：57%

申请截止日期：2 月 15 日

国际学生申请费（美元）：100

申请方式：纸申、网申

毕业生去向

康奈尔大学

斯坦福大学

芝加哥大学

旧金山大学

弗吉尼亚大学

伊利诺伊大学香槟分校

范德堡大学

罗德学院

华盛顿大学圣路易斯分校

tips

托马斯杰弗逊学校也是非常独具特色的中学。

最主要的特色就是学校人数非常少，只有 90 多名学生。虽然人数少，但都出类拔萃，每一个人都不简单。

根据以往的申请经验，录取国际学生的标准基本上需要托福成绩 90 分以上。

西储学院
Western Reserve Academy

学校简介

1. 基本情况

建校时间:1826 年	学校性质:私立/寄宿	所在州:俄亥俄州(OH)
招生年级:9 ~ 12	学生总数:400	师生比例:1∶7
班级人数:12	国际生比例:26%	寄宿生比例:66%
学校类型:混合校	宗教背景:无	占地面积(英亩):190
受赠款(美元):10 200 万	SAT 平均分:1 360	学费(美元):56 000

2. 教育宗旨

We provide a caring, supportive, yet challenging curriculum that establishes a strong foundation for success at the college level. We are a community of learners, built around a faculty wholly dedicated to developing the strong character of our students.

学校亮点

- **AP 课程**

   生物、微积分 AB、微积分 BC、化学、中国语言与文化、英语、欧洲历史、英语文学与写作、法语、法国文学、德语、宏观经济学、微观经济学、音乐理论、物理、心理学、统计学、西班牙语、美国历史

- **ESL 课程**

   无

- **学生社团**

   学生自治会、烹饪俱乐部、辩论俱乐部、时尚俱乐部、法国俱乐部、绿色校园行动小组、投资俱乐部、学生奖学金组织、艺术俱乐部、棋艺社、拳击俱乐部、模拟法庭、西班牙与俱乐部等

- **体育活动**

   射击、美式足球、长曲棍球、曲棍球、冰球、橄榄球、篮球、棒球、排球、长跑、网球、田径运动、高尔夫、垒球、游泳等

网　　址	www.wra.net
学校地址	115 College Street, Hudson, OH 44236

学校人物

- 教师学历
  91% 硕士及以上学历
- 优秀毕业生
  Ian Frazier：畅销书作者
  Ted Gup：记者，畅销书作者
  Lee M. Morin：美国国家航空航天局宇航员
  Daniel Christman：陆军中校
  Jeff Schaeffer：电影和电视屏幕作家
  Kathryn Clark：前首席科学家、美国国家航空航天局
  William D. Perez：箭牌公司总裁、首席执行官

招生要求

TOEFL：是

SSAT：是

SSAT 成绩百分比：79%

面试：是

常规申请材料：是

录取率：49%

申请截止日期：1 月 15 日

申请费（美元）：150

申请方式：纸申、网申

毕业生去向

波士顿学院

贝茨学院

加州大学洛杉矶分校

康奈尔大学

埃默里大学

纽约大学

弗蒙特大学

宾夕法尼亚大学

史密斯学院

卡内基梅隆大学

美国大学

tips

　　西储学院是美国中部地区四大名校寄宿高中之一，无论是从课程的开设还是从师资力量来看都是一流的，学校的理念之一就是要为学生未来的大学做好全面准备，所以基于这样的一个理念，学校周六会上课，不过都是以兴趣爱好为主的课，该校毕业生去向都比较好，国际学生的标准化成绩托福和 SSAT 都比较高，一般托福成绩 100 左右，SSAT 2 100 以上。

俄勒冈主教学校
Oregon Episcopal School

学校简介

1. 基本情况

建校时间:1869 年	学校性质:私立/寄宿	所在州:俄勒冈州(OR)
招生年级:K～12	学生总数:870	师生比例:1:7
班级人数:14	国际生比例:14%	寄宿生比例:17%
学校类型:混合校	宗教背景:新教	占地面积(英亩):59
受赠款(美元):2 100 万	SAT 平均分:1 990	学费(美元):60 900

2. 教育宗旨

The purpose of Oregon Episcopal School is to prepare students with promise for higher education and lifelong learning and to enhance their intellectual, physical, social, emotional, spiritual, and artistic growth so that they may realize their power for good as citizens of local and world communities.

学校亮点

- AP 课程

微积分 AB、微积分 BC、计算机科学、法语、日语、西班牙语、西班牙文学、统计学、美国历史

- ESL 课程

有

- 学生社团

音乐俱乐部、书法学会、杂志社、新闻社、舞蹈俱乐部、模拟法庭、学生政府、创意设计俱乐部、科研俱乐部、合唱团、模拟联合国、舞台美术、司法科学、年鉴等

- 体育活动

篮球、越野、击剑、自由滑雪、高尔夫、长曲棍球、滑雪、足球、网球、田径、排球等

网 址	www.oes.edu
学校地址	6300 SW Nicol Road, Portland, OR 97223

学校人物

- 教师学历

  77% 硕士及以上学历

- 优秀毕业生

  Virginia Euwer Wolff：1955 届毕业生，著名作家

  Jon Robinson：2005 届毕业生，著名演员

  Ben Westlund：1967 届毕业生，俄勒冈州财务主管

  Peter Holmstrom：1987 届毕业生，著名音乐家

  Henry Abbott：1990 届毕业生，篮球分析师

招生要求

TOEFL：是

SSAT：是

面试：是

常规申请材料：是

录取率：50%

申请截止日期：2 月 1 日

国际学生申请费（美元）：100

申请方式：纸申、网申

毕业生去向

波士顿大学

贝茨学院

布朗大学

哥伦比亚大学

康奈尔大学

哈佛大学

耶鲁大学

斯坦福大学

华盛顿大学

伊利诺伊大学

科罗拉多大学

tips

　　俄勒冈主教学校是美国西部地区著名中学，学校国际学生比例比较低，不过住宿率也不是很高，但基于学校的总体在册人数比较高，所以并不是只有国际学生住宿的情况，这所学校录取的中国学生的托福成绩大概在 90 分左右。

安妮怀特学校

Annie Wright School

学校简介

1. 基本情况

建校时间:1884 年	学校性质:私立/寄宿	所在州:华盛顿州(WS)
招生年级:9～12	学生总数:192	师生比例:1:6
班级人数:12	国际生比例:38%	寄宿生比例:55%
学校类型:女校	宗教背景:无	占地面积(英亩):10
受赠款(美元):1 700 万	平均SAT成绩:1 847	学费(美元):55 620

2. 教育宗旨

Annie Wright School's strong community cultivates individual learners to become well – educated, creative and responsible citizens for a gold society.

学校亮点

● AP 课程

无

● 高级课程

无

● 荣誉课程

英语 2、IB 英语 3 (HL)、IB 英语 4 (HL)、ESL 2、ESL 3、IB ESL 4 (HL)、IB ESL 5 (HL)、IB 电影 1 (HL)、IB 电影 2 (HL)、IB 音乐 1 (HL)、IB 音乐 2 (HL)、IB 戏剧 2 (HL)、IB 视觉艺术 1 (HL)、IB 视觉艺术 2 (HL)、几何学、IB 数学(代数2)(SL)、IB 数学(加速代数2)(SL)、IB 数学(微积分预备课与统计学)(SL)、IB 数学(微积分预备课)(SL)、IB 数学(加速微积分预备课)(HL)、IB 数学(微积分)(SL)、IB 数学(高级微积分)、IB 生物学 1 (HL)、IB 生物学 2 (HL)、IB 物理(HL)、物理、化学、人文学 A、人文学 B、IB 商业与管理 1(SL)、IB 商业与管理 2(SL)、IB 心理学 1(SL)、IB 世界历史(二十世纪话题)(HL)、IB 世界历史(美洲 1(HL)、美国历史与公民、IB 汉语 4(SL)、汉语 1、汉语 2、法语 1、法语 2、法语 3、IB 汉语 3(SL)、IB 汉语 4(SL)、IB 法语 3(SL)、IB 法语 4(SL)、IB 法语 5 (HL)、IB 法语 5(SL)、IB 西班牙语 3(SL)、IB 西班牙语 4(SL)、IB 西班牙语 5(SL)、IB 西班牙语(从头开始 1)(SL)、IB 西班牙语(从头开始 2)(SL)、西班牙语 1、西班牙语 2、西班牙语 3

● ESL 课程

有

● 学生社团

安妮大使、艺术工作室、陶艺工作室、合唱团、社区服务、创新思维写作、辩论组、创新思维、宿舍管理委员会、戏剧科技、电影制作、国际学生报纸 Gator Globe、荣誉理事会、国际交流俱乐部、假面舞会、Mathletes 数学爱好者、现代舞、报纸、管弦乐队、录音室(对所有音乐爱好者开放)、故事会、学生会(ASB)、技术学生联盟、徒步俱乐部、政治思想之窗

● 体育活动

篮球、赛艇、越野赛、高尔夫、橄榄球、网球、田径、排球

网　址	www.aw.org
学校地址	827 N. Tacoma Avenue, Tacoma, WA 98403

学校人物

● 教师学历
  65% 硕士及以上学历
● 优秀毕业生
  Mary McCarthy：作家
  Betty Garrett：演员

招生要求

TOEFL：需要

SSAT：不需要

面试：是

常规申请材料：是

录取率：58%

申请截止日期：2 月 6 日/滚动招生

国际学生申请费用（美元）：150

毕业生去向

芝加哥大学

纽约大学

宾州州立大学

普林斯顿大学

波士顿大学

哥伦比亚大学

康奈尔大学

达特茅斯学院

哈佛大学

斯坦福大学

耶鲁大学

tips

该校历史悠久，学术强，是美国为数不多的几所寄宿学校当中开设 IB 课程的学校之一。同时学校非常注重对学生领导力的培养。学校虽然提供 ESL 课程，但也需要学生提供托福成绩至少 60 分以上的成绩。樱知叶已有 3 名学子从该校毕业，毕业时分别被耶鲁大学、哥伦比亚大学、卫斯理女校录取。

257

林斯利学校
The Linsly School

学校简介

1. 基本情况

建校时间:1814 年	学校性质:私立/寄宿	所在州:西弗吉尼亚州(WV)
招生年级:5~12	学生总数:450	师生比例:1:10
班级人数:15	国际生比例:10%	寄宿生比例:23%
学校类型:混合校	宗教背景:无	占地面积(英亩):57
受赠款(美元):1 700 万	SAT 平均分:1 740	学费(美元):36 450

2. 教育宗旨

The Linsly School offers a traditional college preparatory program where academic excellence and character development are emphasized in every facet of student life.

学校亮点

● **AP 课程**

文学与写作、语言与写作、法语、拉丁语、微积分 AB、微积分 BC、生物、化学、物理、心理学、美国历史、人文地理

● **ESL 课程**

无

● **学生社团**

广告社团、艺术俱乐部、动物收养社团、摄影社团、围棋小组、博物馆小组、合唱团、古典音乐社团、外语兴趣组、环保小组、志愿者小组、历史小组、辩论小组、多文化小组、联合国模拟、普林斯顿国会、室外探险小组、莎士比亚小组、科技小组、戏剧等

● **体育活动**

棒球、篮球、啦啦队、长跑、高尔夫、跳水、冰球、游泳、网球、田径、足球、攀岩、曲棍球、垒球、排球、橄榄球等

网址	www.linsly.org
学校地址	60 Knox Lane, Wheeling, WV 26003

学校人物

● 教师学历
64% 硕士及以上学历
● 优秀毕业生
Jon Robert Holden：1994 届毕业生，职业篮球运动员
Jack Canfield：1962 届毕业生，著名作家
Willie Clay：1988 届毕业生，足球运动员和体育评论员
Tom Keane：1944 届毕业生，足球教练
Eddie Drummond：1998 届毕业生，前美国国会议员
Heath Haynes：1987 届毕业生，大联盟棒球球员
Robert E. L. Strider：科尔比学院校长
Jason Wilson：1987 届毕业生，俄亥俄州参议员议员

招生要求

TOEFL：是

SSAT：是

面试：是

常规申请材料：是

录取率：65%

申请截止日期：2 月 15 日

国际学生申请费（美元）：150

申请方式：纸申、网申

毕业生去向

哥伦比亚大学
宾夕法尼亚大学
南加州大学
波士顿大学
圣母大学
埃默里大学
康奈尔大学
威廉与玛丽学院
杜兰大学
宾夕法尼亚州立大学
杜克大学
威斯康辛大学
西北大学
美国大学
华盛顿大学
密歇根大学
乔治梅森大学
乔治华盛顿大学
匹兹堡大学
西雅图大学

tips

林斯利学校是一所位于西弗吉尼亚州的寄宿中学。

学校的课程丰富，学生的选择也比较多，但费用却不怎么高。目前的费用才 3 万多美元，学校的整体性价比特别高。

更重要的是，这里的国际学生还比较少，所以英语语言环境相对比较好，申请竞争也还正常，不是那么激烈。

根据以往的录取标准来看，托福成绩最好达到 80 分以上，SSAT 成绩最好在 2 000 分以上。但其他条件突出，不排除标准化成绩减缩的可能。

韦兰学院

Wayland Academy

学校简介

1. 基本情况

建校时间:1855 年　　　　学校性质:私立/寄宿　　　　所在州:威斯康星(WI)

招生年级:9～12　　　　　学生总数:190　　　　　　师生比例:1:6

班级人数:13　　　　　　国际生比例:16%　　　　　寄宿生比例:75%

学校类型:混合校　　　　宗教背景:无　　　　　　占地面积(英亩):55

受赠款(美元):900 万　　SAT 平均分:1 680　　　　学费(美元):53 030

2. 教育宗旨

To prepare young people for a successful college experience and a rapidly changing world by opening their minds to the pursuit of knowledge and their hearts to the development of strong character.

学校亮点

- **AP 课程**

  生物、微积分 AB、微积分 BC、化学、英语、欧洲历史、德语和拉丁语、德语、拉丁语、宏观经济学、微观经济学、物理、统计学、西班牙语、美国历史、美国政府

- **ESL 课程**

  有

- **学生社团**

  烹饪协会、合唱团、戏剧社、早餐俱乐部、管乐团、舞蹈社、生态研究社、古典音乐社、文学杂志社、电影协会、学生会等

- **体育活动**

  高山滑雪、篮球、棒球、越野赛、橄榄球、高尔夫、冰球、足球、游泳、网球、排球、田径赛、垒球、曲棍球等

| 网　址 | www.wayland.org |
| 学校地址 | 101 North University, Beaver Dam, WI 53916 |

学校人物

- 教师学历

  80% 硕士及以上学历

- 优秀毕业生

  Zona Gale：普利策奖首位女性获得者

  Addie Joss：棒球名人堂

  Tom Nissalke：NBA 球员

  Susan Peterson：著名新闻工作者

  Mikki Hebl, PhD：赖斯大学终身教授

  Uzma Samadani：MD，PhD，神经外科医生

  Kira Salak：编辑、作家

招生要求

TOEFL：是

面试：是

常规申请材料：是

录取率：70%

申请截止日期：滚动招生

申请费（美元）：75

申请方式：纸申、网申

毕业生去向

威斯康星大学麦迪逊分校

明尼苏达大学

圣奥拉夫学院

西北大学

瑞普学院

波士顿大学

森林湖学院

格林纳尔学院

tips

韦兰学院是美国北部地区著名的一所男女混校，学校历史比较悠久，AP 课程比较多，拥有硕士以上学历的教师比较多，所以师资力量比较强，从毕业生去向来看，该校毕业生都能去到比较好的大学，从学校对国际学生的招生标准来看，学生需要有托福成绩，因学校也为国际学生开设了 ESL 课程，所以每年录取的国际学生的托福成绩大致分数为 60～70 分之间。

美国中学课程中英文对照

中文	英文
表演	Acting
高级和声	Advanced Harmony
艺术史	Art History
微积分先修高级课程	Advanced Pre – Calculus
代数	Algebra
美国文学	American literature
动漫	Animation
阿拉伯语	Arabic
生物	Biology
生物工艺学	Biotechnology
英国文学	British literature
微积分 AB	Calculus AB
微积分 BC	Calculus BC
制陶	Ceramics
室内合唱	Chamber Singer
唱诗班	Choir
化学	Chemistry
比较文学	Comparative literature
计算机科学 A	Computer Science A
创意写作	Creative Writing
汉语语言与文化	Chinese Language and Culture
导演	Directing
经济学	Economics
英语文学与写作	English Literature and Composition
英语语言与写作	English Language and Composition

中文	英文
环境科学	Environmental Science
种族与政治	Ethics and Politocs
欧洲历史	European History
思想道德	Foundction of Virtue
法语语言与文化	French Language and Culture
函数	Functions
几何	Geometry
政府与政治：比较	Government and Politics：Comparative
政府与政治：美国	Government and Politics：United States
德语语言与文化	German Language and Culture
哲学史	History of Philosophy
人文地理	Human Geography
综合数学	Integrated Math
意大利语言与文化	Italian Language and Culture
日语语言与文化	Japanese Language and Culture
拉丁语	Latin
人体素描	Life Drawing
线性代数	Linear Algebra
宏观经济学	Macroeconomics
汉语普通话	Mandarin Chinese
数学	Math
现代欧洲史	Modern European History
多变量微积分	Multi Variable Calculus
海洋科学	Marine Science
电影艺术	Motion Picture Arts
音乐创作	Music Composition
微观经济学	Microeconomics
音乐理论	Music Theory
物理 B	Physics B

中文	英文
物理 C（力学）	Physics C：Mechanics
物理 C（电磁学 ）	Physics C：Electricity and Magnetism
基础微积分	Pre Calculus
心理学	psychology
交响乐	Sinfonia Orchestra
统计学	Statistic
西班牙语	Spanish Language
西班牙文学与文化	Spanish Literature and Culture
美术（绘画）	Studio Art：Drawing
美术（2D 设计）	Studio Art：2-D Design
美术（3D 设计）	Studio Art：3-D Design
舞台艺术	Theatre Arts
三角学	Trigonometry
美国历史	United States History
视觉艺术	Visual Art
世界历史	World History
写作研讨	Writing Seminar

美国大学校名中英文对照

中文	英文
阿巴拉契亚州立大学	Appalachian State University
阿格尼斯·斯科特学院	Agnes Scott College
阿拉巴马大学	Alabama University
阿莫斯特大学	Amherst College
埃克德学院	Eckerd College
埃莫瑞大学	Emory University
埃莫森学院	Emerson College
埃默里大学牛津学院	Oxford College-Emory University
艾默里和亨利学院	Emory and Henry College
爱默生学院	Emerson College
奥本大学	Auburn University
奥斯汀德克萨斯大学	University of Texas – Austin
巴布森学院	Babson College
巴德学院	Bard College
巴尔的摩学院	Baltimore College
巴克纳尔大学	Bucknell University
巴纳德学院	Barnard College
鲍登学院	Bowdoin College
北佛罗里达大学	University of North Florida
北卡罗来纳大学教堂山分校	University of North Carolina at Chapel Hill
北卡罗来纳州立大学	North Carolina State University
贝茨学院	Bates College
贝尔蒙特大学	Belmont University

中文	英文
贝勒大学	Baylor University
贝里学院	Berry College
本特利大学	Bentley University
本特利学院	Bentley College
宾夕法尼亚大学	University of Pennsylvania
宾夕法尼亚州立大学帕克分校	Pennsylvania State University, University Park
波士顿大学	Boston University
波士顿学院	Boston College
伯克利音乐学院	Berklee College of Music
伯纳德学院	Bernard College
布兰戴斯大学	Brandeis University
布朗大学	Brown University
查尔斯顿学院	College of Charleston
查普曼大学	Chapman University
城堡大学	Citadel University
达特茅斯学院	Dartmouth College
戴维森学院	Davidson College
丹佛大学	University of Denver
德克萨斯 – 奥斯汀大学	University of Texas-Austin
德克萨斯基督教大学	Texas Christian University
德拉华大学	University of Delaware
德雷塞尔大学	Drexel University
德鲁大学	Drew University
迪尔菲尔德学院	Deerfield Academy

中文	英文
迪金森学院	Dickinson College
东北大学	Northeastern University
东田纳西州立大学	East Tennessee State University
杜克大学	Duke University
杜兰大学	Tulane University
俄亥俄大学	Ohio University
厄尔罕姆学院	Earlham College
范德堡大学	Vanderbilt University
佛罗里达大学	University of Florida
佛罗里达国际大学	Florida International University
佛罗里达州立大学	Florida State University
佛蒙特大学	The University of Vermont
弗吉尼亚大学	University of Virginia
弗吉尼亚军事学院	Virginia Miliary Institute
弗吉尼亚理工学院	Virginia Tech
弗吉尼亚联邦大学	Virginia Commonwealth University
弗蒙特大学	University of Vermont
福尔门大学	Furman University
福特汉姆大学	Fordham Universityx
富兰克林和马歇尔学院	Franklin and Marshall College
盖茨堡学院	Gettysburg College
哥伦比亚大学	Columbia University
哥伦比亚学院	Colombia College
格林纳尔学院	Grinell College

中文	英文
葛底斯堡学院	Gettysburg College
哈佛大学	Harvard University
哈佛福德学院	Haverford College
哈特福德大学	University of Hartford
海波特大学	High Point University
罕布什尔学院	Hampshire College
汉密尔顿学院	Hamilton College
汉普顿大学	Hampton University
汉普顿悉尼学院	Hampden-Sydney College
汉普郡学院	Hampshire College
华盛顿大学	University of Washington
华盛顿大学圣路易斯分校	Washington University in St. Louis
华盛顿与李大学	Washington and Lee University
惠顿学院	Wheaton College
霍巴特威廉史密斯学院	Hobart and William Smith Colleges
霍林斯大学	Hollins University
加利福尼亚大学(加州大学)	University of California
加州大学洛杉矶分校	University of California, Los Angeles
加州大学伯克利分校	University of California at Berkeley
加州大学戴维斯分校	University of California, Davis
加州大学圣巴巴拉分校	University of California, Santa Barbara
加州大学圣地亚哥分校	University of California at San Diego
加州大学圣克鲁兹分校	University of California at Santa Cruz
加州理工大学(圣路易斯奥比斯波市)	California Polytechnic University, San Luis Obispo

中文	英文
杰姆斯麦迪逊大学	James Madison University
旧金山大学	University of San Francisco
旧金山艺术学院	San Francisco Art Institute
旧金山音乐学院	San Francisco Conservatory of Music
卡拉克大学	Clark University
卡耐基梅隆大学	Carnegie Mellon University
凯尼恩学院	Kenyon College
凯斯西储大学	Case Western Reserve University
康奈尔大学	Cornell University
康涅狄格学院	Connecticut College
柯蒂斯音乐学院	The Curtis Institute of Music
科尔比学院	Colby College
科尔盖特大学	Colgate University
科罗拉多博尔德大学	University of Colorado at Boulder
科罗拉多学院	Colorado College
科罗拉多大学波德分校	University of Colorado at Boulder
科罗拉多大学丹佛分校	University of Denver
科罗拉多矿业学院	Colorado School of Mines
科罗拉多学院	Colorado College
科罗拉多州立大学	Colorado State
克拉克大学	Clark University
克莱门特学院	The Claremont Colleges
克莱姆森大学	Clemson University
拉法耶特学院	Lafayette College

中文	英文
莱斯大学	Rice University
兰道尔夫麦肯学院	Randolph – Macon College
劳伦斯威尔学校	Lawrenceville School
雷德兰兹大学	University of Redlands
里海大学	Lehigh University
里士满大学	University of Richmond
利哈伊大学	Lehigh University
联盟高校	Union College
伦斯勒工艺学院	Rensselear Polytechnic Institute
罗彻斯特大学	University of Rochester
罗德岛大学	University of Rhode Island
罗德岛设计学院	Rhode Island School of Design
罗德学院	Rhodes College
罗格斯大学	Rutgers University
罗杰威廉姆斯大学	Roger Williams University
罗林斯学院	Rollins College
罗诺克学院	Roanoke College
罗切斯特大学	University of Rochester
罗切斯特理工学院	Rochester Institute of Technology
麻省理工学院	Massachusetts Institute of Technology
马里兰大学帕克分校	University of Maryland-College Park
马萨诸塞大学阿姆赫斯特校区	University of Massachusetts，Amherst
马萨诸塞州大学	University of Massachusetts
玛丽华盛顿大学	University of Mary Washington

中文	英文
玛丽维尔学院	Maryville College
迈阿密大学	University of Miami
曼哈顿音乐学院	Manhattan School of Music
曼荷莲学院	Mount Holyoke
美国大学	American University
美国俄亥俄州立大学	The Ohio State University
美国佛蒙特大学	University of Vermont
美国弗吉尼亚大学	University of Virginia
美国海官军校	U. S. Naval Academy
美国海军军官学校	United States Naval Academy
美国海军学院	United States Naval Academy
美国加州大学洛杉矶分校	UCLA
美国加州艺术学院	California Institute of the Arts
美国康奈尔大学	Cornell University
美国莱斯大学	Rice University
美国圣安德鲁斯大学	U. S. St. Andrews
美国天主教大学	Catholic University of America
米德尔伯里学院	Middlebury College
米尔顿学院	Milton Academy
密西西比大学	University of Mississipi
密歇根大学	University of Michigan
密歇根大学安娜堡校区	University of Michigan, Ann Arbor
密歇根州立大学	Michigan State University
缅因大学	University of Maine

中文	英文
明德学院	Middlebury College
明尼苏达大学	University of Minnesota
南方大学塞沃尼分校	Sewanee：University of the South
南方卫理公会大学	Southern Methodist University
南加州大学	University of Southern California
南卡罗莱纳大学	University of South Carolina
南卫理公会大学	Southern Methodist University
纽约大学	New York University
纽约州立大学石溪分校	SUNY Stony Brook
欧柏林大学	Oberlin College
佩迪学校	Peddie School
佩珀代因大学	Pepperdine University
匹兹堡大学	University of Pittsburgh
普渡大学	Purdue University
普利茅斯州立大学	Plymouth State University
普林斯顿大学	Princeton University
普罗维登斯学院	Providence College
乔治城大学	Georgetown University
乔治华盛顿大学	George Washington University
乔治梅森大学	George Mason University
乔治亚大学	University of Georgia
瑞德福大学	Radford University
瑞普学院	Ripon College
萨凡纳艺术设计学院	Savannah College of Art & Design

中文	英文
萨拉劳伦斯学院	Sarah Lawrence College
萨斯克汉那大学	Susquehanna University
南方大学塞沃尼分校	Sewanee：The University of the South
三一学院	Trinity College
森林湖学院	Lake Forest College
森特学院	Centre College
圣安德鲁斯大学	University of St. Andrews（UK）
圣奥拉夫学院	St. Olaf College
圣保罗学校	St. Paul's School
圣地亚哥大学	University of San Diego
圣劳伦斯大学	St. Lawrence University
圣十字学院	College of the Holy Cross
圣塔克拉拉大学	Santa Clara University
史密斯女子学院	Smith College
斯基德莫尔学院	Skidmore College
斯坦福大学	Stanford University
斯沃斯莫尔学院	Swarthmore College
塔夫茨大学	Tufts University
特拉华大学	University of Delaware
天普大学	Temple University
田纳西大学	University of Tennessee
田纳西大学诺克斯维尔	University of Tennessee, Knoxville
田纳西科技大学	Tennessee Technological University
田纳西州立大学	Middle Tennessee State University

中文	英文
土伦大学	Tulane University
瓦萨学院	Vassar College
万宝路学院	Marlboro College
威顿学院	Wheaton College
威尔克斯大学	Wilkes University
威尔士利学院	Wellesley College
威克弗里斯特大学	Wake Forest University
威廉和玛丽学院	College of William and Mary
威廉姆斯学院	Williams College
威斯康辛大学	University of Wisconsin
威斯康星大学麦迪逊分校	University of Wisconsin, Madison
维拉诺瓦大学	Villanova University
卫斯理大学	Wesleyan University
卫斯理学院	Wesleyan College
伍夫德大学	Wofford College
西北大学	Northwestern University
西雅图大学	Seattle University
锡拉丘兹大学	Syracuse University
谢菲尔德大学	University of Sheffield
新罕布什尔大学	University of New Hampshire
新英格兰音乐学院	New England Conservatory of Music
雪城大学	Syracuse University
亚利桑那大学	University of Arizona
亚利桑那州立大学	Arizona State university

中文	英文
耶鲁大学	Yale University
伊利诺伊大学	University of Illinois
伊利诺伊大学香槟分校	University of Illinois at Urbana-Champaign
伊萨卡学院	Ithaca College
依隆大学	Elon University
约翰霍普金斯大学	Johns Hopkins University
约翰卡罗尔大学	John Carroll University
詹姆斯麦迪逊大学	James Madison University
芝加哥大学	University of Chicago
中佛罗里达大学	University of Central Florida
中田纳西州立大学	Middle Tennessee State University
州立科罗拉多大学	Colorado State University
茱莉亚音乐学院	The Juiliard School
佐治亚大学	University of Georgia

美国寄宿中学英文名称索引

序号	学校名称	所在州	页码
27	Emma Willard School	NY	162
28	Episcopal High School	VA	114
29	Fay School	MA	18
30	Fountain Valley School of Colorado	CO	240
31	Foxcroft School	VA	116
32	Fryeburg Academy	ME	222
33	Garrison Forest School	MD	184
34	George School	PA	146
35	Georgetown Preparatory School	MD	186
36	Groton School	MA	20
37	Hill School	PA	162
38	Hillside School	MA	22
39	Holderness School	NH	132
40	Hotchkiss School	CT	56
41	Idyllwild Arts Academy	CA	90
42	Indian Mountain School	CT	58
43	Indian Springs School	AL	238
44	Interlochen Arts Academy	MI	228
45	Kent School	CT	60
46	Kents Hill School	ME	224
47	Kimball Union Academy	NH	134
48	La Lumiere School	IN	220
49	Lake Forest Academy	IL	246
50	Lawrence Academy	MA	24
51	Lawrenceville School	NJ	176
52	Loomis Chaffee School	CT	62
53	McCallie School	TN	202
54	Mercersburg Academy	PA	150
55	Middlesex School	MA	26
56	Millbrook School	NY	164

序号	学校名称	所在州	页码
57	Miller School of Albemarle	VA	118
58	Milton Academy	MA	28
59	Miss Hall's School	MA	30
60	Miss Porter's School	CT	64
61	New Hampton School	NH	136
62	Northfield Mount Hermon School	MA	32
63	North Country School	NY	166
64	Ojai Valley School	CA	92
65	Oregon Episcopal School	OR	254
66	Peddie School	NJ	178
67	Phillips Academy Andover	MA	34
68	Phillips Exeter Academy	NH	138
69	Pomfret School	CT	66
70	Portsmouth Abbey School	RI	208
71	Proctor Academy	NH	140
72	Rumsey Hall School	CT	68
73	Saint Andrew's School	FL	214
74	Saint James School	MD	188
75	Saint Mary's School	NC	196
76	Salem Academy	NC	198
77	Salisbury School	CT	70
78	San Domenico School	CA	94
79	Santa Catalina School	CA	96
80	Shattuck – St. Mary's School	MN	248
81	Solebury School	PA	152
82	St. Andrew's School	DE	242
83	St. Andrew's School	RI	210
84	St. Andrew's-Sewanee School	TN	204
85	St. Anne's-Belfield School	VA	120
86	St. George's School	RI	212

序号	学校名称	所在州	页码
87	St. Mark's School	MA	36
88	St. Paul's School	NH	142
89	St. Stephen's Episcopal School	TX	230
90	Stevenson School	CA	98
91	Suffield Academy	CT	72
92	Tabor Academy	MA	38
93	The Athenian School	CA	100
94	The Bolles School	FL	216
95	The Cambridge School of Weston	MA	40
96	The Ethel Walker School	CT	74
97	The Fessenden School	MA	42
98	The Governor's Academy	MA	44
99	The Gunnery	CT	76
100	The Hockaday School	TX	232
101	The Hun School of Princeton	NJ	180
102	The Kiski School	PA	164
103	The Linsly School	WV	258
104	The Madeira School	VA	122
105	The Masters School	NY	168
106	The Pennington School	NJ	182
107	The Putney School	VT	234
108	The Rectory School	CT	78
109	The School at Church Farm	PA	156
110	The Stony Brook School	NY	170
111	The Taft School	CT	80
112	The Thacher School	CA	102
113	The Webb Schools	CA	104
114	The Williston Northampton School	MA	46
115	Thomas Jefferson School	MO	250
116	Tilton School	NH	144

序号	学校名称	所在州	页码
117	Trinity Pawling School	NY	172
118	Vermont Academy	VT	236
119	Virginia Episcopal School	VA	124
120	Walnut Hill School for the Arts	MA	48
121	Wayland Academy	WI	260
122	Webb School	TN	206
123	Western Reserve Academy	OH	252
124	Westminster School	CT	82
125	Westover School	CT	84
126	Westtown School	PA	158
127	West Nottingham Academy	MD	190
128	Woodberry Forest School	VA	126
129	Woodside Priory School	CA	106
130	Wyoming Seminary	PA	160